独立董事制度的理论与实践

怎样做一个合格的上市公司独立董事

刘运宏 / 著

中国人民大学出版社
·北京·

序

发挥独立董事的治理作用，提高上市公司的发展质量

现代公司制度的核心是公司治理。公司治理通过互相协作与制衡的决策机制和激励与约束相结合的运行机制，解决了所有者与经营者的利益冲突与代理成本问题。完善的公司治理不仅可以增强公司的整体抗风险能力，引导上市公司固本强基、谨守底线、远离乱象，筑牢防范和化解重大风险的底线，而且还能提高公司的运行效率，督促管理层坚守主业、忠实勤勉、合法经营，提高股东回报并实现资源的优化配置。正是因为公司治理在现代公司制度中的重要作用，我国自确立社会主义市场经济体制和建立现代企业制度以来就高度重视公司治理结构的建立和完善问题，在《公司法》确立的股东会、董事会、监事会和管理层这种"三会一层"的治理架构下，不断完善各要素的构成与运行机制，借鉴国际成熟市场的经验，倡导公司治理的最佳实践。其中，以2001年8月16日中国证监会发布的《关于在上市公司建立独立董事制度的指导意见》为标志，建立了上市公司独立董事制度。这是我国在大陆法系传统的双层公司治理结构的基础上对英美法系传统下单层公司治理结构的

借鉴和扬弃，是我国对传统公司治理理论和制度实践的一项重大突破与创新，以期通过该制度的建立来解决大股东违规占用资金或者内部人控制等治理失衡的问题。

我国上市公司独立董事制度建立以来的实践表明，上市公司独立董事制度在完善我国的上市公司治理结构、提高上市公司规范运作水平、遏制治理失衡与失效的现象等方面起到了一定的积极作用。立法机关和中国证监会等证券监管机构持续不断地通过修改《公司法》、《证券法》和《上市公司治理准则》等法律法规的方式强调并优化上市公司独立董事制度；上市公司和独立董事群体也在实践中不断提出优化上市公司独立董事制度的诸多思考和建议；中国上市公司协会一直致力于对独立董事制度完善的研究和总结，以期通过发挥独立董事制度的作用、完善上市公司治理结构来提高上市公司发展质量，并于2012年发起了"倡导独立董事、监事会最佳实践活动"，对如何通过自律规范来促进和提高上市公司治理水平进行了很好的探索；2014年，中国上市公司协会组织编写了《上市公司独立董事履职指引》，对法律法规以及中国证监会和证券交易所对上市公司独立董事的相关规定进行了全面梳理和归纳，以期明确独立董事的职责和要求，为独立董事充分、正当和有效履职提供指导；2020年，中国上市公司协会根据上市公司运行与治理相关规则的变化修改、完善了《上市公司独立董事履职指引》，并且新颁布了《独立董事促进上市公司内部控制工作指引》。但是，完善上市公司独立董事制度和公司治理机制的道路是永无止境的，需要监管机构、市场专业人士和专家学者长期不懈地研究、实践和推动。

刘运宏博士结合自身担任上市公司独立董事的实践经验，我国上市公司独立董事制度建立以来独立董事受到行政处罚、纪律处分、司法审判和社会公众媒体关注的相关案例，以及境外成熟市场独立董事制度的相关规定与实践，研究并分析了我国上市公司独立董事的功能定位、职业选择、职责作用、履职依据、履职重点、制度缺陷及其完善，以及独立董事职业的未来发展趋势，在此基础上总结出怎样才能做一个合格的上市公司独立董事。包含上述内容的著作《独立董事制度的理论与实践——怎样做一个合格的上市公司独立董事》，从大量的案例中总结出一般规律，其中不管是对个案的剖析还是对上市公司独立董事相关规定的分析、总结，以及在此基础上所得出的研究结论与提出的建议，对上市公司相关治理制度的完善和独立董事的职责履行都具有重要的参考价值。

是为序。

中国上市公司协会会长

2021 年 9 月 19 日

目 录

第一章 独立董事制度的发展演变与中国实践……………………… 001
  第一节 中国境内上市公司独立董事制度的诞生与制前
        第一案……………………………………………………… 001
    一、独立董事制度逐渐引入中国境内上市公司……………… 001
    二、中国上市公司独立董事的制前第一案…………………… 003
  第二节 独立董事制度在中国上市公司治理中的实践
        与发展……………………………………………………… 005
    一、上市公司独立董事制度与规则体系及其逐步完善……… 005
    二、独立董事行使聘请中介机构审计的职权引起的
        纷争………………………………………………………… 013
    三、司法判决明确了独立董事的法律地位与归责原则……… 017

第二章 独立董事的职业选择……………………………………… 027
  第一节 怎样成为上市公司的独立董事………………………… 027
    一、成为上市公司独立董事的实体性条件…………………… 027
    二、成为上市公司独立董事的程序性条件…………………… 044
  第二节 成为什么样上市公司的独立董事……………………… 049
    一、选择目标上市公司………………………………………… 050
    二、寻找目标上市公司的途径………………………………… 054

第三节　成为上市公司什么样的独立董事⋯⋯⋯⋯⋯⋯⋯⋯⋯ 056
　　　一、监管机构对部分独立董事违规行为的归类与描述⋯⋯⋯ 056
　　　二、对独立董事职业定位的探讨⋯⋯⋯⋯⋯⋯⋯⋯⋯⋯⋯⋯ 058

第三章　独立董事的义务、职权及履职保障⋯⋯⋯⋯⋯⋯⋯⋯⋯ 062
　　第一节　独立董事的义务⋯⋯⋯⋯⋯⋯⋯⋯⋯⋯⋯⋯⋯⋯⋯⋯ 062
　　　一、独立董事的法定义务⋯⋯⋯⋯⋯⋯⋯⋯⋯⋯⋯⋯⋯⋯⋯ 062
　　　二、独立董事法定义务的内容及其履行⋯⋯⋯⋯⋯⋯⋯⋯⋯ 063
　　第二节　独立董事的职权⋯⋯⋯⋯⋯⋯⋯⋯⋯⋯⋯⋯⋯⋯⋯⋯ 072
　　　一、独立董事的一般职权⋯⋯⋯⋯⋯⋯⋯⋯⋯⋯⋯⋯⋯⋯⋯ 072
　　　二、独立董事的特别职权⋯⋯⋯⋯⋯⋯⋯⋯⋯⋯⋯⋯⋯⋯⋯ 072
　　　三、独立董事的独立意见⋯⋯⋯⋯⋯⋯⋯⋯⋯⋯⋯⋯⋯⋯⋯ 075
　　第三节　独立董事的履职保障⋯⋯⋯⋯⋯⋯⋯⋯⋯⋯⋯⋯⋯⋯ 076
　　　一、现有的履职保障措施⋯⋯⋯⋯⋯⋯⋯⋯⋯⋯⋯⋯⋯⋯⋯ 076
　　　二、对独立董事履职保障措施的几点思考⋯⋯⋯⋯⋯⋯⋯⋯ 081
　　第四节　独立董事具体的履职行为⋯⋯⋯⋯⋯⋯⋯⋯⋯⋯⋯⋯ 085
　　　一、独立董事的程序性履职行为⋯⋯⋯⋯⋯⋯⋯⋯⋯⋯⋯⋯ 086
　　　二、独立董事实质性判断的履职事项⋯⋯⋯⋯⋯⋯⋯⋯⋯⋯ 100

第四章　受关注的独立董事履职行为⋯⋯⋯⋯⋯⋯⋯⋯⋯⋯⋯⋯ 130
　　第一节　对独立董事实施的行政处罚⋯⋯⋯⋯⋯⋯⋯⋯⋯⋯⋯ 130
　　　一、独立董事受到行政处罚的总体状况⋯⋯⋯⋯⋯⋯⋯⋯⋯ 130
　　　二、独立董事受到行政处罚的职务行为类型与
　　　　　典型案例⋯⋯⋯⋯⋯⋯⋯⋯⋯⋯⋯⋯⋯⋯⋯⋯⋯⋯⋯⋯ 131
　　　三、对独立董事作出行政处罚时从重、从轻和免除处罚的
　　　　　情形与具体案例⋯⋯⋯⋯⋯⋯⋯⋯⋯⋯⋯⋯⋯⋯⋯⋯⋯ 190
　　第二节　对独立董事实施的纪律处分⋯⋯⋯⋯⋯⋯⋯⋯⋯⋯⋯ 210
　　　一、独立董事受到纪律处分的总体状况⋯⋯⋯⋯⋯⋯⋯⋯⋯ 210

二、独立董事受到纪律处分的情形与典型案例分析……………… 213

　　三、受纪律处分的类型、影响处分轻重的因素和对处分的
　　　　挽救措施…………………………………………………… 229

第三节　司法机关在相关案件中关注的独立董事履职行为…… 236

　　一、行政诉讼案件中受关注的独立董事履职行为……………… 236

　　二、可能引起民事纠纷的独立董事履职行为…………………… 245

　　三、可能触犯刑事法律的独立董事履职行为…………………… 259

第四节　社会关注的独立董事行为…………………………………… 261

　　一、公共媒体的独立董事"画像"………………………………… 261

　　二、独立董事受到行政处罚、纪律处分和接受监管
　　　　调查的信息………………………………………………… 262

　　三、与独立董事身份和地位不相符的言行……………………… 263

第五章　适应未来发展趋势的独立董事履职行为……………………… 265

第一节　西方成熟市场独立董事制度的发展与完善………………… 266

　　一、美国独立董事制度的起源与发展…………………………… 266

　　二、英国独立董事制度的创新与发展…………………………… 271

　　三、德国和日本的内部治理型独立董事制度…………………… 273

第二节　中国上市公司独立董事制度存在的问题、改革的
　　　　方向与独立董事职业发展趋势…………………………… 275

　　一、中国上市公司独立董事制度存在的问题和
　　　　改革的方向………………………………………………… 275

　　二、中国上市公司独立董事职业发展趋势……………………… 282

第三节　上市公司独立董事的正当履职……………………………… 284

　　一、"不为"——上市公司独立董事的职业底线………………… 285

　　二、"为"——上市公司独立董事的积极履职行为……………… 289

后记　疫情期间的写作——一种特别的感恩与怀念………………… 293

第一章

独立董事制度的发展演变与中国实践

第一节 中国境内上市公司独立董事制度的诞生与制前第一案

一、独立董事制度逐渐引入中国境内上市公司

独立董事制度并非我国首创,对我国来说,是个典型的舶来品,是法律移植的产物。独立董事制度诞生于英美法系的美国。建立独立董事制度是为了弥补股份公司治理结构中一元模式(单层模式),即董事会集监督和决策于一身所造成的缺乏监督力的缺陷。在西方国家,独立董事的主要职责在于公正地评价董事和高级管理人员的业绩和薪酬。而在我国,根据中国证监会的相关规定,上市公司独立董事应发挥的作用更

侧重于制约大股东不正当的关联交易，保护广大中小投资者的利益。

1988年，香港联交所要求在其中挂牌上市交易的上市公司引入独立董事制度。这样，在香港上市的中国内地股份公司（例如1993年赴港上市的青岛啤酒）就要按照联交所的要求设立独立董事，这就为中国内地上市公司拉开了引入独立董事制度的序幕。

为适应中国内地公司到境外（主要是香港）上市的需求并满足监管机构对上市公司治理结构中设置独立董事的监管要求，1997年12月16日中国证监会发布了《上市公司章程指引》，该指引规定"公司根据需要，可以设独立董事"，首次引入独立董事概念。1999年3月29日，国家经贸委、中国证监会联合发布《关于进一步促进境外上市公司规范运作和深化改革的意见》，对境外上市公司如何建立健全外部董事和独立董事制度提出了要求。2000年9月，为深化国有企业改革、建立现代企业制度，国务院办公厅颁布《国有大中型企业建立现代企业制度和加强管理的基本规范（试行）》，规定"董事会中可设独立于公司股东且不在公司内部任职的独立董事"。如果说之前的独立董事制度的引入和倡导是被动适应的话，那么这个行政法规已经开始主动要求建立独立董事制度了。

在总结境内外公司治理最优实践，尤其是独立董事制度实施经验和教训的基础上，2001年8月16日，中国证监会颁布了《关于在上市公司建立独立董事制度的指导意见》（以下简称《指导意见》），对独立董事的独立性要求、任职资格、职责与职权、履职保障等作了全面规定，并要求每家上市公司的董事会在2002年6月30日前至少设立2名独立董事；在2003年6月30日前，董事会成员中的独立董事占比不少于1/3。这标志着我国上市公司中强制性引入独立董事制度的开始。此后的证券监管部门均严格按照《指导意见》的要求执行并深化独立董事制度的规定；2002年1月7日，中国证监会和国家经贸委联合颁布实施《上市公司治理准则》，明确要求上市公司按照有关规定建立独立董事制度；2004年12月7日，中国证监会颁布《关于加强社会公众股股东权益保护的若干规定》，进一步要求完善独立董事制度，充分发挥独立董事的作用。2005年修订并于2006年1月1日起施行的《公司法》第123条明确规定："上市公司设立独立董事，具体办法由国务院规定。"第一次从法律层面明确了独立董事的法律地位，独立董事制度在上市公司治理结构中全面建立并实施了。

独立董事制度的引入，可以在我国公司内部形成新的、更为有效的约束主体，增进公司的透明度，改变公司的现有信用状况，有利于公司实现所有权和经营权的分离，完善法人治理机制。

独立董事一方面从维护全体股东的合法利益出发，客观评价公司的经营活动，避免大股东操纵公司而挪用公司资金、侵占公司利益；另一方面，为董事会提供有利于公司全面、健康发展的客观、公正的决策依据，防止公司经营管理层与董事会"合谋"，进行违法活动。

二、中国上市公司独立董事的制前第一案

在建立并实施上市公司独立董事制度之前，就有人引领时代潮流，先行尝试了上市公司的"社会董事"（后来的独立董事）职务，这个人就是曾担任郑州百文股份有限公司（以下简称"郑百文"）"社会董事"的陆家豪。陆家豪后来因为上市公司欺诈上市和年度财务会计报告造假而受到中国证监会的行政处罚，他也因此成为第一个起诉中国证监会的独立董事。该事件中的独立董事就任、履职和受到处罚以及后来的诉讼过程为此后的独立董事制度的建立与完善提供了诸多经验与教训。

郑百文的前身是郑州一个国有百货文化用品批发站。1992年，郑百文增资扩股实行股份制改造并准备上市。1994年，陆家豪在河南省政协会议上作了一个关于股份制的发言，被当时郑百文的董事长看中。郑百文的董事长认为高级知识分子做公司的外部董事能提升公司的社会形象，所以就请陆家豪做郑百文的"社会董事"。陆家豪认为他做郑百文的"社会董事"也能为社会做贡献，就与郑百文的董事长约定其不参与郑百文的经营与管理，不从郑百文获取薪酬，只做一个顾问性质的"社会董事"，当然也不承担公司经营失败等法律责任。陆家豪于1995年1月正式受聘为郑百文的董事。

1996年，本来不具备上市条件的郑百文通过虚提返利、少计费用、费用跨期入账等手段欺诈获取上市资格，上市后三年又采取虚提返利、费用挂账、无依据冲减成本及费用、费用跨期入账等手段，虚增利润，同时还存在股本金不实，上市公告书有重大遗漏，年度报告信息披露有虚假记载、误导性陈述或重大遗漏等问题。郑百文弄虚作假事件败露后，经立案调查，中国证监会于2001年9月27日以公司上市时财务会计报告造假为由对郑百文的董事长、副董事长分别处以30万元和20万元罚款，对陆家豪等10名董事处以10万元罚款。然而，作为独立董事的陆家豪不服中国证监会的行政处罚决定，以自己没有参与公司的经营管理对公司的财务造假行为不知情，也没有参与该违法行为，以及自己担任独立董事没有获取薪酬或者津贴而被处以10万元的罚款不公平为由向北京市第一中级人民法院提起了对中国证监会的行政诉讼，要求撤销该处罚决定。2002年4月8日，中国证监会在应诉答辩中坚持认为，陆家豪作为董事应当对董事会决议通过的有关上市申报材料和年度报告的真实性、完整性负责，不能以担任独立董事不在公司任职、不参加公司日常经营管理、不领取工资报酬或津贴等理由主张减免处罚。北京市第一中级人民法院作出了维持中国证监会行政处罚决定的一审判决。对此，陆家豪不服，向北京市高级人民法院提起上诉。2002年11月18日，北京市高级人民法院作出终审判决，维持一审原判，驳回陆家豪的上诉请求。

陆家豪独立董事处罚案是中国独立董事法律责任第一案。一方面，该案为此后上市公司独立董事制度的建立和完善提供了标本与可资借鉴的经验；另一方面，该案也为此后的上市公司独立董事的履职提供了可资吸取的教训——担任独立董事就应按照相关规则诚信与勤勉履职，"花瓶董事""签字董事"可能会依法受到相关监管机构的处罚。

第二节　独立董事制度在中国上市公司治理中的实践与发展

一、上市公司独立董事制度与规则体系及其逐步完善

2001年8月16日中国证监会颁布并实施的《指导意见》是中国境内上市公司建立独立董事制度的标志性文件，《指导意见》在明确上市公司建立独立董事是为了进一步完善上市公司治理结构、促进上市公司规范运作的基础上，界定了独立董事对上市公司及全体股东负有诚信与勤勉义务，尤其要关注中小股东的合法权益不受损害。在明确目

标与价值的基础上，《指导意见》全面规定了独立董事的任职条件、具备的独立性、选举与更换的程序、特别职权和应该发表独立意见的情形以及履职保障。这些规定在上市公司治理结构中建立了独立董事制度，但是它有两个明显的缺陷：一是《指导意见》在法律地位上只属于部门规章，尚不能形成具有更严格约束力的规则，它的全面实施依赖于《公司法》和《证券法》等法律的具体规定；二是《指导意见》对独立董事诚信与勤勉义务的规定太过抽象与概括，需要更具有操作性的自律规则的解释与具体规定，从而让独立董事更加明确诚信与勤勉义务的具体内容。

在法律层面，虽然当时有效的1993年《公司法》第112～123条全面规定了股份公司董事的资格、职责、职权与义务，但是该规定是在董事会成员全部是执行董事的制度架构下设计的董事及董事会制度，除独立董事的任职条件里不能具有董事消极条件的规定具有适用性以外，对于独立董事与执行董事的职责区分和诚信与勤勉义务的理解以及法律责任的承担等均缺乏具有针对性与适用性的规定。当时有效的1998年《证券法》第59条[①]和第177条[②]对虚假陈述的证券发行人、直接负责的主管人员和其他直接责任人员的行政责任和刑事责任作了明确的规定，虽

[①] 1998年《证券法》第59条规定："公司公告的股票或者公司债券的发行和上市文件，必须真实、准确、完整，不得有虚假记载、误导性陈述或者重大遗漏。"

[②] 1998年《证券法》第177条规定："依照本法规定，经核准上市交易的证券，其发行人未按照有关规定披露信息，或者所披露的信息有虚假记载、误导性陈述或者有重大遗漏的，由证券监督管理机构责令改正，对发行人处以三十万元以上六十万元以下的罚款。对直接负责的主管人员和其他直接责任人员给予警告，并处以三万元以上三十万元以下的罚款。构成犯罪的，依法追究刑事责任。前款发行人未按期公告其上市文件或者报送有关报告的，由证券监督管理机构责令改正，对发行人处以五万元以上十万元以下的罚款。"

然监管机构也将独立董事列为该规定中的其他直接责任人员而予以追责①，据此建立了独立董事履职追责的制度，但是这个时期的《公司法》和《证券法》对董事和董事会的制度和规则体系是以执行董事和董事会成员全部是执行董事的结构来设计的，以事后颁布并生效的《指导意见》中的对独立董事诚信与勤勉义务和特殊职权履行的规定，将独立董事与执行董事的责任等量齐观，在法源上确有些不合逻辑。好在2005年修订并于2006年实施的《公司法》和《证券法》在一定程度上解决了这个独立董事法律责任法源的逻辑问题：首先，2005年《公司法》第123条规定"上市公司设立独立董事，具体办法由国务院规定"，确立了上市公司独立董事的法律地位，与其他法律和《指导意见》等建立的上市公司独立董事制度相衔接，奠定了上市公司独立董事制度的法源基础。其次，2005年《证券法》完善了董事会虚假陈述的法律责任体系，具体体现为：该法第63条规定"发行人、上市公司依法披露的信息，必须真实、准确、完整，不得有虚假记载、误导性陈述或者重大遗漏"，将虚假陈述的内容由发行和上市材料扩展至依法披露的信息；该法第68条明确了上市公司董事、高级管理人员对公司定期报告的审核并确

---

① 2004年6月12日，酒鬼酒公司因为在1999年11月至2000年8月期间其对外关联担保行为未履行董事会和股东会审议程序，也没有及时对外公告（直到2003年4月披露2002年年度报告时才对外公告）的行为和未披露大股东2003年6月13日违规占款的协议签订事项，构成信息披露违法，公司董事（包括独立董事）均被按照其他直接责任人员追究法律责任，给予警告的行政处罚。与此相同的依据《证券法》第177条规定将独立董事列为其他直接责任人员给予行政处罚的还有：S*ST星美因2003年和2004年的年度报告和中期报告不真实以及未按规定及时披露其间的对外担保、关联交易和重大诉讼等重大事项而受到行政处罚案，ST阿继因1999年至2004年间大股东违规占款未及时披露而受到行政处罚案，ST亚华因2003年年度报告未如实披露关联交易、大股东违规占款、违规对外担保等重大事项而受到行政处罚案，ST科龙因2002年至2004年年度报告虚假陈述而受到行政处罚案，*ST中川因1999年年度报告虚假陈述而受到行政处罚案（中国证监会2004年7月27日作出的行政处罚决定），等等。

保其真实、准确和完整的责任①；该法第 69 条对上市公司董事对虚假陈述承担民事责任进行了明确②，虽然该规定对上市公司的董事、监事、高级管理人员和其他直接责任人员以及保荐人、承销的证券公司承担连带赔偿责任采取过错推定责任的认定规则，这与该规定对发行人、上市公司的控股股东、实际控制人承担连带赔偿责任采取过错责任的认定规则相比，显得不公平与不科学③，但是它毕竟解决了制度供给的有无问题；该法第 193 条进一步明确了上市公司虚假陈述时各方主体的行政责任承担的问题④，这些规定被监管机构作为对独立董事的约束性规则予

---

① 2005 年《证券法》第 68 条规定："上市公司董事、高级管理人员应当对公司定期报告签署书面确认意见。上市公司监事会应当对董事会编制的公司定期报告进行审核并提出书面审核意见。上市公司董事、监事、高级管理人员应当保证上市公司所披露的信息真实、准确、完整。"

② 2005 年《证券法》第 69 条规定："发行人、上市公司公告的招股说明书、公司债券募集办法、财务会计报告、上市报告文件、年度报告、中期报告、临时报告以及其他信息披露资料，有虚假记载、误导性陈述或者重大遗漏，致使投资者在证券交易中遭受损失的，发行人、上市公司应当承担赔偿责任；发行人、上市公司的董事、监事、高级管理人员和其他直接责任人员以及保荐人、承销的证券公司，应当与发行人、上市公司承担连带赔偿责任，但是能够证明自己没有过错的除外；发行人、上市公司的控股股东、实际控制人有过错的，应当与发行人、上市公司承担连带赔偿责任。"

③ 这个不公平的机制在 2019 年修订的《证券法》第 85 条中得到了修改，该条规定："信息披露义务人未按照规定披露信息，或者公告的证券发行文件、定期报告、临时报告及其他信息披露资料存在虚假记载、误导性陈述或者重大遗漏，致使投资者在证券交易中遭受损失的，信息披露义务人应当承担赔偿责任；发行人的控股股东、实际控制人、董事、监事、高级管理人员和其他直接责任人员以及保荐人、承销的证券公司及其直接责任人员，应当与发行人承担连带赔偿责任，但是能够证明自己没有过错的除外。"

④ 2005 年《证券法》第 193 条规定："发行人、上市公司或者其他信息披露义务人未按照规定披露信息，或者所披露的信息有虚假记载、误导性陈述或者重大遗漏，责令改正，给予警告，并处以三十万元以上六十万元以下的罚款。对直接负责的主管人员和其他直接责任人员给予警告，并处以三万元以上三十万元以下的罚款。发行人、上市公司或者其他信息披露义务人未按照规定报送有关报告，或者报送的报告有虚假记载、误导性陈述或者重大遗漏，责令改正，给予警告，并处以三十万元以上六十万元以下的罚款。对直接负责的主管人员和其他直接责任人员给予警告，并处以三万元以上三十万元以下的罚款。发行人、上市公司或者其他信息披露义务人的控股股东、实际控制人指使从事前两款违法行为的，依照前两款的规定处罚。"

以适用。① 2019年修订、2020年3月1日起施行的《证券法》第78条②修改了2005年《证券法》第63条的规定，第197条③修改了2005年《证券法》第193条的规定。2019年《证券法》坚持以信息披露为中心，更加明确并加重了上市公司董事的法律责任，但是这个规则体系没有解决独立董事的法律责任在法源上逻辑不清的问题。独立董事的法律地位及职责与责任的法源问题，是通过上海家化、前锋股份、文峰股份等因虚假陈述而使独立董事受到行政处罚之后的法院的判决予以确认的，这个逐步确认的过程在本章下文中详细介绍。

独立董事的行为规范，更多的是证券交易所和上市公司协会的自律规则。在2001年8月16日中国证监会颁布并实施《指导意见》后，沪

---

① 2005年《证券法》于2006年1月1日起施行，此后证券经营的诸多违法行为均通过追究虚假陈述的法律责任的方式予以处罚，例如宏磊股份2012年半年度报告和年度报告未披露关联交易和大股东违规占款案、键桥通讯2009年至2012年年度报告虚假披露和重大事项未披露案、匹凸匹未及时披露多项对外重大担保和重大诉讼案及文峰股份2014年年度报告和2015年中期报告未及时披露股权代持案等均是依据2005年《证券法》第63条和193条的规定，将独立董事列为其他直接责任人员予以追责的。

② 2019年《证券法》第78条规定："发行人及法律、行政法规和国务院证券监督管理机构规定的其他信息披露义务人，应当及时依法履行信息披露义务。信息披露义务人披露的信息，应当真实、准确、完整，简明清晰，通俗易懂，不得有虚假记载、误导性陈述或者重大遗漏。证券同时在境内境外公开发行、交易的，其信息披露义务人在境外披露的信息，应当在境内同时披露。"

③ 2019年《证券法》第197条规定："信息披露义务人未按照本法规定报送有关报告或者履行信息披露义务的，责令改正，给予警告，并处以五十万元以上五百万元以下的罚款；对直接负责的主管人员和其他直接责任人员给予警告，并处以二十万元以上二百万元以下的罚款。发行人的控股股东、实际控制人组织、指使从事上述违法行为，或者隐瞒相关事项导致发生上述情形的，处以五十万元以上五百万元以下的罚款；对直接负责的主管人员和其他直接责任人员，处以二十万元以上二百万元以下的罚款。信息披露义务人报送的报告或者披露的信息有虚假记载、误导性陈述或者重大遗漏的，责令改正，给予警告，并处以一百万元以上一千万元以下的罚款；对直接负责的主管人员和其他直接责任人员给予警告，并处以五十万元以上五百万元以下的罚款。发行人的控股股东、实际控制人组织、指使从事上述违法行为，或者隐瞒相关事项导致发生上述情形的，处以一百万元以上一千万元以下的罚款；对直接负责的主管人员和其他直接责任人员，处以五十万元以上五百万元以下的罚款。"

深证券交易所为落实独立董事的备案和培训工作细节、规范独立董事的履职行为，制定了一系列自律规则。经过多次修改，现行有效的自律规则主要包括：（1）证券交易所的备案与培训工作指引。《上海证券交易所上市公司独立董事备案及培训工作指引》和《深圳证券交易所上市公司信息披露指引第 8 号——独立董事备案》均对上市公司独立董事的任职资格和独立性审查标准与程序、独立董事的后续培训作了详细的规定，是上市公司独立董事任职与培训的基本规则。（2）股票上市规则。沪深证券交易所制定的股票上市规则以信息披露为中心，对上市公司信息披露的基本原则与一般规定，上市公司的董事、监事和高级管理人员的信息披露责任，保荐人等中介机构的信息披露责任，股票和可转换公司债券上市，上市公司法定披露事项，停复牌，暂停恢复终止与重新上市，纪律处分等内容作了全面的规定。以《上海证券交易所股票上市规则》为例，该自律规则针对独立董事的规定主要体现在对诚信与勤勉义务的解释和相应的归责原则上，对忠实义务和勤勉义务的解释主要体现在第 3.1.5 条的具体规定上。[①] 在归责原则的设定方面，该规则的第 1.4 条明确上市公司的董事、监事和高级管理人员"应当遵守法律、行政法规、部门规章、其他规范性文件、本规则及本所其他规定"，这就是说独立董事要受到本规则的约束。第 2.1 条强调上市公司和相关信息披露义务人应当依据相关规则及时、公平地披露信息，保证所披露信息

[①] 《上海证券交易所股票上市规则》第 3.1.5 条规定："……董事应当履行的忠实义务和勤勉义务包括以下内容：（一）原则上应当亲自出席董事会会议，以合理的谨慎态度勤勉行事，并对所议事项发表明确意见；因故不能亲自出席董事会会议的，应当审慎地选择受托人；（二）认真阅读公司各项商务、财务会计报告和公共传媒有关公司的重大报道，及时了解并持续关注公司业务经营管理状况和公司已经发生的或者可能发生的重大事项及其影响，及时向董事会报告公司经营活动中存在的问题，不得以不直接从事经营管理或者不知悉有关问题和情况为由推卸责任；（三）《证券法》《公司法》有关规定和社会公认的其他忠实义务和勤勉义务。"

的真实、准确和完整。第2.2条强调上市公司的董事、监事和高级管理人员（包括独立董事）应当保证公司及时、公平地披露信息，以及信息披露内容的真实、准确、完整，没有虚假记载、误导性陈述或者重大遗漏；不能保证公告内容真实、准确、完整的，应当在公告中作出相应声明并说明理由。这一条规定是归责原则的关键内容，也就是要确保信息披露真实、准确和完整，信息披露违法违规和违反该自律规则的，独立董事将会据此受到纪律处分。第3.1.4条是对董事、监事和高级管理人员履职要求和承诺的规定，主要包括履行忠实义务与勤勉义务，遵守并促使上市公司遵守本规则，接受证券交易所的自律性监管，遵守并促使上市公司遵守公司章程、履行承诺，等等。第16.2条和第16.3条规定，信息披露义务人和其他责任人以及上市公司的董事、监事和高级管理人员违反本规则或者向证券交易所作出的承诺，证券交易所视情节轻重给予通报批评、公开谴责或者公开认定其3年以上不适合担任上市公司董事、监事和高级管理人员（仅适用于上市公司董事、监事和高级管理人员）。[①] (3)《上市公司独立董事履职指引》。2014年9月，中国上市公司协会发布了《上市公司独立董事履职指引》，这是一份在全面梳

[①] 证券交易所依据股票上市规则给予独立董事纪律处分的案例比较多，虽然纪律处分结果只有通报批评、公开谴责和公开认定三种，但是它对独立董事此后能否再担任上市公司独立董事有很大的影响：一方面，例如《上海证券交易所上市公司独立董事备案及培训工作指引》第13条规定："独立董事候选人应无下列不良记录：（一）近三年曾被中国证监会行政处罚；（二）处于被证券交易所公开认定为不适合担任上市公司董事的期间；（三）近三年曾被证券交易所公开谴责或两次以上通报批评……"另一方面，例如《上海证券交易所股票上市规则》规定："董事、监事和高级管理人员应当在《董事（监事、高级管理人员）声明及承诺书》中声明：……（二）有无因违反法律、行政法规、部门规章、其他规范性文件、本规则受查处的情况……"；"声明事项发生变化时（持有本公司股票的情况除外），董事、监事和高级管理人员应当自该等事项发生变化之日起5个交易日内，向本所和公司董事会提交有关最新资料"。所以，独立董事因在某公司担任独立董事受到纪律处分而不再具备独立董事任职条件时，会引发不得担任其他上市公司独立董事、被迫辞职或者不能继续担任的后果。

理和归纳中国证监会、证券交易所对上市公司独立董事义务、职权及其行使、参加董事会会议的履职要求及相关规范的基础上编写的自律规则，对独立董事的依法依规履职具有指导和参考价值。2020年7月，中国上市公司协会根据不断修改完善的法律法规、部门规章及业务规则，对《上市公司独立董事履职指引》作了修订，同时发布了《独立董事促进上市公司内部控制工作指引》。

撇开这些抽象而又烦琐的法律法规和业务规范，我们梳理一下中国境内上市公司独立董事制度与规范体系，可以将其归纳为如下几个方面：（1）以2001年8月16日的《指导意见》为标志，中国境内上市公司正式建立了独立董事制度，而从2005年《公司法》和《证券法》确立上市公司独立董事的法律地位和建立以信息披露为中心的规则体系，到中国证监会和证券交易所根据形势和授权而不断完善更新《上市公司治理准则》《上市公司信息披露管理办法》《上市公司收购管理办法》《上市公司重大资产重组管理办法》《上市公司证券发行管理办法》等部门规章和股票上市规则、独立董事备案办法等自律规则，以及中国上市公司协会颁布具有参照执行意义的《上市公司独立董事履职指引》，逐步建立了法律、部门规章、自律规则三个层级的独立董事规则体系。虽然这些规则还不完备，甚至具体制度设计尚不科学，但是这是担任独立董事或者即将担任独立董事者的行动纲领和指南，也是独立董事任职之前就必须弄清楚的"游戏规则"。（2）以《指导意见》确立的独立董事制度为分界，法律和自律规则分别向着法律负责确立独立董事的法律地位和建立其规则原则的法源基础、自律规则主要负责解释独立董事的忠实（诚信）义务和勤勉义务的方向发展，但是截至目前，这两个方向的"游戏规则"都还有很大的发展空间：法律规定尚未明确对独立董事和执行董事设置相同归责规则的原因,自律规则也没有全面解释独立董事的忠实义务与勤勉义务如何具体化。(3)自从《指导意见》建立上市公司独立董事制度以来,法律就赋予了监管机构行政处罚权,自律规则也赋予了自律性监管机构纪律处分权,并且行政处罚权和纪律处分权的主体、依据和规则虽有区别但不冲突,它们都与独立董事的利益和命运息息相关,需要独立董事全面了解。

二、独立董事行使聘请中介机构审计的职权引起的纷争

2001年8月16日中国证监会颁布的《指导意见》第5条"上市公司应当充分发挥独立董事的作用"中明确规定:"为了充分发挥独立董事的作用,独立董事除应当具有公司法和其他相关法律、法规赋予董事的职权外,上市公司还应当赋予独立董事以下特别职权:1. 重大关联交易(指上市公司拟与关联人达成的总额高于300万元或高于上市公司最近经审计净资产值的5%的关联交易)应由独立董事认可后,提交董事会讨论;独立董事作出判断前,可以聘请中介机构出具独立财务顾问报告,作为其判断的依据。……"首例行使聘请中介机构审计特别职权的事件是乐山电力股份有限公司(以下简称"乐山电力")独立董事聘请中介机构审计事件。

2004年2月16日,乐山电力的独立董事程某某和刘某某因为对乐山电力频繁的对外担保(主要是为大股东提供的担保)和较大的担保额存有疑问,提出聘请中介机构鹏城会计师事务所对公司的关联交易与或有负债予以审计。该次独立董事行使聘请中介机构审计职权的事件在业界引起较大的波澜,促进了独立董事制度的实施,也带来了不少启发。

事件是由年度报告的独立董事确认意见引起的。2004年2月12

日，乐山电力独立董事收到公司的通知，要求他们在 2 月 20 日以前出具公司 2003 年年度报告的独立董事意见，但是公司没有向独立董事提供任何经过审计的材料。独立董事认为这样不妥，草率地签署意见，做个"橡皮图章"会心有不安，再加上他们对乐山电力长期以来存在的频繁对外担保以及逐步暴露出来的涉诉案件很担心，所以当天就依据《指导意见》的相关规定聘请中介机构进行专项审计。2 月 16 日下午，独立董事要求上市公司聘请中介机构调查的函件送达公司管理层（公司董事会秘书还应要求出具了收到该材料的收据），随后公司所有董事均收到董事会办公室发出的于本月 25 日召开董事会就 2003 年年度报告等议案进行审议的通知。2 月 17 日受邀请的中介机构已经到达乐山，在 25 日召开的董事会上独立董事提出能否由中介机构进场审计的问题时，公司董事长先是说不知情，后又提出这个事项得请示市政府批准，中介机构不能进场开展审计工作，因此事件陷入僵局。此时，各种针对该事件的谣言和质疑声四起：有人质疑独立董事提出聘请中介机构调查的动机和目的，有人怀疑独立董事这样做是因为炒股等个人利益驱使，也有人怀疑独立董事这样做是为了迎合重组方的利益，还有人夸大独立董事聘请中介机构审计的范围，等等。但是最终在程某某和刘某某的协调与充分沟通下，澄清了事实，也让乐山电力的管理层由起初的不理解和对抗转向了接受与配合，成功破解了僵局。[①]

　　同样是独立董事聘请中介机构专项审计的事件，伊利股份的独立董事俞某某就显得不那么幸运了。伊利股份是 1996 年登陆上海证券交易所的第一家乳品上市公司。因为 1998 年伊利股份的创始人之一、生产

---

① 参见童颖：《乐电独董首度披露审计事件内幕》，载《上海证券报》，2004 - 03 - 18。

经营副总裁从伊利股份离职创办蒙牛乳业的时候带走了十几名生产和销售方面的核心人员，伊利股份面临人才和经营机制上的危机。这个时候伊利股份董事长决定对公司实行事业部制改革，找到上海亚商企业咨询股份有限公司为伊利股份做项目咨询，该公司委派公司副总经理、市场营销与国际工商管理博士俞某某带队做这个项目。事业部制改革在伊利股份发展史上具有里程碑意义，从此俞某某就与伊利股份有了很深的交情。因为俞某某比较了解伊利股份的情况，伊利股份的董事长也对他比较信任，所以在2002年有填补独立董事缺额的机会时他就被聘任为伊利股份的独立董事。也正是因为他对伊利股份比较了解，也有比较丰富的项目合作经验，所以俞某某控制的公司在他担任伊利股份独立董事后仍然与伊利股份合作着营销和管理方面的项目咨询业务。这种违背《指导意见》规定的任职条件的"人情董事"以及隐藏在其中的关联关系就为后来的独立董事依法合规履职埋下了隐患。

2004年3月9日，伊利股份公告称，公司自2002年11月开始共投资3亿元购买国债，截至2004年2月27日，国债投资账面浮亏6 000万元。公告一出，各财经媒体相继跟踪报道"伊利股份国债投资出现浮亏""伊利股份买国债账面亏损6 000万元"等等，这才让独立董事知晓伊利股份尚有重大投资行为没有依照《公司法》和公司章程的规定履行审议程序并对外披露。俞某某认为，公司的信息披露、投资管理制度和重大决策过程很不完善，尤其是国债投资及其损失的事项应该聘请中介机构作专项审计。经多方协商无果后，2004年6月16日，伊利股份的独立董事俞某某、王某、郭某某通过媒体发表独立董事声明称，他们发现伊利集团在资金运作中存在着诸多疑点——购买国债、伊利股份第五大股东华世商贸有限公司的身世及其与伊利股份间存在不正当的关联交易，建议聘请中介机构对相关事项进行专项审计。当晚，伊利股份发布公告，称临时董事会审议同意"监事会关于提请股东大会免去俞某某先生独立董事的方案"。2004年6月17日，伊利股份发布第二份公告，承认其对国债投资累计亏损1 700万元；公司高管家属近期已将所持有的华世商贸有限公司股权依法转让给他人。2004年6月29日，在股东大会上3名独立董事再次发表独立董事声明，要求伊利股份聘请中介机构对国债投资等问题进行专项审计，披露更加详细的信息，同时要求公司监事会就国债投资的错误决策给公司造成的损失代为提起诉讼。2004年8月3日，伊利股份召开临时股东大会，以俞某某担任主要职务的公司与伊利股份发生关联交易为由，通过了罢免俞某某独立董事的议案。至此，这个"不听话"的独立董事因为行使聘请中介机构进行专项审计的特别职权却以"不独立"为由而被罢免。

独立董事行使聘请中介机构进行专项审计的特别职权是《指导意见》在建立独立董事制度时的基础制度设计，是指导性规范予以明文规定的，乐山电力和伊利股份的时任董事长之所以对此有激烈的反应并引起社会关注，一方面是陈旧的观念所致。在传统的观念里，董事会的成员得听从董事长的安排和指挥，领会董事长的旨意，上市公司独立董事应该与公司和董事会在基本态度上保持一致，所以当独立董事提出聘请中介机构进行专项审计时，董事长就会认为这是与自己对着干，这种人得清理出"自己人"的队伍。另一方面，上市公司独立董事制度刚刚建立，建立该制度的目的和价值，尤其是独立董事的职权和作用的发挥方式还没有得到充分而全面的理解。值得一提的是，以上事件中的几名独立董事除具有严谨和专业的态度以外，对《指导意见》相关规定的准确理解使他们坚持了自己的立场。虽然有的独立董事因此而辞职，但是他们为独立董事制度的实施和完善、为维护独立董事的专业形象发挥了应有的作用。

阅读至此，担任独立董事的读者可能会提出问题：如果我们自己担任独立董事的公司出现某些情况（特别是关联交易、违规占用资金、违规对外担保等）需要独立董事行使特别职权聘请中介机构进行专项审计或者核查，但是上市公司不予配合怎么办呢？是不是我们有证据证明已向证券交易所反映过该情况并且是上市公司一方不予配合就算我们已尽忠实义务与勤勉义务了呢？如果仅仅向证券交易所报告或者反映过行使特别职权受阻的情况，即使有充分而确凿的证据能够证明该行为，该行为也仅仅是作为证券交易所作出纪律处分时的参考因素。合情合理又合法的方式是先与上市公司就《指导意见》的规定并结合因没有按照《指导意见》规定履行相应职权而受到处罚的案例做好充分沟通与协调；如果上市公司还不予配合，可以按照《指导意见》第5条第3项的规定要求上市公司披露独立董事声明；如果上市公司不配合说明有关情况或者披露独立董事声明，再选择其他信息披露渠道进行公告，甚至向上市公司所在地的中国证监会派出机构举报或者说明该情况，但是在作出决定由其他信息披露渠道公告独立董事声明或者向监管机构举报以前，最好以书面形式明确告知上市公司董事会秘书，这样就既能解决问题还不会直接激化矛盾。

三、司法判决明确了独立董事的法律地位与归责原则

独立董事受到行政处罚是独立董事和独立董事候选人应当重点关注的事项，也是建立独立董事履行诚信与勤勉义务制度性约束的重要内容。依照现行《立法法》和《行政处罚法》的规定，结合独立董事规则体系和具体规定，现行有效的能够对独立董事履职行为设定行政处罚的法律文件仅有《证券法》，但是一方面，《证券法》对董事的法律责任的设定仅限定在虚假陈述的法律责任上；另一方面，在虚假陈述的法律责任中对独立董事和执行董事、非执行董事未作任何区分，最轻的处罚是将独立董事列为其他直接责任人员给予警告或并处一定数额罚款的处罚。虽然行政处罚的结果不重，但是按照证券交易所独立董事备案的标准，最近三年受到中国证监会行政处罚的独立董事候选人将不能被选聘为上市公司独立董事，也不能再担任其他上市公司的独立董事，所以该类处罚决定就与独立董事的前途和命运息息相关，也常引起独立董事的不满和怀疑而导致行政诉讼，也正是这些诉讼的司法判决明确了独立董事勤勉尽责义务的认定标准和责任的归责原则。

（一）证据证明免责论

证据证明免责论由上海市浦东新区人民法院在上海家化信息披露违法行政诉讼案（以下简称"上海家化案"）中明确，在此后的匹凸匹信息披露违法行政诉讼案（以下简称"匹凸匹案"）中得到强化。这里仅以上海家化案为例予以说明。

2015年6月，上海证监局对上海家化信息披露违法行为作出行政处罚决定，独立董事管某某、周某某、张某和苏某不服该行政处罚决定向浦东新区人民法院提起行政诉讼。行政处罚决定书认定：2008年上海家化时任董事长葛某某安排上海家化退休职工管理委员会等单位和个人投资成立沪江日用化学品厂（以下简称"沪江日化"），并由新成立的沪江日化管理委员会行使沪江日化董事会职权，由上海家化一名副总经理兼任沪江日化管理委员会成员。依照相关规定，上海家化与沪江日化在此期间构成关联关系。2009年2月至2012年12月，上海家化与沪江日化每年发生采购、销售及资金拆借等方面的关联交易金额达 2.81 亿元至 5.54 亿元不等,该关联交易金额已分别达到 2009 年至 2012 年年度报告的披露标准,但是上海家化对此关联关系和关联交易均未予以披露。上海证监局认为:上海家化的上述行为违反了 2005 年《证券法》第 63 条、第 68 条的规定,构成了 2005 年《证券法》第 193 条第 1 款的行为,除对公司和直接负责的主管人员给予行政处罚外,对包括独立董事在内的其他直接责任人员也给予了行政处罚(警告并处 3 万元罚款)。但是,受到处罚的独立董事认为:上海家化在年度报告中始终没有将沪江日化列为其关联方,二者之间不存在关联关系;作为公司的独立董事,他们不亲自参与公司日常经营活动,在涉案事项发生期间,始终无相关人员向他们和董事会汇报过该关联关系及关联交易,他们也不可能知悉该关联关系及关联交易;他们对信息披露违法事项不存在过错或者过失,不应承担责任。

浦东新区人民法院认为:依据 2005 年《证券法》第 63 条和第 68 条的规定,上市公司依法披露的信息必须真实、准确、完整,不得有虚假记载、误导性陈述或者重大遗漏,上市公司董事、监事和高级管理人员应当保证上市公司披露的信息真实、准确和完整。2007 年《上市公司信息披露管理办法》第 58 条规定,上市公司董事、监事、高级管理人员应当对公司信息披露的真实性、准确性、完整性、及时性、公平性负责,但有充分证据表明其已经履行勤勉尽责义务的除外。上市公司信息披露的真实、准确、完整有赖于全体董事、监事和高级管理人员勤勉尽责,通过履职、检查和督导工作促进公司切实加强信息披露事务管理,保护投资者合法权益。本案中上海家化与沪江日化在 2009 年 2 月至 2012 年 12 月期间构成关联关系,发生的交易属于关联交易,关联交易的金额已经达到 2009 年至 2012 年年度报告披露标准，上海家化未对上述关联关系及关联交易进行披露，违反了相关规定。管某某等独立董事在 2009 年至 2012 年的年度报告上签署过确认意见，系上述信息披露违法行为的其他直接责任人员，经审查无证据证明其已经履行勤勉尽责义务，上海证监局对其进行处罚并无不当。

从浦东新区人民法院对上海家化案判决的理由与逻辑中可以看出，独立董事在信息披露文件上签署确认意见的，就被视为 2005 年《证券法》第 193 条规定的其他直接责任人员，但是有证据表明其已履行勤勉尽责义务的可以免除责任。笔者把这个归责原则和判决逻辑归结为"证据证明免责论"。

匹凸匹案也是浦东新区人民法院审理的，该案的判决逻辑和归责原则的认定也是按照上海家化案的思路进行的，所以说在该案中强化了"证据证明免责论"的归责原则。

（二）基本要求论

基本要求论由北京市西城区人民法院在成都前锋电子股份有限公司信息披露违法行政诉讼案（以下简称"前锋股份案"）的判决中予以明确，该案二审进一步强化了该归责原则。

2016 年 9 月，四川证监局对前锋股份信息披露违法行为作出行政处罚，独立董事陶某和陈某某对该行政处罚决定不服，向北京市西城区人民法院提起诉讼。行政处罚决定书认定：2003 年，前锋股份与山东鑫融科技产业有限公司（以下简称"山东鑫融"）签订协议，约定以前锋股份名义代山东鑫融出资 8 700 万元入股五洲证券，前锋股份接收山东鑫融 8 700 万元认股款项后，将该笔款项转入五洲证券验资账户，认购五洲证券的股份。孰料，五洲证券后来竟然破产清算，对山东鑫融的这笔出资款是否到位存在争议。清算组于 2010 年 12 月 9 日向河南省高级人民法院提起诉讼，请求前锋股份履行出资义务及相应利息，前锋股份一审败诉。此后，前锋股份提出上诉，二审又败诉，申请再审被最高人民法院驳回，案件处理经过了很长时间。到 2014 年 10 月该案件终于进入执行程序，前锋股份只好履行判决。对于这起影响重大的诉讼案件，前锋股份应该在诉讼发生之时依法履行信息披露义务，及时公布诉讼进展情况，并在 2010 年至 2014 年的各年度报告中依法披露相关信息。同时，在 2011 年至 2015 年期间，前锋股份北京子公司为前锋股份时任董事、总经理控制的公司申请贷款提供质押担保，前锋股份应当就其子公司发生的上述担保事项依法履行审议决策和信息披露义务，及时披露所发生的对外担保事项，并在 2011 年至 2014 年的各年度报告中予以记载和披露。但是，前锋股份均未依法披露上述信息，构成未按规定披露和所披露的信息有重大遗漏的行为。

四川证监局认为前锋股份的行为违反了 2005 年《证券法》第 63 条、第 67 条和第 68 条的有关规定，构成了 2005 年《证券法》第 193 条第 1 款规定的违法行为，据此除给予公司和直接负责的主管人员行政处罚外，还对包括独立董事在内的其他直接责任人员给予警告并处 3 万元罚款的行政处罚。陶某和陈某某认为，其作为公司的独立董事，对上市公司的信息披露违法行为"未参与、不知情、无过错"，所以不应承担责任。

北京市西城区人民法院认为：不知情不是信息披露违法处罚案件的免责理由，董事应当对上市公司的经营状况包括法律风险、财务状况持续关注，积极获取相应信息，对涉及公司的重大诉讼及担保事项应当知晓，这是董事对公司承担勤勉义务的基本要求。

该案二审的北京市第二中级人民法院进一步认为：依据2007年《上市公司信息披露管理办法》第38条、第42条、第58条的规定，上市公司的董事、监事、高级管理人员应当勤勉尽责，关注信息披露文件的编制情况，保证定期报告、临时报告在规定期限内披露，配合上市公司及其他信息披露义务人履行信息披露义务；董事应当了解并持续关注公司生产经营情况、财务状况和公司已经发生的或者可能发生的重大事件及其影响，主动调查、获取决策所需要的资料；上市公司董事、监事、高级管理人员应当对公司信息披露的真实性、准确性、完整性、及时性、公平性负责，但有充分证据表明其已经履行勤勉尽责义务的除外。由此可见，上市公司独立董事对上市公司按照《证券法》的规定，真实、准确、完整、及时、公平地进行信息披露，负有勤勉尽责义务，应当了解并持续关注公司生产经营情况、财务状况和公司已经发生的或者可能发生的重大事件及其影响，主动调查、获取决策所需要的资料，这是对独立董事作为董事履行职责的基本要求。

（三）绝对勤勉义务论

绝对勤勉义务论由北京市第一中级人民法院在文峰大世界连锁发展股份有限公司（以下简称"文峰股份"）信息披露违法行政诉讼案中明确，该归责原则在其他法院对独立董事不在任期期间的事后信息披露义务违法行为的处罚案件的判决中也有明确的体现。

2017年2月，中国证监会对文峰股份信息披露违法行为作出行政处罚决定，独立董事范某、江某不服该行政处罚决定向北京市第一中级人民法院提起行政诉讼。行政处罚决定书认定：文峰集团与陆某敏于2014年12月22日签订股权转让协议，前者向后者转让其持有的文峰股份11 000万股股权（占上市公司总股本的14.88%），双方协商确定的转让价款总额为人民币 86 350 万元。经查,该股权转让实际是以自然人陆某敏的名义代文峰集团持有(股权代持),但是在 2014 年 12 月 23 日文峰股份发布的公告、2014 年 12 月 24 日"文峰大世界连锁发展股份有限公司简式权益变动报告书"、文峰股份 2014 年年度报告以及 2015 年中期报告中均未如实披露股权代持事项。

中国证监会认为:文峰股份等当事人的上述行为违反了 2005 年《证券法》第 63 条、第 67 条第 1 款和第 2 款第 8 项[①]、第 68 条的规定,构成 2005 年《证券法》第 193 条第 1 款规定的违法行为,在对文峰股份及其直接负责的主管人员作出处罚的同时,对包括独立董事在内的其他直接责任人员给予警告并处 3 万元罚款的行政处罚。独立董事范某和江某不服该行政处罚决定,向北京市第一中级人民法院提起行政诉讼,他们的主要理由归纳起来为:(1)作为独立董事,他们不参与文峰股份日常经营管理,无从知晓大股东文峰集团的内部决策,也无从知晓股权代持真相;(2)他们认真查阅过相关信息披露文件,在核对当时存在的股权转让协议、变更登记、付款记录、交易所无异议函等文件后签署相关报告并无不当,且已尽到独立董事的勤勉义务。

北京市第一中级人民法院认为:大份额股份转让是公司经营的重要事项,如果公司董事能够仅以上述理由作为抗辩事由,则公司法上的董事勤勉义务将形同具文。与公司内部董事相比,外部董事的职责更侧重于对公司经营活动的监督,设置外部董事等非执行董事的主要作用之一

[①] 2005 年《证券法》第 67 条第 1 款规定:"发生可能对上市公司股票交易价格产生较大影响的重大事件,投资者尚未得知时,上市公司应当立即将有关该重大事件的情况向国务院证券监督管理机构和证券交易所报送临时报告,并予公告,说明事件的起因、目前的状态和可能产生的法律后果。"第 2 款规定:"下列情况为前款所称重大事件:……(八)持有公司百分之五以上股份的股东或者实际控制人,其持有股份或者控制公司的情况发生较大变化;……"

即在于提高董事的独立性，强化公司的内部监督力度。外部董事虽然一般不参与公司的经营管理，但仍然应当具备公司管理所需的专业知识，充分了解公司的经营状况，并基于自己的独立判断履行职责。董事的勤勉义务是基于其自身的法律地位而产生的，是否直接参与公司的日常管理以及是否具有审计专业背景均不影响董事应当依法履行的勤勉义务。笔者将该案判决认定的"董事的勤勉义务与其是否直接参与日常管理及是否具有其他专业背景无关"的逻辑归纳为"绝对勤勉义务论"。

还有一些案件的判决表明，即使独立董事签字确认的定期报告的时期与其任职期间不一致，"绝对勤勉义务论"的归责原则仍然适用。例如，上海家化案中的独立董事苏某提出其任职只有两周，审计机构出具的审计报告明确沪江日化不是上海家化的关联方，他也无从判断是否存在关联关系。虽然该主张没有得到法院的回应，但是在同一个法院审理的匹凸匹案中可以看到法院的态度。在该案中，独立董事曾某某和张某某提出，他们2014年才担任独立董事，对2013年上市公司的对外担保和发生的诉讼并不知情，因此主张免责。法院没有支持该主张，并在判决中明确指出："公众基于对独立董事能力、品行的信任而任命其为独立董事，独立董事应具备相应的能力，即使其未在签字的定期报告日期对应的经营期间任职，基于其自身的能力，其理应发现上市公司定期报告中存在的问题。"

（四）特别职权论

特别职权论是北京市高级人民法院在文峰股份信息披露违法行政诉讼案的二审判决中明确的独立董事勤勉义务法律责任的归责原则。

因不服一审行政诉讼判决，文峰股份独立董事范某向北京市高级人民法院提起上诉。二审期间，范某提出：作为文峰股份的独立董事，其对年度报告和中期报告的签署主要是基于对审计报告的信赖，对陆某敏股东资格的认定主要是基于对形式要件的审核和对股东资格公告文件、中国证监会及上海证券交易所审核结果的信赖，其已经履行审慎核查义务。

北京市高级人民法院认为：范某作为独立董事是否已尽勤勉尽责之义务，涉及独立董事的法律地位及对上市公司信息披露的法定责任。《指导意见》规定，独立董事对上市公司及全体股东负有诚信与勤勉义务，应独立履行职责，维护公司整体利益，尤其要关注中小股东的合法权益不受损害，不受上市公司主要股东、实际控制人或者其他与上市公司存在利害关系的单位或个人的影响。《指导意见》还规定，为保障独立董事的独立性，上市公司应赋予其多项特别职权。故独立董事基于其法律地位，不但具有《公司法》等赋予董事的一般职权，还具有特别职权，应当对公司重大事项勤勉尽责履职。具体到上市公司信息披露，依据2005年《证券法》第68条的规定，上市公司的董事、监事和高级管理人员对上市公司信息披露的真实性、准确性、完整性应当承担较其他人员更严格的法定保证责任。上述人员主张不应承担责任的，应当提供充分证据证明其对信息披露行为已尽忠实、勤勉义务。否则，就应当承担相应的法律责任。

特别职权论的归责原则在强调独立董事的独立法律地位和特别职权的同时，也强化了独立董事较高的勤勉尽责义务标准，这个标准高于一般董事的勤勉尽责义务标准。

（五）简单询问不足以达到勤勉尽责标准论

该归责原则也是北京市高级人民法院在文峰股份信息披露违法行政诉讼案的二审判决中明确下来的。

独立董事应尽勤勉尽责义务，达到何种标准才能算尽到勤勉尽责义务呢？在该案二审期间，范某提出：其除在2014年年度报告签署意见前认真核对过相关文件，已尽到勤勉尽责义务以外，在2015年中期报告签署意见前也主动询问了上市公司的董事长、董事会秘书和证券事务代表，并有相关"情况说明"予以证明，该行为表明其已尽勤勉尽责义务，因此主张免除其责任。

北京市高级人民法院在否定口头询问和"情况说明"的证据力与证明效力的同时，进一步明确指出：在监管机构调查过程中明确告知范某存在股份代持的情况下，范某仍未给予足够、必要的关注，在审议2015年中期报告时未有效行使独立董事职权，未对股权代持事项是否应予披露作出独立的判断，对该中期报告并未提出有效异议及质询即签署书面确认意见。范某提出的已采取向公司个别人员询问等行为不足以达到对该信息披露事项已尽勤勉尽责义务的标准。故中国证监会综合认定范某未尽到独立董事之勤勉尽责义务，属于文峰股份信息披露违法行为的其他直接责任人员并无不当，范某应当对涉案信息披露违法行为承担法律责任。

简单询问不足以达到勤勉尽责标准的归责原则，在否定一种行为模式的同时，也明确了对相关信息披露事项作出独立的审查与判断才算达到勤勉尽责的标准。

第二章

独立董事的职业选择

第一节　怎样成为上市公司的独立董事

担任上市公司独立董事，需要具备一定的法定条件，主要是实体性条件和程序性条件，只有满足相应的条件，才能成为上市公司的独立董事。所以这些条件也提供了担任上市公司独立董事的制度性机会。

一、成为上市公司独立董事的实体性条件

担任独立董事必备的实体性条件，包括积极条件、限制条件和消极条件。每一个条件都与每一位独立董事的切身利益紧密相关。当然，其中也蕴含着担任与自己契合度高的上市公司独立董事的机会。

（一）积极条件

依据《指导意见》第 2 条的规定，担任独立董事必备的积极条件主要包括：

第一，根据法律、行政法规及其他有关规定，具备担任上市公司董事的资格。法律规定的上市公司董事的资格，主要是《公司法》第146条①规定的董事任职资格。除法律规定外，对独立董事任职资格的其他规定主要体现在中国证监会的部门规章和证券交易所的自律规则中。《证券市场禁入规定》②第5条规定，被采取证券市场禁入措施的人员，在禁入期内，除了不能担任原证券发行人的董事，也不能担任其他证券发行人的董事，从积极条件看就是没有被中国证监会采取证券市场禁入措施的人员才能担任证券发行人的董事。证券交易所的自律规则也强调担任独立董事必须具有独立董事任职资格。依据《上海证券交易所上市公司独立董事备案及培训工作指引》（以下简称《上交所独立董事备案及培训工作指引》）第10条的规定，担任独立董事，必须已根据中国证监会《上市公司高级管理人员培训工作指引》及相关规定取得独立董

---

① 《公司法》第146条规定："有下列情形之一的，不得担任公司的董事、监事、高级管理人员：（一）无民事行为能力或者限制民事行为能力；（二）因贪污、贿赂、侵占财产、挪用财产或者破坏社会主义市场经济秩序，被判处刑罚，执行期满未逾五年，或者因犯罪被剥夺政治权利，执行期满未逾五年；（三）担任破产清算的公司、企业的董事或者厂长、经理，对该公司、企业的破产负有个人责任的，自该公司、企业破产清算完结之日起未逾三年；（四）担任因违法被吊销营业执照、责令关闭的公司、企业的法定代表人，并负有个人责任的，自该公司、企业被吊销营业执照之日起未逾三年；（五）个人所负数额较大的债务到期未清偿。公司违反前款规定选举、委派董事、监事或者聘任高级管理人员的，该选举、委派或者聘任无效。董事、监事、高级管理人员在任职期间出现本条第一款所列情形的，公司应当解除其职务。"

② 《证券市场禁入规定》由中国证监会2006年6月7日公布，2015年进行了修改，2021年6月又进行了修订，自2021年7月19日起施行。2021年修订的《证券市场禁入规定》第5条规定："被采取本规定第四条第一款第一项证券市场禁入措施的人员，在禁入期间内，除不得继续在原机构从事证券业务、证券服务业务或者担任原证券发行人的董事、监事、高级管理人员职务外，也不得在其他任何机构中从事证券业务、证券服务业务或者担任其他证券发行人的董事、监事、高级管理人员职务。被采取本规定第四条第一款第一项证券市场禁入措施的人员，应当在收到证券市场禁入决定后立即停止从事证券业务、证券服务业务或者停止履行证券发行人董事、监事、高级管理人员职务，并由其所在机构按规定的程序解除其被禁止担任的职务。"

事资格证书，独立董事候选人在提名时未取得独立董事资格证书的，应书面承诺参加最近一次独立董事资格培训，并取得独立董事资格证书。《深圳证券交易所上市公司信息披露指引第8号——独立董事备案》（以下简称《深交所独立董事备案指引》）第6条也有类似的规定，看来沪深两所一致要求担任上市公司独立董事必须具有独立董事任职资格。此外，独立董事还必须遵守《公务员法》和党规党纪的限制性规定，相关内容将在下文的"限制条件"中介绍。

第二，具有《指导意见》要求的独立性。《指导意见》第3条"独立董事必须具有独立性"规定："下列人员不得担任独立董事：（一）在上市公司或者其附属企业任职的人员及其直系亲属、主要社会关系（直系亲属是指配偶、父母、子女等；主要社会关系是指兄弟姐妹、岳父母、儿媳女婿、兄弟姐妹的配偶、配偶的兄弟姐妹等）；（二）直接或间接持有上市公司已发行股份1%以上或者是上市公司前十名股东中的自然人股东及其直系亲属；（三）在直接或间接持有上市公司已发行股份5%以上的股东单位或者在上市公司前五名股东单位任职的人员及其直系亲属；（四）最近一年内曾经具有前三项所列举情形的人员；（五）为上市公司或者其附属企业提供财务、法律、咨询等服务的人员；（六）公司章程规定的其他人员；（七）中国证监会认定的其他人员。"不仅如此，《上交所独立董事备案及培训工作指引》和《深交所独立董事备案指引》均对《指导意见》所规定的独立董事的独立性作了进一步明确或者扩充解释，如《上交所独立董事备案及培训工作指引》第12条规定："独立董事候选人应具备独立性，不属于下列情形：（一）在上市公司或者其附属企业任职的人员及其直系亲属和主要社会关系；（二）直接或间接持有上市公司已发行股份1%以上或者是上市公司前十名股东中的自然人股东及其直系亲属；（三）在直接或间接持有上市公司已发行股份5％以上的股东单位或者在上市公司前五名股东单位任职的人员及其直系亲属；（四）在上市公司实际控制人及其附属企业任职的人员；（五）为上市公司及其控股股东或者其各自的附属企业提供财务、法律、咨询等服务的人员，包括提供服务的中介机构的项目组全体人员、各级复核人员、在报告上签字的人员、合伙人及主要负责人；（六）在与上市公司及其控股股东或者其各自的附属企业具有重大业务往来的单位担任董事、监事或者高级管理人员，或者在该业务往来单位的控股股东单位担任董事、监事或者高级管理人员；（七）近一年内曾经具有前六项所列举情形的人员；（八）其他本所认定不具备独立性的情形。"

独立性的要求是对上市公司独立董事任职的持续性要求，独立董事不仅在任职时要求具备独立性，而且在上市公司任职期间要一直保持独立性。如果独立董事在任职后出现不符合独立性要求的情形，应按规定辞去独立董事职务，例如《上交所独立董事备案及培训工作指引》第17条规定："上市公司独立董事任职后出现本节规定的不符合独立董事任职资格情形的，应自出现该等情形之日起30日内辞去独立董事职务。未按要求辞职的，上市公司董事会应在2日内启动决策程序免去其独立董事职务。"此外，独立董事在任职时的声明中一般会作出这样的承诺："如本人任职后出现不符合独立董事任职资格情形的，本人将自出现该等情形之日起30日内辞去独立董事职务。"独立董事违反该规定或违背该项承诺的会受到纪律处分。例如，亚盛集团的独立董事李某某，于2012年5月28日由公司控股股东甘肃省农垦集团有限公司（以下简称"农垦集团"）提名，经公司第五届董事会第五十七次会议与2011年度股东大会审议通过。在李某某当选独立董事前，其配偶已在公司控股股东农垦集团任职，但李某某未将此事项如实报告，其所填报的独立董事履历表、独立董事声明与承诺均显示其配偶无工作单位。至 2017 年 5 月 4 日李某某辞去独立董事时，其配偶仍在农垦集团任职。2017 年 10 月 18 日，上海证券交易所对李某某担任亚盛集团独立董事的提名人农垦集团和李某某本人作出通报批评的纪律处分。

第三，具备上市公司运作的基本知识，熟悉相关法律、行政法规、规章及规则。具备上市公司运作的基本知识，首先要靠自身接受的高等教育来满足；其次，需要学习与上市公司运作相关的《公司法》、《证券法》、《上市公司治理准则》、《上市公司信息披露管理办法》、《上市公司证券发行管理办法》、证券交易所股票上市规则等法律文件；最后，通过独立董事任职资格和后续培训，持续更新上市公司治理、运作、再融资、信息披露的相关知识，为科学决策和勤勉尽责履职奠定知识基础。

第四，具有五年以上法律、经济或者其他履行独立董事职责所必需的工作经验。担任上市公司的独立董事，不管是基于监督者的角色定位还是基于咨询顾问的角色定位，都需要对上市公司所处行业的产业政策、运行模式、竞争环境和上市公司的运行规则等有丰富的经验。《指导意见》规定了最低五年的工作经验要求，而是否具备担任上市公司独立董事的工作经验由上市公司根据实际情况进行把握。

第五，符合上市公司公司章程规定的其他条件。有的上市公司的公司章程对其独立董事有特别规定，例如中国工商银行的公司章程就规定："独立董事提名人具有 8 年以上法律、经济、金融、财务或者其他有利于履行独立董事职责的工作经历"，"被提名人曾在国际性金融组织或者跨国金融机构任职，熟悉境内外经济金融政策和实务，在金融市场、投资银行等领域具有丰富的知识和经验，职业操守良好"。欲成为中国工商银行的独立董事，必须满足公司章程规定的这些条件。这也提醒打算担任某上市公司独立董事的人员，除满足《指导意见》所规定的积极条件外，还要事前查阅该上市公司的公司章程，满足其条件才有可能被提名为该上市公司的独立董事。

（二）限制条件

担任上市公司独立董事，除需要具备担任独立董事必备的积极条件外，还需要满足一些限制条件或者附加条件。担任上市公司独立董事的限制条件主要有以下几种。

一是《指导意见》和《上交所独立董事备案及培训工作指引》、《深交所独立董事备案指引》规定的限制条件。

（1）担任独立董事的上市公司家数的限制。

《指导意见》第1条第2项规定："……独立董事原则上最多在5家上市公司兼任独立董事，并确保有足够的时间和精力有效地履行独立董事的职责。"围绕最多兼任5家上市公司独立董事的规定，实务中有不同的理解。《上交所独立董事备案及培训工作指引》第14条规定："已在五家境内上市公司担任独立董事的，不得再被提名为其他上市公司独立董事候选人。"《深交所独立董事备案指引》第10条将上市公司进一步解释为"本次拟任职上市公司、深沪证券交易所上市公司、境外证券交易所上市公司"。因为《指导意见》对独立董事有"确保有足够的时间和精力有效地履行独立董事的职责"的要求，所以对于担任非上市公司独立董事的没有公司家数的限制，但是对于上市公司的概念可能要作扩大解释，既包括沪深证券交易所的上市公司，也包括境外证券交易所的上市公司，只是目前尚不包括新三板挂牌的上市公司。为贯彻落实习近平总书记关于深化新三板改革、设立北京证券交易所的重要指示精神和党中央、国务院的有关决策部署，北京证券交易所已于2021年9月3日注册成立，在北京证券交易所上市交易的上市公司将有可能被纳入《指导意见》规定的5家上市公司的范围之内。不仅如此，兼任上市公司独立监事或者其他高级管理人员的，该上市公司也应该被计算在5家上市公司的范围内，除非有证据证明该独立董事有充足的时间和精力确保履行独立董事的职责。

（2）担任一家上市公司独立董事最长任职时间的限制。

《指导意见》规定："独立董事每届任期与该上市公司其他董事任期相同，任期届满，连选可以连任，但是连任时间不得超过六年。"按照此规定，连续在一家上市公司担任独立董事的最长时间不得超过6年。超过6年的，独立董事聘任将不会获得证券交易所的备案，此时，如果上市公司与该独立董事很有默契，而该独立董事认为他对该上市公司比较了解，也不存在影响独立履行职责的情况，又该如何操作呢？依据《指导意见》关于独立董事独立性1年时间间隔限制的规定，上市公司可以在独立董事连续任职6年后间隔1年再聘任该独立董事即可获得证券交易所的备案。

二是对特定群体对象兼任独立董事的限制条件。

（1）《中华人民共和国公务员法》（以下简称《公务员法》）的相关规定。

《公务员法》第44条规定："公务员因工作需要在机关外兼职，应当经有关机关批准，并不得领取兼职报酬。"第59条第16项规定，公务员应当遵纪守法，不得违反有关规定从事或者参与营利性活动，在企业或者其他营利性组织中兼任职务。第107条第1款规定："公务员辞去公职或者退休的，原系领导成员、县处级以上领导职务的公务员在离职三年内,其他公务员在离职两年内,不得到与原工作业务直接相关的企业或者其他营利性组织任职,不得从事与原工作业务直接相关的营利性活动。"《公务员法》确立了在职公务员不得对外兼职,必须兼职的,应经有关机关批准,并不得领取兼职报酬,以及退(离)休或者辞职的公务员在一定期限内不能到与原工作业务直接相关的企业或其他营利性组织兼职两项原则。

(2)《关于进一步规范党政领导干部在企业兼职(任职)问题的意见》的相关规定。

2013年,中央组织部发布的《关于进一步规范党政领导干部在企业兼职(任职)问题的意见》(以下简称《意见》)规定:现职和不担任现职但未办理退(离)休手续的党政领导干部不得在企业兼职(任职);对辞去公职或者退(离)休的党政领导干部到企业兼职(任职)必须从严掌握、从严把关,确因工作需要到企业兼职(任职)的,应当按照干部管理权限严格审批;辞去公职或者退(离)休后三年内,不得到本人原任职务管辖的地区和业务范围内的企业兼职(任职),也不得从事与原任职务管辖业务相关的营利性活动;辞去公职或者退(离)休后三年内,拟到本人原任职务管辖的地区和业务范围外的企业兼职(任职)的,必须由本人事先向其原所在单位报告,由拟兼职(任职)企业出具兼职(任职)理由说明材料,所在单位按规定审核并按照干部管理权限征得相应的组织(人事)部门同意后,方可兼职(任职);辞去公职或者退(离)休三年后到企业兼职(任职)的,应由本人向其原所在单位报告,由拟兼职(任职)企业出具兼职(任职)理由说明材料,所在单位按规定审批并按照干部管理权限向相应的组织(人事)部门备案;凡按规定经批准在企业兼职的党政领导干部,不得在企业领取薪酬、奖金、津贴等报酬，不得获取股权和其他额外利益；兼职不得超过1个；所兼任职务实行任期制的，任期届满拟连任必须重新审批或备案，连任不超过两届；兼职的任职年龄界限为70周岁；按规定经批准在企业兼职（任职）的党政领导干部在企业兼职期间的履职情况、是否取酬、职务消费和报销有关工作费用等，应每年年底以书面形式如实报告单位组织。

《意见》一方面为避免官商勾结的腐败行为，禁止党政领导干部违规兼任上市公司独立董事并进行利益输送，为营造"亲""清"的政商关系、改善营商环境奠定了制度基础，为市场专业人士兼任独立董事提供了机会。《意见》出台后的2014年第一季度就出现了"官员独董"的辞职潮。[①] 此后在严格执行《意见》的过程中，退（离）休党政领导干部兼任独立董事的路子就被堵死了[②]，这给市场专业人士担任独立董事腾出了空间和机会，也提高了独立董事整体的专业化水平。但是，另一方面，《意见》在执行中有扩大化的趋势。《意见》的适用对象仅限于党政领导干部，参公管理的人民团体、参公管理的群众团体和参公管理的事业单位的领导干部按照本意见执行，其他领导干部参照执行。[③] 但是，在实践中，《意见》有时被扩大化地适用于国有控股（参股）的工

[①] 参见孙宪超：《"独董辞职潮"大起底》，载《新财经周刊》，2014-03-24（Z1—Z4）。

[②] 例如，2013年7月25日，上市公司中国重汽（香港）有限公司公告其聘请了贵州省原省长石秀诗、山东省原省长韩寓群、国税总局原副局长崔俊慧担任其独立董事，任期为3年，年薪为18万元人民币。后来因为《意见》的颁布和执行，这几位官员独立董事就辞去了上市公司独立董事的职务。此后的独立董事候选人声明与承诺中就增加了关于不存在《意见》规定的不能兼职情况的专门的承诺事项，所以"官员独董"的现象也就从此销声匿迹了。

[③] 《意见》第8条规定："党政领导干部在其他营利性组织兼职（任职），按照本意见执行。参照公务员法管理的人民团体和群众团体、事业单位领导干部，按照本意见执行；其他领导干部，参照本意见执行。"

作人员和具有一定层级但是没有行政级别的管理人员，尤其是通过签订劳动合同引进的市场化管理人员。他们既有经验和能力兼任上市公司的独立董事，也能在担任上市公司独立董事的过程中熟悉市场并提升企业治理与管理水平，如果将他们兼任独立董事定性为违反廉洁从业规定的违纪行为，要求其辞去兼任的独立董事并将辞职前的独立董事津贴退还原单位，这就侵害了这类人员兼任独立董事的正当利益。这种做法需要高度关注并深入研究，总结其中的利弊与得失。

（3）中共中央纪委、教育部、监察部《关于加强高等学校反腐倡廉建设的意见》的相关规定。

2008年9月3日，中共中央纪委、教育部、监察部联合发布了《关于加强高等学校反腐倡廉建设的意见》。该文件规定："加强对领导干部的管理和监督。学校党政领导班子成员应集中精力做好本职工作，除因工作需要、经批准在学校设立的高校资产管理公司兼职外，一律不得在校内外其他经济实体中兼职。确需在高校资产管理公司兼职的，须经党委（常委）会集体研究决定，并报学校上级主管部门批准和上级纪检监察部门备案，兼职不得领取报酬。"该文件仅限定学校一级的党政领导干部不得在校内外兼职，校内兼职的需要逐级批准和备案并不得领取兼职报酬，限定的对象还是很有限的。然而，2013年中央组织部发布的《关于进一步规范党政领导干部在企业兼职（任职）问题的意见》的调整对象包括参照公务员法管理的事业单位领导干部，高等学校属于参照公务员法管理的事业单位，其领导干部正在该意见调整范围之内。按照中共中央《党政领导干部选拔任用工作条例》和教育部的相关文件规定，处级以上的领导干部均属于该意见规定的党政领导干部，所以该意见扩大了高等学校不得在校内外兼职的领导干部的范围。

继 2014 年年初教育部发布《关于严格执行〈关于进一步规范党政领导干部在企业兼职（任职）问题的意见〉有关问题的通知》对高校党政领导干部兼职情况清查摸底后，2015 年 11 月 3 日，教育部办公厅又发布《关于开展党政领导干部在企业兼职情况专项检查的通知》，对部机关、直属单位及其内设机构、部属高校及其院系副处级以上领导干部、中层领导干部在企业兼职情况进行全面梳理汇总并清理规范。2015 年 12 月 1 日，教育部对 3 所高校 4 起违反中央八项规定精神等典型案件进行通报，涉及独立董事兼职的案件有两件：一件是时任对外经济贸易大学党委常委、委员、副校长刘某违规兼职取酬案。自 2009 年 1 月至 2014 年 12 月，刘某在 6 家公司兼任独立董事，取酬 126.6 万元。刘某在经济实体中的兼职情况，未向组织报告，兼职取酬未在领导干部个人有关事项报告中申报，严重违反了党的廉洁纪律和组织纪律。教育部党组与北京市纪委经研究决定，给予刘某党内严重警告处分，免去其对外经济贸易大学党委常委、委员、副校长职务，追缴其违规兼职所得。另一件是对外经济贸易大学国际商学院原院长汤某某违规兼职取酬案。汤某某在担任国际商学院院长期间，先后在 4 家上市公司兼任独立董事，其间取酬人民币 152.9 万元、港币 120 万元。汤某某虽然向学校报告了其兼任独立董事的事项，但是隐瞒了取酬问题。所以，对外经济贸易大学党委研究决定，给予汤某某党内严重警告处分、降低岗位等级的党纪处分，并追缴其违规兼职所得。受这两个典型案例的影响，加上 2015 年 12 月 4 日，教育部人事司发布了《关于对党政领导干部在企业兼职（任职）进行清理规范的通知》，要求各高校在前期上报领导干部在企业兼职（任职）情况的基础上，对该范围领导干部违规在企业兼职（任职）问题进行逐一清理和规范，违规取酬要全部清退或上缴。随后就出现了"高校独董"辞职潮和高校院级领导辞官潮两种并行的现象。

(4)《证券分析师执业行为准则》的相关规定。

2012年6月19日,中国证券业协会发布了《证券分析师执业行为准则》(以下简称《准则》)。《准则》第17条第2款规定:"证券分析师不得在公司内部或外部兼任有损其独立性与客观性的其他职务,包括担任上市公司的独立董事。"这项对证券分析师兼任上市公司独立董事的禁止性规定是为了防范发布证券研究报告过程中的利益冲突,维护发布证券研究报告的独立性、客观性和公平性。与这个规定目的相同的是《准则》第15条规定的"证券分析师的配偶、子女、父母担任其所研究覆盖的上市公司的董事、监事、高级管理人员的,证券分析师应当按照公司的规定进行执业回避或者在证券研究报告中对上述事实进行披露"。除防范证券分析师在发布研究报告时进行利益输送以外,对证券分析师兼任独立董事的禁止性规定也是为了避免证券分析师借用兼任独立董事的身份和机会从事内幕交易的行为。

2012年5月23日,中国证监会通报原中信证券研究部质量总监、电力行业首席分析师、漳泽电力独立董事杨某某涉嫌内幕交易漳泽电力股票的案件。中国证监会稽查总队经调查发现,2011年3月1日,漳泽电力公司致信山西省委、省政府,请求山西省政府帮助解决公司经营亏损问题。3月30日,山西省政府同意漳泽电力与同煤集团就煤电联营事宜会商,以解决漳泽电力火电煤炭成本过高的经营困难。4月中旬,漳泽电力主要负责人与杨某某就漳泽电力重组方式、路径等问题进行探讨,内容涉及定向增发、上市公司股权划转、现金购买等重组方式方法以及如何与煤炭企业重组才能对上市公司更加有利等事项。6月2日,山西省政府确定由同煤集团与漳泽电力通过资产重组实现双方煤电联营。当月 3 日漳泽电力股票涨停，漳泽电力经请示大股东及协商同煤集团后申请停牌并于 6 月 7 日实施停牌。2011 年 10 月 28 日，漳泽电力发布"发行股份购买资产之重大资产重组暨关联交易预案"等公告并复牌交易。漳泽电力并购重组信息属内幕信息，杨某某作为漳泽电力的独立董事，参与了同煤集团与漳泽电力资产重组的论证过程，为法定内幕信息知情人。2011 年 4 月 15 日，杨某某指使李某在上海某证券营业部开立证券账户。4 月 19 日和 28 日，杨某某借用李某账户买入漳泽电力股票共计 268.25 万股，买入金额约 1 500 万元，在知悉中国证监会开始调查后，杨某某在漳泽电力股票复牌前夜，即 2011 年 10 月 28 日 0 时 1 分以跌停板价格倾仓申报卖出所有股票，当天开盘后 4 分钟内全部成交，亏损 82.8 万元，意图减轻法律制裁。中国证监会调查认定杨某某的行为构成内幕交易，同时涉嫌构成《刑法》规定的内幕交易犯罪，中国证监会依法将该案移送公安机关。

中国证监会有关部门负责人指出，杨某某上述涉嫌违法犯罪行为发生在其担任上市公司独立董事期间，其身为证券行业资深从业人员及上市公司独立董事，完全知晓法律禁止内幕交易的规定，本应自觉履行对上市公司重大资产重组内幕信息的保密义务，却违反信赖责任，违背漳泽电力对其信托与信任，亵渎职责，铤而走险，滥用市场优势地位，窃取上市公司具有重大价值的未公开信息，借用他人账户进行内幕交易，意图规避监管，为己谋利，情节严重，影响恶劣。该负责人强调，本案具有较强的警示意义，杨某某作为资深从业人员，享有较高的行业地位和专业荣耀，本应有良好的职业前景，却未能抵制诱惑、恪守职业道德，以身试法，最终受到法律的惩罚。市场专业人士应引以为戒，严格自律，自觉遵守市场诚信原则和法律规定。① 该负责人的这番讲话，对独立董事很有警示作用。

三是对特殊行业的限制条件。银行、保险、证券等金融类上市公司在公司治理方面有不同于非金融类上市公司的特点，其监管机构也对其公司治理进行了特殊的要求。

(1)《银行保险机构公司治理准则》的相关规定。

2021年6月2日，中国银保监会发布《银行保险机构公司治理准则》，其第四章第二节"独立董事"中对独立董事人数占董事会成员总数的最低比例、独立董事候选人提名、独立董事在一家银行保险机构累计任职年限、一名自然人同时担任独立董事的商业银行和保险公司的家数限制、独立董事发表独立意见的情形、独立董事的履职保障和责任等作了详细的规定，尤其是第37条规定的"独立董事应当保证有足够的时间和精力有效履行职责，一名自然人最多同时在五家境内外企业担任独立董事。同时在银行保险机构担任独立董事的，相关机构应当不具有关联关系，不存在利益冲突。一名自然人不得在超过两家商业银行同时担任独立董事，不得同时在经营同类业务的保险机构担任独立董事"，构成了银行保险业独立董事的职业限制。

(2)《证券公司董事、监事和高级管理人员任职资格监管办法》的相关规定。

中国证监会于2012年10月19日公布的修改后的《证券公司董事、监事和高级管理人员任职资格监管办法》第11条第2款第6项规定，"在其他证券公司担任除独立董事以外职务的人员"不得担任证券公司

---

① 参见《上海证券报》，2012-05-24。

的独立董事;第37条第4款又规定,"任何人员最多可以在2家证券公司担任独立董事"。这两个限制条件一方面避免了利益冲突,禁止证券公司的从业人员兼任其他证券公司的独立董事;另一方面对同一人兼任独立董事的证券公司的家数作了2家的限制。

(三)消极条件

消极条件即担任上市公司独立董事不应该具有的条件。

(1)缺乏独立性。

《指导意见》第3条[①]和《深交所独立董事备案指引》、《上交所独立董事备案及培训工作指引》都对独立董事的独立性作了规定,尤其是《深交所独立董事备案指引》和《上交所独立董事备案及培训工作指引》,在总结实践经验教训的基础上,补充明确了以下几种由于缺乏独立性不能担任上市公司独立董事的情形:在上市公司控股股东、实际控制人及其附属企业任职的人员及其近亲属[②];为上市公司及其控股股东或者其各自的附属企业提供财务、法律、咨询等服务的人员,包括提供服务的中介机构的项目组全体人员、各级复核人员、在报告上签字的人

[①] 《指导意见》第3条"独立董事必须具有独立性"规定:"下列人员不得担任独立董事:(一)在上市公司或者其附属企业任职的人员及其直系亲属、主要社会关系(直系亲属是指配偶、父母、子女等;主要社会关系是指兄弟姐妹、岳父母、儿媳女婿、兄弟姐妹的配偶、配偶的兄弟姐妹等);(二)直接或间接持有上市公司已发行股份1%以上或者是上市公司前十名股东中的自然人股东及其直系亲属;(三)在直接或间接持有上市公司已发行股份5%以上的股东单位或者在上市公司前五名股东单位任职的人员及其直系亲属;(四)最近一年内曾经具有前三项所列举情形的人员;(五)为上市公司或者其附属企业提供财务、法律、咨询等服务的人员;(六)公司章程规定的其他人员;(七)中国证监会认定的其他人员。"

[②] 在此问题上,上交所和深交所的规定略有不同:《深交所独立董事备案指引》第7条第1款第4项规定"在上市公司控股股东、实际控制人及其附属企业任职的人员及其直系亲属",而《上交所独立董事备案及培训工作指引》第12条第4项仅规定"在上市公司实际控制人及其附属企业任职的人员"。这个微小的差别就导致同一股东控制下的两家公司聘请同一自然人担任独立董事,在上交所的公司是可以的,但在深交所的公司却缺乏独立性。

员、合伙人及主要负责人；在与上市公司及其控股股东或者其各自的附属企业具有重大业务往来的单位担任董事、监事或者高级管理人员，或者在该业务往来单位的控股股东单位担任董事、监事或者高级管理人员；最近一年内有如上情形的人员。以上规定进一步将上市公司独立董事的独立对象延伸至上市公司的实际控制人、控股股东及其附属企业，以及与其具有重大业务往来的单位及其附属企业。

（2）具有不良记录。

具有不良记录，主要是指《深交所独立董事备案指引》和《上交所独立董事备案及培训工作指引》规定的曾担任独立董事时履职违法或者不当情形。在这个问题上，《上交所独立董事备案及培训工作指引》规定了以下几种不良记录情形：近三年曾被中国证监会行政处罚；处于被证券交易所公开认定为不适合担任上市公司董事的期间；近三年曾被证券交易所公开谴责或两次以上通报批评；曾任职独立董事期间，连续两次未出席董事会会议，或者未亲自出席董事会会议的次数占当年董事会会议次数三分之一以上；曾任职独立董事期间，发表的独立意见明显与事实不符。《深交所独立董事备案指引》也规定独立董事候选人应无下列不良记录：被中国证监会采取证券市场禁入措施，期限尚未届满的；被证券交易所公开认定不适合担任上市公司董事、监事和高级管理人员，期限尚未届满的；最近三十六个月内因证券期货违法犯罪，受到中国证监会行政处罚或者司法机关刑事处罚的；因涉嫌证券期货违法犯罪，被中国证监会立案调查或者被司法机关立案侦查，尚未有明确结论意见的；最近三十六个月内受到证券交易所公开谴责或三次以上通报批评的；作为失信惩戒对象等被国家发改委等部委认定限制担任上市公司董事职务的；在过往任职独立董事期间因连续三次未亲自出席董事会会议或者因连续两次未能亲自出席也不委托其他董事出席董事会会议被董事会提请股东大会予以撤换，未满十二个月的；本所认定的其他情形。详细比较两个交易所的规定，可以发现二者尚有一定的差异，但在实践中会以两所执行同一规则的原则，援用"本所认定的其他情形"而统一认定和适用。

（3）出现违纪违法、接受调查或者声誉危机的情形。

《上市公司信息披露管理办法》第 22 条将上市公司董事、监事和高级管理人员接受有关机关调查或者被采取强制措施的信息作为临时报告的法定内容，需要进行披露。这里的有关机关一般是指纪检监察机关、司法机关或者行业监管机关，并且这种调查或者采取措施达到限制其人身自由或者影响其正常履职的程度才需要临时公告。当然，如果出现影响到上市公司的形象和价值的情形，也需要上市公司作澄清公告。虽然出现澄清公告的事由不是辞退独立董事的法定情形，但上市公司为维护其声誉，实践中一般会劝"涉事主角"的独立董事主动辞职。例如，2019 年 12 月 6 日，上海某大学会计学院的一名学生在社交媒体上曝光该学院副教授 QFS（以下简称"Q 教授"）性骚扰，并称已经向校方举报。当天晚间，该校官方微博发布声明，称对于网上出现的有关 Q 教授的师德师风问题，已成立调查组展开调查工作，一旦查实，将依法依规严肃处理。Q 教授不仅是该校的副教授，也是数家上市公司的独立董事。这些上市公司应当如何应对该事件呢？如果主动介入该事件，并且以独立董事受到相关机构的调查为由进行公告并要求独立董事辞职，理由显得很不充分（因为当时的调查机构是 Q 教授的工作单位，尚没有明确的司法机关调查的证据），还容易产生其他矛盾和冲突。如果对该事件视而不见的话，则不仅该事件会导致 12 月 9 日（星期一）股市开盘时股价大跌，而且上市公司要在调查核实的基础上以临时公告的形式对该事件的进展与影响作出解释和说明，还要在Q教授不主动辞职的情况下为减少该事件对上市公司的负面影响而发起股东会罢免Q教授的流程，这样做不仅烦琐而且其中的调查核实与公告以及找到合法且正当的罢免理由均有不小的难度。面对这种考验，专业而有经验的董事会秘书一般都会绕开这些问题，主动去做当事人的工作，让其申请辞职，避免各种失当及负面影响。可能是在这种思路的主导下，12月8日晚间，两家在A股上市的公司发布公告称，Q教授因个人原因辞去公司独立董事的职务，且辞职后不再担任公司任何职务。上市公司成功化解了危机，对Q教授独立董事职业的负面影响也因不用进一步公告而降到最低。这种案例也提醒独立董事和独立董事候选人要注意自己的公众形象，珍惜上市公司独立董事的声誉，遵纪守法，做合格的上市公司独立董事。

二、成为上市公司独立董事的程序性条件

成为上市公司独立董事要经历提名、声明与承诺、证券交易所审核和股东大会当选这四个程序，每一个程序中都有与独立董事的履职和利益紧密相关的事项，下文将对各程序逐一介绍与分析。

（一）提名

《指导意见》规定，上市公司董事会、监事会、单独或者合并持有上市公司已发行股份1%以上的股东可以提出独立董事候选人，也就是说上市公司董事会、监事会和持有上市公司已发行股份1%以上的股东均有独立董事提名权，但是董事会与监事会均是由股东会选举产生的，在以股权集中和一股独大为主要特征的中国证券市场，独立董事的聘任机制往往是大股东提名并决定独立董事。由大股东提名并决定聘请的独立董事来监督制衡并防范大股东侵害上市公司和中小股东利益的机制广受诟病，这种批评和为了解决这一问题而建议的独立董事由监管机构推荐、独立董事事务所委派等方案不仅不具有操作性，而且也存在"刻舟求剑"式地观察与解决问题的问题。独立董事的独立性是靠独立性标准的建立、信息披露、职责履行与责任追究等一系列机制来确保的，提名人这一个因素并不能完全决定独立董事的独立性。

在上市公司独立董事实际上由大股东提名的现实状况下，独立董事候选人期望担任某家上市公司独立董事，就得取得大股东及其代理人——上市公司董事长的认可和许可。在现实中的上市公司运作中，上市公司董事长会将治理结构完善的外联工作交给董事会秘书办理，所以，上市公司董事会秘书一般是物色和提名上市公司独立董事的经办人。

虽然提名仅仅是担任独立董事的一个发起行为，但是提名人需要慎重考虑并深入了解被提名人的职业、学历、职称、详细的工作经历、全部兼职等情况，并对其担任独立董事的资格和独立性发表意见。因对被提名人的履历不够了解进而对其担任独立董事的资格和独立性发表的意见与事实不符的，也会受到处罚。例如，在本章前文提到的李某某任亚盛集团独立董事案中，李某某在当选独立董事前，其配偶已在公司控股股东农垦集团任职，其本人不具备独立性，不符合中国证监会和上海证券交易所要求的独立董事的任职条件。但是，李某某未将上述事实如实报告，所填报的独立董事履历表、独立董事声明与承诺均显示其配偶无工作单位。李某某填报的上述相关文件与事实明显不符，存在虚假记载；其在不具备独立性的情况下仍然长期担任公司独立董事，且在任职期间未主动报告相关违规事实，也未对相关违规事实予以整改纠正，直至辞职。所以，上海证券交易所认为李某某的行为违反了《指导意见》

等规定及其所作出的承诺，给予其通报批评的处分。李某某担任独立董事的提名人农垦集团作为公司控股股东，在提名李某某担任独立董事时，未对其是否具备独立性进行审慎核实确认，未尽到对李某某任职资格进行必要审查的义务，对李某某长期违规担任独立董事也负有责任，其行为违反了《指导意见》等有关规定，所以上海证券交易所也给予农垦集团通报批评的纪律处分。

（二）声明与承诺

《指导意见》规定，独立董事的被提名人应当就其本人与上市公司之间不存在任何影响其独立客观判断的关系发表公开声明，即独立董事候选人声明。证券交易所的相关自律规则又进一步要求独立董事候选人就其是否符合法律、法规、部门规章、规范性文件和证券交易所有关业务规则规定的独立董事资格及独立性要求作出声明，并在独立董事候选人声明中承诺如下内容："在担任××股份有限公司独立董事期间，将遵守法律法规、中国证监会发布的规章、规定、通知以及××证券交易所业务规则的要求，接受××证券交易所的监管，确保有足够的时间和精力履行职责，作出独立判断，不受公司主要股东、实际控制人或其他与公司存在利害关系的单位或个人的影响。如本人任职后出现不符合独立董事任职资格情形的，本人将自出现该等情形之日起 30 日内辞去独立董事职务。"

不仅如此，独立董事候选人确定后，上市公司会向证券交易所另外提交独立董事提名人声明、独立董事履历表等资料。独立董事当选后，上市公司还会向证券交易所提交独立董事声明与承诺，这些资料不仅要真实、准确和完整，而且要一体得到遵守。

2018 年修订的《上市公司治理准则》第 19 条规定："上市公司应当在股东大会召开前披露董事候选人的详细资料，便于股东对候选人有足够的了解。董事候选人应当在股东大会通知公告前作出书面承诺,同意接受提名,承诺公开披露的候选人资料真实、准确、完整,并保证当选后切实履行董事职责。"独立董事作为公司的董事,其提名及声明与承诺,应当按照此规定进行,这也是独立董事制度的实践对公司制度创新与发展的一大贡献。

独立董事候选人声明既是独立董事候选人对其任职资格和独立性的自查证明,又是其对市场所作的遵守相关规则以及持续符合独立董事任职资格和独立性的承诺。所以,独立董事既不能隐瞒实情,也不能违反承诺,否则会受到自律监管规则的约束和自律监管机构给予的处分。例如,2015年10月22日,因杭州天目山药业股份有限公司(以下简称"天目药业")信息披露违反证券法律法规,张某作为天目药业的独立董事被浙江证监局给予警告的行政处罚。前述行政处罚决定作出时,张某同时担任永清环保股份有限公司(以下简称"永清环保")第三届董事会独立董事,其在独立董事候选人声明和独立董事声明与承诺中声明"不存在曾违反《证券法》等证券法律、行政法规受到行政处罚的情形",但是在前述声明事项发生变化之日起五个交易日内张某未向证券交易所和公司董事会提交有关资料。之后,张某分别于2017年3月29日、2018年2月23日被提名担任景嘉微第二届、第三届董事会独立董事,于2017年8月9日被提名担任永清环保第四届董事会独立董事,但是在其通过景嘉微、永清环保披露的独立董事候选人声明以及向证券交易所提交的上市公司独立董事履历表中,均未如实披露曾受到浙江证监局行政处罚的事实。在当选景嘉微第二届、第三届董事会独立董事,永清环保第四届董事会独立董事后,其在向证券交易所提交的独立董事声明与承诺中声明"不存在曾违反《证券法》等证券法律、行政法规受到行政处罚的情形",与事实不符。此外,张某在被提名担任爱尔眼科医院集团股份有限公司第二届董事会独立董事,永清环保第三届、第四届董事会独立董事,景嘉微第二届、第三届董事会独立董事时,在其向证券交易所提交的上市公司独立董事履历表中,民族、教育背景、工作经历、兼职单位和董事经历等多处存在与事实不符和遗漏的情形。深圳证券交易所认为张某的上述行为违反了《深圳证券交易所创业板股票上市规则》《深圳证券交易所创业板上市公司规范运作指引》《深圳证券交易所独立董事备案办法》①的相关规定,给予张某通报批评的纪律处分,并将处分情况记入其诚信档案。

（三）证券交易所审核

证券交易所在收到上市公司报送的独立董事候选人履历表、独立董事候选人声明、独立董事提名人声明等材料后五个交易日内,依据《指导意见》和证券交易所的相关规定,对独立董事候选人的任职资格进行审核（《深交所独立董事备案指引》规定,证券交易所将独立董事的材料公示三日后再根据公示反馈情况和独立董事提供的材料对其任职资格进行审核）。

证券交易所对独立董事任职资格的审核,一方面是形式审核,不作实质性审查;另一方面是无异议审核,只要在五个交易日内证券交易所没有提出异议,就意味着独立董事任职资格已获证券交易所审核通过。不过在对独立董事任职资格无异议审核的程序上,沪深证券交易所之间的规定及实际做法也有差异：上海证券交易所采取的做法是,自上市公

---

① 2021年3月,深圳证券交易所对《深圳证券交易所独立董事备案办法》进行了修改,并将其更名为《深圳证券交易所上市公司信息披露指引第8号——独立董事备案》。

司报送备案材料之日起五个交易日内未提出异议的，即视为独立董事候选人的任职资格获得备案通过；深圳证券交易所在接受备案材料和进行无异议审核前增加了一个公示的程序，就独立董事的任职资格和独立性接受社会监督，增加了透明度。

（四）股东大会当选

按照《公司法》的规定，公司董事会由股东会选举产生，所以独立董事即使通过了提名和资格审查，也不能自然而然地成为公司独立董事。要成为公司的独立董事还需要通过股东会选举的程序。

在上市公司股东会上，选举独立董事的议案是逐个进行的，在审议聘任独立董事议案时，上市公司董事会在介绍完独立董事之后，还应对独立董事候选人是否被监管机构提出异议的情况进行说明。该议案经参加股东会有表决权的半数股东通过后，该独立董事即可当选。

在一般情况下，独立董事当选后即可正常履职，但是个别特殊行业的监管部门（目前主要是金融监管部门）对该行业上市公司的治理结构和董事履职有特殊要求。如果独立董事的任职资格需经相关部门核准，独立董事尚需取得相关部门的任职许可或者备案，并自取得任职许可或者备案之日起履行相应职务。

第二节　成为什么样上市公司的独立董事

实践中，上市公司与行业专家之间的独立董事岗位供给与需求的信息往往不匹配，所以目前的情况往往是上市公司一方四处托人寻找专业匹配度高、协调能力强、知名度高的专家担任其独立董事。行业专家被动成为上市公司独立董事，往往造成双方的匹配度不高，不利于发挥独立董事的主动性和积极性。在这种背景下，一方面要加强独立董事信息库的建设，另一方面也要倡导行业专家主动选择与自己的知识结构、薪酬预期、工作风格等相匹配的上市公司担任其独立董事，此外还要探索总结行业专家寻找适合自己担任独立董事的上市公司的途径与方法。

一、选择目标上市公司

行业专家选择拟担任独立董事的上市公司，往往会综合考虑如下因素。

（一）上市公司的股东性质、资产负债率和净资产收益率

选择担任上市公司的独立董事，行业专家首先考虑的是职业风险。那么，哪类公司的职业风险大，哪类公司的职业风险小呢？有的行业专家在这个问题上会考虑一些不太相关的因素，比如公司的知名度、公司董事长的个人信誉与风格、实际控制人与其个人的关系、其个人的被想象力夸大了的协调能力等等。这些都没有抓住独立董事的职责与归责原则的本质。上市公司独立董事的职业风险主要是法律风险，即履职违反法律、法规、规章和规范性文件的规定而受到处罚或者处分的风险。从现行的法律规定看，独立董事肩负着维护公司整体利益，尤其是保护中小股东利益不受损害的责任，因此其履职的主要方式是将与此有关的重大事项进行审议并对外披露，没有真实、准确、完整、及时、公平披露该信息的，独立董事将以其他直接责任人员的身份承担相应的法律责任。这样独立董事职业的法律风险就主要转化为其审议事项的信息披露风险了。减少和控制这种职业风险的办法，一是在担任独立董事之后深入了解规则的规定和上市公司需要独立董事审议并披露的事项，勤勉尽责履职；二是认真考察拟担任独立董事的上市公司的信息披露风险的大

小,这与自己的职业选择紧密相关。

有学者在调查研究的基础上,经分析总结认为,上市公司信息披露的质量与大股东的产权性质、资产负债率和净资产收益率有一定的关系。该学者调研分析后得出结论:"公司的第一大股东若是国有股股东,则公司的会计信息披露质量将会有所提高;公司的资产负债比每提高一个百分点,信息披露质量就会相应提高1.95个单位;公司的净资产收益率ROE每提高一个百分点,其信息披露质量就会相应提高6.93个单位。"[①] 相对于民营控股的上市公司,国有控股上市公司的财务造假、利益输送以及隐瞒重大信息的目的、动机和利益驱动机制没有那么强烈;资产负债率和净资产收益率高低的公司为保上市公司的壳或者保再融的某些指标会有财务数据等信息披露失真的动机。但是,该研究结论是基于对上市公司信息披露质量归纳总结的一般性分析,对于上市公司独立董事选择职业对象来说,不一定国有控股、资产负债率低和净资产收益率高的上市公司就是自己的最佳选择。一方面,不同上市公司独立董事的责任归责要素指标完全一致;另一方面,上市公司都是经过规范化训练和管理的公司,针对不同的上市公司,不同业务专长的行业专家都可以发挥自己的专业优势,规范上市公司的经营管理和运行治理行为,提升上市公司的运作效率和信息披露质量,发挥自身的价值和作用。所以,行业专家的优势要与上市公司的具体运行治理相匹配。

(二) 津贴的多与寡

目前,不同上市公司独立董事每年的津贴是4万元到60万元不等,

---

① 李芬芬:《影响我国上市公司信息披露质量的因素分析》,载《经营管理者》,2010 (13),11页。

但是每年低于 6 万元和高于 20 万元津贴的都比较少，平均在 8 万元左右。独立董事的津贴与上市公司所处的行业、盈利状况、地理位置、实际工作量和所承担的风险有一定的关系，但是二者之间基本上没有明确量化的函数关系，尤其是与独立董事的职业风险没有明确量化的函数关系，每一个上市公司在聘任独立董事时都会突出强调其光彩的一面。独立董事在选择上市公司的时候，不能仅凭津贴的多与寡，要根据自身的专业优势、时间精力和对上市公司运作的把控力来判断能否胜任，而后作出明智的选择，一个自然人担任一家独立董事所获得的津贴差别其实不大，特别是在 2019 年我国税收体制实施劳务税改综合税以后更是缩小了不同独立董事实际取得的津贴的差距。

（三）独立董事团队其他成员的知识结构与工作经验

《指导意见》规定上市公司独立董事成员中必须至少有一名会计专业人士，《上交所独立董事备案及培训工作指引》进一步明确并扩大了会计专业人士的范围。[①] 按照惯例，上市公司董事会中至少有三分之一的成员是独立董事，这些独立董事中除必备会计专业人士外，还需要有行业专家和法律、管理等其他方面的专业人士，他们分别从公司的财务会计和审计、行业发展与战略规划、运行和治理及信息披露的合法与合规性、管理与绩效等方面对公司董事会议案进行审议，防止大股东或者实际控制人通过关联交易等方式侵占上市公司利益，以维护公司整体利

---

① 《上交所独立董事备案及培训工作指引》第 16 条规定："以会计专业人士身份被提名为独立董事候选人的，应具备较丰富的会计专业知识和经验，并至少符合下列条件之一：（一）具有注册会计师执业资格；（二）具有会计、审计或者财务管理专业的高级职称、副教授职称或者博士学位；（三）具有经济管理方面高级职称，且在会计、审计或者财务管理等专业岗位有 5 年以上全职工作经验。"《深交所独立董事备案指引》第 11 条规定的会计专业人士的条件里没有"具有经济管理方面高级职称，且在会计、审计或者财务管理等专业岗位有 5 年以上全职工作经验"这个条件，所以说《上交所独立董事备案及培训工作指引》扩大了独立董事中会计专业人士的范围。

益，尤其是保护中小投资者的利益。虽然不同专业背景的独立董事的知识结构和业务专长不同，但是他们作为一个整体通力合作，共同履行独立董事的职责。独立董事不仅职责相同，未有分工差异，而且在法律责任承担方面，除个别情形外，独立董事作为一个整体承担相同的法律责任。这就要求独立董事在选择目标公司的时候，应该对该公司其他独立董事的知识结构和担任独立董事的工作经验有全面的了解和清醒的认识。如果团队中其他成员的专业基础不扎实或者从业经验不丰富，独立董事就容易对董事会审议的具体议案作出误判或出现差错，而承担由此造成的法律责任是不区分专业背景和职责分工的，这实际上就无形中增加了独立董事之间连带责任的风险。

（四）兼任独立董事的上市公司的家数

《指导意见》规定独立董事原则上最多在5家上市公司兼任独立董事，而兼任非上市公司独立董事的，既没有家数的限制，非上市公司也不包含在这5家公司的数量限制之中。有人为了多取得津贴，在兼任5家上市公司独立董事后，还兼任非上市公司的独立董事，从而将自己做成"独立董事专业户"，这种做法是很危险的。首先，人的精力有限，知识结构有短板，仅追求数量不重视质量的兼职方式必然使履职质量不高，会给市场和同行留下一个沽名钓誉的个人负面形象；其次，仅追求数量不重视质量的兼职方式，因个人精力有限而很容易出现差错，任何一家公司的兼职履职出现差错而受到处罚都会殃及整个兼职行为；最后，在每家上市公司兼任独立董事，要达到专业和敬业的履职程度均要占用一定的工作时间和精力去深入了解该公司及其子公司的经营与运行情况，还要持续不断地学习并更新该行业的专业知识，过多的兼职会影响到本职工作的质量和效率。

那么，一个人兼任多少家上市公司的独立董事合适呢？一方面，要权衡自己是否有充足的时间和精力以专业和尽责的标准履行好独立董事的职责。自由职业者（如律师和注册会计师）时间充裕，工作可以灵活安排，能够多兼任几家公司的独立董事；高校教师或者公司职员因本职工作任务繁重，兼任独立董事数量多了无法兼顾。所以一个人兼任独立董事的上市公司的家数只有一个适当数，因人因事而定，没有一个绝对数。另一方面，媒体单位将兼职满5家上市公司的独立董事定义为"最忙独立董事"，每年会做一个"最忙独立董事"的名册和自画像，不愿意列入该名册的独立董事，可以不做满5家上市公司的独立董事。

（五）多家上市公司的地理分布

兼任多家上市公司独立董事的人员，要考虑其任职的上市公司办公地的地理分布问题。除上市公司日常的调研和经营管理事务外，独立董事还要参加上市公司年度和半年度董事会、股东会和季度工作会议，尤其是年度董事会和股东会，要总结一年来的工作，审议年度报告，规划下一年的经营发展与投资计划，还要在年度报告审议之前召开年度报告审计的现场沟通会。这些事项都很重要，需要召开现场会议，并且各个上市公司都是集中在一个很短的时间段里召开这些现场会议。所以，兼任多家上市公司独立董事的人员还要考虑其兼任独立董事的几家上市公司的地理位置与交通情况。几个上市公司在同一个城市是最理想的状态，如果几个上市公司都不在同一个城市，相距较远，再加上交通不便利，这几种重要的现场会议就可能无法参加，对独立董事的履职就会有很大的影响。

二、寻找目标上市公司的途径

如何寻找到适合自己担任独立董事的上市公司呢？除熟人介绍和建

立独立董事人员信息库后被动选择以外，在目前独立董事职业市场尚未成熟的情况下，取得独立董事任职资格的行业专家（或者已经是上市公司的独立董事）希望寻找目标上市公司担任独立董事的，可以在公开信息系统查询并筛选与自己专业知识、时间和精力、团队配合等相匹配的上市公司，然后再看这些上市公司是否有独立董事岗位需求。或者先在公开信息系统查询并筛选上市公司是否有因独立董事任期届满 6 年而换届的需求，找到有独立董事换届需求的岗位后再评估该岗位是否与自己相匹配。经过这样两个路径的筛选，就可以找到既有岗位需求又与自身相匹配的目标上市公司的信息。虽然这个目标上市公司信息可能与实际岗位需求不完全一致，比如在联系落实后发现上市公司的确有填补独立董事空缺的需求，但已经找到并确定好了候选人，但是它已经缩小了寻找目标的范围，能比较精准地提供有价值的信息。取得目标上市公司的岗位需求信息后，与上市公司方核实信息并洽谈落实独立董事的提名与聘任事项往往有如下几个有效的途径。

（一）上市公司董事会秘书引荐

上市公司董事会秘书是上市公司中负责完善公司治理、组织并办理董事会和股东会各项会议议程、对外披露公司信息的高级管理人员，在上市公司的股东、董事和外部监管关系维护上发挥着枢纽和桥梁作用。董事会秘书对公司独立董事的岗位需求、提名与推荐、职责履行等事项非常清楚，也是这些事项的经办人，是联系和洽谈落实独立董事提名与聘任最直接的，也是绕不过去的对象。

（二）上市公司前任或者现任独立董事推荐

在上市公司担任过独立董事的人员对该上市公司独立董事的换届和独立董事是否有缺额比较清楚，可以从他那里得知该公司对独立董事岗位的实际需求。不仅如此,在独立董事换届时因为需求信息不对称,上市公司也会请独立董事推荐下一届合适的独立董事候选人。即使上市公司没有明确请独立董事推荐新的独立董事候选人,他也能够与上市公司董事会直接联系并有效推荐人选。

(三) 服务于上市公司的中介机构引荐

为上市公司提供保荐与持续督导服务的证券公司、提供托管或者信贷服务的银行、提供审计服务的会计师事务所和提供常年法律服务的律师事务所等中介机构,大多服务于董事会办公室或者董事会秘书,这些中介机构也有引荐相关机构和人员、落实独立董事岗位缺额与否及其是否提名和聘任事项的直接渠道。

(四) 大股东和监事会提名

《指导意见》规定,上市公司董事会、监事会和持有上市公司股份1%以上的股东均有独立董事提名权,所以,除通过董事会秘书引荐由公司董事会推荐外,还可以通过监事会和持有上市公司股份1%以上的股东引荐或者直接提名的方式实现独立董事的提名与聘任。

第三节　成为上市公司什么样的独立董事

一、监管机构对部分独立董事违规行为的归类与描述

2018年下半年,中国证监会将2015年5月至2018年5月期间,上市公司独立董事因信息披露违法被处罚而提起行政诉讼的诉讼请求及其理由、证监会的答辩意见和人民法院的判决理由作了梳理、总结和分

析，形成了《独立董事信息披露违法诉辩与判决分析报告》（以下简称《报告》）。《报告》对上海家化案、前锋股份案、文峰股份案和匹凸匹案中的诉辩主张作了归类和总结，基于独立董事的涉案情形、申辩理由和具体履职情况将受到处罚的独立董事的角色定位归纳为四种类型：一是花瓶挂名型；二是放任不知情型；三是有主观履行职责意愿，也采取了部分措施如询问公司董秘、负责人等，但多为表面工作，实际上未起到实际作用型；四是任职时间短，任职时间与签字定期报告期间不完全重合甚至分离型。《报告》分析认为："在这四种类型中，第一种与第四种是两种极端，表现数量较少。但在某些时候可能是重合的，即从当事人询问笔录等证据表现为第四种，实际情形是第一种，只是当事人拒绝承认。……第二种、第三种则是目前最常见申辩理由。"这样，常见的未勤勉尽责的独立董事的类型就可以归纳为花瓶挂名型、放任不知情型和做表面工作型，各类型均有其相应的表现。

（一）花瓶挂名型

花瓶挂名型独立董事，主张自己是外部董事，不参与公司经营管理，对公司的关联方和关联交易等具体事项均不知情，也没有相关机构和人员向其汇报该事项，公司年度报告中也没有提及该事项，所以对在年度报告上签字确认的行为不应该承担责任。《报告》将上海家化案中对2009年至2012年公司的关联关系及关联交易未如实披露的独立董事归结为该种类型。市场中将这类没有实际发挥独立董事作用或者仅仅发挥签字盖章作用的上市公司独立董事形象地比喻为"花瓶""橡皮图章"，担任这种类型的独立董事，实质上是对其职业、声誉极度不负责任的表现。

（二）放任不知情型

《报告》认为前锋股份独立董事对上市公司重大诉讼以不知情为由主张免责，实际上内心可能是放任的，其对于上市公司历时多年的重大诉讼称毫不知情，根本无法让人信服。独立董事的这种履职方式及其主张的"未参与、不知情、无过错"的免责理由，被《报告》归纳为"放任不知情型"。

（三）做表面工作型

《报告》将文峰股份独立董事主张的其就股权转让事项已向文峰股份的内部董事及相关高级管理人员进行了质询，并就如何正确披露信息等事项咨询了上海证券交易所，已经充分履行了勤勉尽责义务的免责理由归纳为"有主观履行职责意愿，也采取了部分措施，但多为表面工作，实际上未起到实际作用"的类型，这类"做表面工作型"的独立董事没有达到勤勉尽责的标准。

以上三种未勤勉尽责的独立董事类型，在本质上都是被动不履职的"花瓶董事"的具体表现。担任"花瓶董事"，背离了上市公司设立独立董事制度的初衷，让上市公司付出了津贴、时间和机会成本，但是没有达到完善公司治理结构、规范公司运作、保护投资者利益的目的。"花瓶董事"因为没有尽到勤勉尽责义务会受到行政处罚，证券市场也会给予其否定的负面评价，其3年之内不能再担任上市公司的独立董事。

二、对独立董事职业定位的探讨

未能勤勉尽责的"花瓶董事"对自己的定位就是上市公司为满足治理结构的安排而摆放的"花瓶"，开会举举手，文件签签字，不发挥实际监督制衡等作用。那么，勤勉尽责的上市公司独立董事，又如何定位其履职方向与功能呢？在推介自身的功能作用时，拟任独立董事常有如下几种自身定位与推介的方式，有些还得到上市公司大股东或者董事长的特别青睐与重视。

（一）社会关系型

上市公司的经营和管理面临着比较复杂的社会环境，正确处理好上市公司与其所在地的党政机关的关系、监管关系、司法关系、与个别有影响力的个人的关系等社会关系才能确保上市公司稳健运行。而从事公司经营管理的高级管理人员，受精力和兴趣所限，有可能缺乏处理这些复杂社会关系的能力。此时，上市公司的大股东、实际控制人或者高级管理人员就会借用独立董事这个治理要素的岗位，吸引有社会资源的人员担任上市公司独立董事。也有人为了能担任上市公司独立董事，向大股东、实际控制人或者上市公司高级管理人员强调其拥有社会资源和社会关系，其在担任该上市公司的独立董事后也会自觉地将自己作此定位。社会关系型独立董事如图2-1所示。

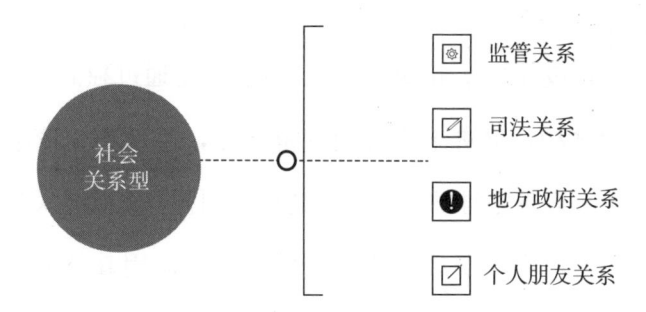

图2-1 社会关系型独立董事

（二）资源关系型

上市公司的经营与发展离不开原材料、土地、资金、能源和销售渠道等生产经营性资源，尤其是在传统的工业生产与销售行业更是如此，很多从事行业生产运营的上市公司会在生产经营性资源的某一或者某几个方面存在短板或者弱项。此时,上市公司的大股东、实际控制人或者高级管理人员就会借用独立董事这个治理要素的岗位,选聘有资源背景与能力的人员担任该公司的独立董事。也有人为了能担任上市公司独立董事,向大股东、实际控制人或者上市公司高级管理人员强调其在这一方面拥有资源和关系,其在担任该上市公司的独立董事后也会自觉地将自己作此定位。资源关系型独立董事如图2-2所示。

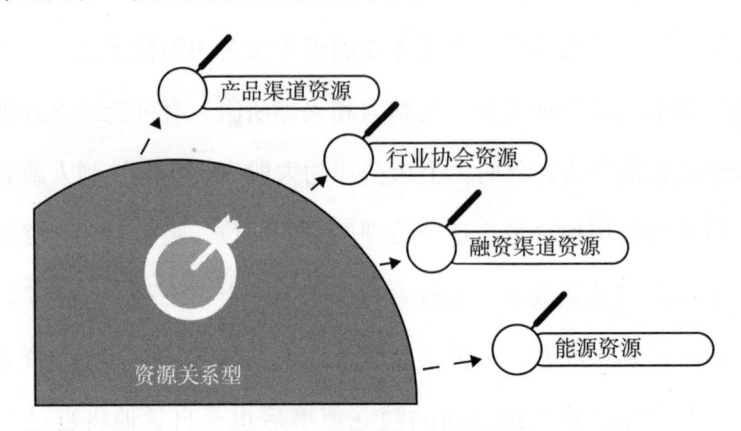

图2-2 资源关系型独立董事

(三)治理专家型

在上市公司设立独立董事制度的主要目的是通过独立董事来完善上市公司的治理结构,促进上市公司规范运作,通过独立董事依法、勤勉、尽责地履行职责来维护上市公司的整体利益,尤其是关注中小股东的合法利益不受侵害。所以,独立董事就应该运用其行业、会计、法律、管理等专业知识,依据法律、法规、规章、规范性文件和自律规则,通过董事会决议等方式来促进公司规范运作和发展,提高上市公司的规范运作水平和质量。因此,治理专家型的独立董事才符合独立董事制度设立的初衷和目的,独立董事就应该发挥专家作用来完善公司治理结构。治理专家型独立董事如图2-3所示。

图 2-3　治理专家型独立董事

在以上三种类型的独立董事定位中,独立董事只有将自己定位为治理专家,才能持续稳定地实现自身的价值,也才能最终获得上市公司和市场的尊重。

第三章

独立董事的义务、职权及履职保障

第一节 独立董事的义务

一、独立董事的法定义务

规范上市公司独立董事行为的法律规范主要有法律、行政法规、部门规章、规范性文件和自律规则，这些法律规范从不同方面设定了独立董事的义务，这些义务是上市公司独立董事获得聘任及正常履职的基础。独立董事必须依法履行的义务，就是法定义务。

除了法定义务，部分上市公司的章程对独立董事的任职和履职又规定了额外的条件和内容，个别上市公司与独立董事在法定义务之外作了其他约定或者承诺，这些都是约定义务。但是，上市公司章程中约定的条件和义务往往会通过相关法律法规转化成法定义务,例如《指导意见》第2条"独立董事应当具备与其行使职权相适应的任职条件"中的第5项就规定独立董事应当具备"公司章程规定的其他条件",这样就将公司章程中的独立董事的约定义务转化成了法定义务。而上市公司与独立董事之间在法定义务之外的其他约定与承诺,一般与独立董事的任职和职责履行没有相关性,因而不在本书的讨论范围之内。所以本书所讨论的上市公司独立董事的义务,仅仅是独立董事的法定义务。

二、独立董事法定义务的内容及其履行

综合法律、行政法规、部门规章、规范性文件和自律规则,上市公司独立董事的法定义务主要有以下内容。

(一)董事的一般义务

独立董事首先是公司董事,所以上市公司独立董事负有《公司法》《证券法》《上市公司治理准则》及其他法律、行政法规、部门规章与公司章程规定的董事的一般义务。这个一般义务在理论上被概括为对上市公司及全体股东负有的忠实[1]与勤勉义务,也可从履行职责的角度将其

---

[1] 《公司法》第147条和第148条对公司董事、监事和高级管理人员的忠实义务作了具体规定。第147条规定:"董事、监事、高级管理人员应当遵守法律、行政法规和公司章程,对公司负有忠实义务和勤勉义务。董事、监事、高级管理人员不得利用职权收受贿赂或者其他非法收入,不得侵占公司的财产。"第148条规定:"董事、高级管理人员不得有下列行为:(一)挪用公司资金;(二)将公司资金以其个人名义或者以其他个人名义开立账户存储;(三)违反公司章程的规定,未经股东会、股东大会或者董事会同意,将公司资金借贷给他人或者以公司财产为他人提供担保;(四)违反公司章程的规定或者未经股东会、股东大会同意,与本公司订立合同或者进行交易;(五)未经股东会或者股东大会同意,利用职务便利为自己或者他人谋取属于公司的商业机会,自营或者为他人经营与所任职公司同类的业务;(六)接受他人与公司交易的佣金归为己有;(七)擅自披露公司秘密;(八)违反对公司忠实义务的其他行为。董事、高级管理人员违反前款规定所得的收入应当归公司所有。"

概括为勤勉尽责义务。不管是忠实与勤勉义务还是勤勉尽责义务，都是过于抽象的理论概括，具体内容体现在本节下文独立董事的具体义务和下一节独立董事的职权中。

（二）具备任职资格并参加后续培训

独立董事任职需要先通过任职资格培训并获得任职资格。依据《指导意见》第1条第5项、《上交所独立董事备案及培训工作指引》第10条和《深交所独立董事备案指引》第6条的相关规定，独立董事及拟担任独立董事的人士应当按照相关规定的要求，参加独立董事任职资格的培训，并取得独立董事任职资格证书。独立董事候选人在被提名担任上市公司独立董事时已经取得独立董事任职资格证书的，应将其独立董事任职资格证书的相关资料提交给上市公司董事会办公室，便于上市公司做好资格审核和相应的信息披露工作。独立董事候选人在上市公司发布召开关于选举独立董事的股东大会的通知公告时尚未取得独立董事任职资格证书的，应当书面承诺参加证券交易所组织的最近一次独立董事任职资格培训并取得独立董事任职资格证书。目前，上海证券交易所和深圳证券交易所均提供上市公司独立董事任职资格培训的服务，拟担任上市公司独立董事的人士参加任何一个证券交易所组织的培训所获得的独立董事任职资格两所都是认可的。

独立董事在任职期间还要参加独立董事后续培训。依据《上交所独立董事备案及培训工作指引》和《深交所独立董事备案指引》的相关规定，上市公司独立董事任职后，原则上每两年应参加一次后续培训，培训时间不得低于30课时，培训内容包括：上市公司信息披露，上市公司治理基本原则，上市公司规范运作的法律框架，独立董事的权利、义务和法律责任，独立董事履职实践及案例分析，独立董事财务知识以及资本市场发展，等等。之所以对独立董事的后续培训作出制度设计，主要是考虑到独立董事大多不是证券市场人士，可能对证券市场的相关规则，尤其是上市公司运行与信息披露的规则不太熟悉，独立董事又是兼职工作，缺乏深入学习这些规则和相关知识的机会；但是，独立董事的职责履行又以熟悉证券法律法规、掌握上市公司运作的知识为前提，为了减小独立董事履职风险，提高独立董事履职质量，保证独立董事有效履职，证券监管机构设计了独立董事的后续培训制度。

独立董事任职资格和后续培训制度随着上市公司独立董事制度的诞生而诞生。中国上市公司协会在充分调查研究的基础上提出了首次受聘上市公司独立董事前参加一次任职资格培训、在首次受聘后的两年内至少每年参加一次后续培训和此后担任上市公司独立董事期间至少每两年参加一次后续培训的建议。通过这些培训，独立董事应当能够充分了解公司治理的基本原则、上市公司运作的法律框架、独立董事的职责与责任、上市公司信息披露和关联交易监管等具体规则，具备内控与风险防范意识和基本的财务报表阅读与理解能力。

（三）保持独立性

担任上市公司独立董事必须具备独立性要求，这是在独立董事被提名和备案审核时重点关注的内容，目的是要确保独立董事作出独立、科学的判断和决策。依据《指导意见》《上交所独立董事备案及培训工作指引》《深交所独立董事备案指引》的相关规定和独立董事候选人声明格式条款中的声明与承诺，在独立董事任职期间，独立董事应当始终保持身份和履职的独立性，确保不受上市公司控股股东、实际控制人及其他与公司存在利害关系的单位或个人的影响而作出独立的判断。当发生影响独立董事身份独立性的情形时，独立董事应当及时通知上市公司并主动消除影响其独立性的情形。无法符合独立性条件的,该独立董事应当自出现影响其独立性的情形之日起 30 日内辞去独立董事职务;未主动辞职的,上市公司也可以依照相关程序撤换该独立董事。

（四）出席董事会和股东大会会议

独立董事更多是通过参加上市公司董事会和董事会下各专门委员会会议来行使职权的,为提高独立董事的履职质量和效率,相关法律规范要求独立董事必须亲自出席董事会会议,在董事会会议上就相关议案深入研究、交流和讨论后作出独立的判断。确实因故无法亲自出席会议的独立董事,应当事先审阅会议材料,形成明确的意见,书面委托本上市公司的其他独立董事代为出席。因为出席董事会会议是独立董事履行职责的主要方式,所以《指导意见》、《上交所独立董事备案及培训工作指引》和《深交所独立董事备案指引》将独立董事亲自出席董事会会议的情况作为其履职的历史记录,并将"在过往任职独立董事期间因连续三次未亲自出席董事会会议或者因连续两次未能亲自出席也不委托其他董事出席董事会会议被董事会提请股东大会予以撤换,未满十二个月的"和"过往任职独立董事期间,连续两次未亲自出席董事会会议或者连续十二个月未亲自出席董事会会议的次数超过期间董事会会议总数的二分之一[①]的"作为不具备独立董事任职资格的情形。

[①] 对独立董事未亲自出席董事会会议的次数及占期间董事会会议总数的比例,沪深证券交易所的具体规定有差异:《上交所独立董事备案及培训工作指引》规定的是"曾任职独立董事期间,连续两次未出席董事会会议,或者未亲自出席会议的次数占当年董事会会议次数三分之一以上";《深交所独立董事备案指引》规定的是"过往任职独立董事期间,连续两次未亲自出席董事会会议或者连续十二个月未亲自出席董事会会议的次数超过期间董事会会议总数的二分之一"。因为这些规定是自律规则,所以沪深证券交易所按照各所的具体规定执行。

按照《公司法》第150条[①]和2019年修订的《上市公司章程指引》第70条"董事、监事、高级管理人员在股东大会上就股东的质询和建议作出解释和说明"的具体规定，独立董事除了要亲自参加董事会会议，还要亲自出席上市公司股东会。除年度股东会上会安排独立董事述职、征集股东投票权、回答股东的咨询与建议等具体议题以外，一般的股东会上不会安排需要独立董事完成的具体议题。但是，为了让独立董事对股东会上重大事项的决议及其落实情况有详细的了解，并能使其与公司股东进行现场沟通，法律规则还是要求独立董事应当亲自出席上市公司的股东会。即使在股东会上没有安排需要独立董事完成的具体议题，也起码要有独立董事的代表（受其他独立董事委托出席股东会的独立董事）出席股东会，履行相应的职责。

此外，《深圳证券交易所上市公司规范运作指引》和《深圳证券交易所创业板上市公司规范运作指引》的规定中还鼓励独立董事公布通信地址或者电子信箱以便与投资者进行交流，接受投资者咨询、投诉，主动调查损害公司和中小投资者合法权益的情况，并将调查结果及时回复投资者。

（五）关注上市公司的重大事项

为了充分正确履行职责，上市公司的独立董事应当积极、主动地关注上市公司的重大事项。哪些事项是独立董事应该关注的重大事项呢？本章下一节独立董事的职权中有关独立董事发表独立意见的部分将对其

[①] 《公司法》第150条规定："股东会或者股东大会要求董事、监事、高级管理人员列席会议的，董事、监事、高级管理人员应当列席并接受股东的质询。董事、高级管理人员应当如实向监事会或者不设监事会的有限责任公司的监事提供有关情况和资料，不得妨碍监事会或者监事行使职权。"

详细介绍。总体来看，与独立董事需要发表独立意见相关的事项，都应当是独立董事应该关注的重大事项。

（六）审核确认公司的信息披露文件

《证券法》第82条第3款规定："发行人的董事、监事和高级管理人员应当保证发行人及时、公平地披露信息，所披露的信息真实、准确、完整。"第4款规定："董事、监事和高级管理人员无法保证证券发行文件和定期报告内容的真实性、准确性、完整性或者有异议的，应当在书面确认意见中发表意见并陈述理由，发行人应当披露。发行人不予披露的，董事、监事和高级管理人员可以直接申请披露。"同时，《证券法》第197条[①]又针对发行人的董事、监事和高级管理人员对发行人没有及时披露信息和所披露的信息存在不真实、不准确和不完整情况时的法律责任作了明确规定。虽然该项义务属于董事的一般义务，但是在以信息披露监管为核心的制度设计下，独立董事对上市公司的信息披露文件未尽审核确认的勤勉尽责义务的，会被列为其他直接责任人员而受到处罚。中国证监会针对独立董事处罚的法律逻辑就在于此，所以在此予以特别强调。

[①] 《证券法》第197条规定："信息披露义务人未按照本法规定报送有关报告或者履行信息披露义务的，责令改正，给予警告，并处以五十万元以上五百万元以下的罚款；对直接负责的主管人员和其他直接责任人员给予警告，并处以二十万元以上二百万元以下的罚款。发行人的控股股东、实际控制人组织、指使从事上述违法行为，或者隐瞒相关事项导致发生上述情形的，处以五十万元以上五百万元以下的罚款；对直接负责的主管人员和其他直接责任人员，处以二十万元以上二百万元以下的罚款。信息披露义务人报送的报告或者披露的信息有虚假记载、误导性陈述或者重大遗漏的，责令改正，给予警告，并处以一百万元以上一千万元以下的罚款；对直接负责的主管人员和其他直接责任人员给予警告，并处以五十万元以上五百万元以下的罚款。发行人的控股股东、实际控制人组织、指使从事上述违法行为，或者隐瞒相关事项导致发生上述情形的，处以一百万元以上一千万元以下的罚款；对直接负责的主管人员和其他直接责任人员，处以五十万元以上五百万元以下的罚款。"

除此之外,独立董事制度建立的主要目的就是要保护投资者尤其是中小投资者的利益,而上市公司维护投资者利益的最主要方式就是公平、及时、真实、准确、完整地披露对公司股票价格有影响的信息。基于此逻辑,独立董事除审核确认上市公司的定期报告以外,还应当核查上市公司公告的董事会决议内容,并主动关注有关上市公司的报道及信息,在发现有可能对公司的发展、证券的交易价格产生较大影响的报道或者传闻时,需要及时向公司进行书面质询,并在必要的时候督促公司作出书面说明或者澄清。

(七)对上市公司及相关主体进行监督和调查

《上市公司独立董事履职指引》借鉴《深圳证券交易所主板上市公司规范运作指引》、《深圳证券交易所中小企业板上市公司规范运作指引》和《深圳证券交易所创业板上市公司规范运作指引》的相关规定,在其第10条中规定了独立董事对上市公司及相关主体进行监督和调查的义务:"独立董事发现上市公司或相关主体存在下列情形时,应主动进行调查,了解情况:(一)重大事项未按规定提交董事会或股东大会审议;(二)公司未及时或适当地履行信息披露义务;(三)公司发布的信息中可能存在虚假记载、误导性陈述或重大遗漏;(四)公司生产经营可能违反法律、法规或者公司章程;(五)其他涉嫌违法违规或损害社会公众股东权益的情形。确认上述情形确实存在的,独立董事应立即督促上市公司或相关主体进行改正,并向中国证监会派出机构和公司证券上市地的证券交易所报告。"

(八)提交年度述职报告

《上市公司章程指引》第69条规定:"在年度股东大会上,董事会、监事会应当就其过去一年的工作向股东大会作出报告。每名独立董事也应作出述职报告。"《上市公司独立董事履职指引》第12条依据相关规定，梳理了独立董事提交年度述职报告的义务，该条第1款、第2款规定："上市公司年度股东大会召开时，独立董事需提交年度述职报告，对自身履行职责的情况进行说明，并重点关注上市公司的内部控制、规范运作以及中小投资者权益保护等公司治理事项。独立董事的述职报告应当包含以下内容：（一）上一年度出席董事会会议及股东大会会议的情况，包括未亲自出席会议的原因及次数；（二）在董事会会议上发表意见和参与表决的情况，包括投出弃权或者反对票的情况及原因；（三）对公司生产经营、制度建设、董事会决议执行情况等进行调查，与公司管理层进行讨论，对公司重大投资、生产、建设项目进行实地调研的情况；（四）在保护社会公众股东合法权益方面所做的工作；（五）参加培训的情况；（六）按照相关法规、规章、规范性文件和公司章程履行独立董事职务所做的其他工作；（七）对其是否仍然符合独立性的规定，其候选人声明与承诺事项是否发生变化等情形的自查结论。"

《上市公司独立董事履职指引》第12条第3款同时规定："独立董事的述职报告应以工作笔录作为依据，对履行职责的时间、地点、工作内容、后续跟进等进行具体描述，由本人签字确认后交公司连同年度股东大会资料共同存档保管。"虽然独立董事制作工作笔录对规范其履职和为其提供免责的证据从而加强其职业保护的确有重要意义，《上市公司独立董事履职指引》也对其工作笔录作了规定，但是，在实践中因为缺乏对独立董事工作笔录的形式和内容的指引性规范，所以独立董事制作工作笔录只能是一个建议，难以将其落实为具体的法律义务。独立董事的述职报告在实践中一般是由上市公司董事会办公室草拟的，能够认真核对述职报告，准确披露其该年度的工作，并在此后的工作中以此督促和约束自己的独立董事，已经算是比较合格的了。

（九）征集股东投票权

《上市公司治理准则》和《证券法》均对独立董事征集股东投票权设定了相应的义务。一方面，上市公司独立董事与董事会、持有百分之一以上有表决权股份的股东、投资者保护机构一样，可以作为征集人，自行或者委托证券公司、证券服务机构，公开请求上市公司股东委托其代为出席股东大会，并代为行使提案权、表决权等股东权利；另一方面，为了避免征集股东投票权的滥用或者输送利益，法律法规又规定征集股东权利的，征集人应当披露征集文件，并向被征集人充分披露具体投票意向等信息。投票权征集应当采取无偿的方式进行，不得以有偿或者变相有偿的方式征集股东投票权。公开征集股东权利违反法律、行政法规或者国务院证券监督管理机构有关规定，导致上市公司或者其股东遭受损失的，应当依法承担赔偿责任。从这项工作的内容和承担的责任来看，向股东征集投票权是独立董事的一项法定义务，独立董事不仅要履行该义务，而且履行该项义务时违反法律法规的规定或者有利益诉求而侵害上市公司或者股东利益的，还要依法承担赔偿责任。

（十）辞职后的义务

独立董事在任期内辞职导致上市公司独立董事人数低于法定人数的，在改选出新的独立董事就任前，原独立董事应当继续依法履行独立董事职务。

第二节 独立董事的职权

一、独立董事的一般职权

独立董事作为董事,享有《公司法》、《证券法》及其他法律、行政法规、部门规章、业务规则与公司章程赋予董事的一般职权。公司董事的主要履职方式是亲自参加公司董事会会议并对公司董事会会议所议事项进行表决。《公司法》第46条规定:"董事会对股东会负责,行使下列职权:(一)召集股东会会议,并向股东会报告工作;(二)执行股东会的决议;(三)决定公司的经营计划和投资方案;(四)制订公司的年度财务预算方案、决算方案;(五)制订公司的利润分配方案和弥补亏损方案;(六)制订公司增加或者减少注册资本以及发行公司债券的方案;(七)制订公司合并、分立、解散或者变更公司形式的方案;(八)决定公司内部管理机构的设置;(九)决定聘任或者解聘公司经理及其报酬事项,并根据经理的提名决定聘任或者解聘公司副经理、财务负责人及其报酬事项;(十)制定公司的基本管理制度;(十一)公司章程规定的其他职权。"独立董事履行董事的一般职权,就是亲自参加公司董事会会议,在弄清楚公司董事会会议所议事项的基础上,作出独立、专业、科学的判断和决议。

二、独立董事的特别职权

《指导意见》第5条第1项规定:"为了充分发挥独立董事的作用,

独立董事除应当具有公司法和其他相关法律、法规赋予董事的职权外，上市公司还应当赋予独立董事以下特别职权：1. 重大关联交易（指上市公司拟与关联人达成的总额高于300万元或高于上市公司最近经审计净资产值的5%的关联交易）应由独立董事认可后，提交董事会讨论；独立董事作出判断前，可以聘请中介机构出具独立财务顾问报告，作为其判断的依据；2. 向董事会提议聘用或解聘会计师事务所；3. 向董事会提请召开临时股东大会；4. 提议召开董事会；5. 独立聘请外部审计机构和咨询机构；6. 可以在股东大会召开前公开向股东征集投票权。"这款规定明确了独立董事在哪些事项上享有特别职权，我们可以将上述几项特别职权简单归纳为重大关联交易事项的事先认可权、聘用或者解聘会计师事务所的提议权、召开临时股东大会的提议权、召开董事会会议的提议权、外部审计和咨询机构的独立聘请权、在股东大会召开前公开向股东征集投票权的权利。这些特别职权的特别之处就在于，这些职权是超越《公司法》《证券法》等法律法规的规定而创设的仅由独立董事享有的职权。《指导意见》创设独立董事特别职权的目的是赋予独立董事在重大关联交易、聘用或者解聘会计师事务所、提议召开临时股东会和董事会、独立聘请外部审计或者咨询机构、在股东大会召开前征集股东投票权等实体性与程序性事项上的特别职权，以避免上市公司关联方的利益输送、管理层舞弊等行为，维护上市公司尤其是中小投资者的合法权益。

但是，"绝对的权力会导致绝对的腐败"，为了避免在独立董事特别职权行使中独立董事个人利益输送或者独立董事判断失误而给上市公司整体利益带来损失与危害，《指导意见》同时在其第5条第2项中对独立董事行使特别职权作了"应当取得全体独立董事的二分之一以上同意"的限制。①

另外,为了确保独立董事特别职权能够得到有效行使,《指导意见》第 5 条第 3 项针对独立董事的特别职权不能正常行使的情况设定了"上市公司应将有关情况予以披露"的法定义务。如果上市公司不采纳独立董事的建议或者提议,使其特别职权不能得到正常行使,同时也不将该情况对外予以披露,独立董事又该如何是好呢?实践中,有独立董事采用通过媒体发布独立董事声明的方式来保障其特别职权的行使,但这种方式又会将独立董事与上市公司就该事项的争议和矛盾变得更加公开化和尖锐化,会让上市公司认为独立董事将董事会对某些事项的争议公开化了,加深了二者之间的误解和矛盾,不但不利于问题的解决,而且还会让二者的矛盾扩大化。既能解决问题又能达到免责目的的手段和方式是独立董事将不能正常行使特别职权及上市公司没有履行该事项的信息披露义务的情况向中国证监会派出机构和公司证券上市地的证券交易所作书面汇报,并将相关行为和内容留档备查。这样既解决了问题,也让独立董事被认为履行了勤勉尽责义务,还让双方对该问题的争论留在内部得到了解决。

---

① 中国证监会 2004 年 12 月 7 日发布的《关于加强社会公众股股东权益保护的若干规定》第 2 条 "完善独立董事制度,充分发挥独立董事的作用"中的第 3 项规定:"重大关联交易、聘用或解聘会计师事务所,应由二分之一以上独立董事同意后,方可提交董事会讨论。经全体独立董事同意,独立董事可独立聘请外部审计机构和咨询机构,对公司的具体事项进行审计和咨询,相关费用由公司承担。"该规定在独立聘请外部审计机构和咨询机构的事项上就与《指导意见》的规定出现了差异。该规定与《指导意见》均为中国证监会发布的部门规章,二者效力等级相同,但是《关于加强社会公众股股东权益保护的若干规定》颁布在后,《指导意见》颁布生效在先,依照新法优于旧法的法律适用原则,在独立聘请外部审计机构和咨询机构的事项上,一般依据《关于加强社会公众股股东权益保护的若干规定》的规定,采用全体独立董事一致同意的办法。

三、独立董事的独立意见

除一般职权和特别职权外,《指导意见》又规定,独立董事应当对上市公司重大事项向董事会或者股东会发表独立意见。《指导意见》规定了如下几项重大事项:提名、任免董事;聘任或解聘高级管理人员;公司董事、高级管理人员的薪酬;上市公司的股东、实际控制人及其关联企业对上市公司现有或新发生的总额高于300万元或高于上市公司最近经审计净资产值的5%的借款或其他资金往来,以及公司是否采取有效措施回收欠款;独立董事认为可能损害中小股东权益的事项;公司章程规定的其他事项。《指导意见》及其颁布之后的法律、行政法规、部门规章、规范性文件和自律规则又对独立董事发表独立意见的事项作了进一步的规定。中国上市公司协会2020年修订的《上市公司独立董事履职指引》第16条在梳理现行法律法规与规定要求的基础上,将独立董事发表独立意见的事项归纳为如下几项:对外担保;重大关联交易;董事的提名、任免;聘任或者解聘高级管理人员;董事、高级管理人员的薪酬和股权激励计划;变更募集资金用途;超募资金用于永久补充流动资金和归还银行借款;制定资本公积金转增股本预案;制定利润分配政策、利润分配方案及现金分红方案;因会计准则变更以外的原因作出会计政策、会计估计变更或重大会计差错更正;上市公司的财务会计报告被注册会计师出具非标准无保留审计意见;会计师事务所的聘用及解聘;管理层收购;重大资产重组;以集中竞价交易方式回购股份;内部控制评价报告;上市公司承诺相关方的承诺变更方案;优先股发行对公司各类股东权益的影响;法律、行政法规、部门规章、规范性文件、自律规则及公司章程规定的或中国证监会认定的其他事项;独立董事认为可能损害上市公司及其中小股东权益的其他事项。独立董事发表独立意见的依据与方法，详见本章第四节。

第三节　独立董事的履职保障

一、现有的履职保障措施

《指导意见》除规定独立董事的任职资格、独立性、选聘与解聘程序、特别职权和发表独立意见等内容之外，还规定了确保独立董事切实有效履行职责的履职保障。此后的《公司法》《证券法》《上市公司治理准则》《上海证券交易所股票上市规则》等法律、行政法规、部门规章、规范性文件和自律规则又进一步强化或者衍生了独立董事的履职保障，这些构成了现行独立董事履职保障的规则体系，具体保障措施主要包括如下几个方面。

（一）组织保障

《指导意见》不仅要求上市公司在其章程中规定独立董事的人数不得低于上市公司董事会成员人数的三分之一，而且规定，如果上市公司董事会下设薪酬、审计、提名等委员会，独立董事人数在委员会成员中的占比不得低于二分之一。

《上市公司治理准则》第38条又明确要求上市公司董事会应当设立审计委员会，并可以根据需要设立战略、提名、薪酬与考核等相关专门委员会。专门委员会对董事会负责，依照公司章程和董事会授权履行职责，专门委员会的提案应当提交董事会审议决定。专门委员会成员全部由董事组成，其中审计委员会、提名委员会、薪酬与考核委员会中独立董事应当占多数并担任召集人，审计委员会的召集人应当为会计专业人士。

《指导意见》和《上市公司治理准则》对董事会及其下设专门委员会中独立董事的人数占比的规定和专门委员会召集人岗位的法定设置，减少了上市公司对独立董事人数和岗位配置的随意性，为独立董事的履职及其在董事会中的作用发挥提供了组织保障。

(二) 经费保障

《指导意见》要求上市公司给予独立董事适当的津贴，津贴的标准由董事会制订预案，股东大会审议通过，并在公司年度报告中进行披露即可，并没有市场化之外的指标。除独立董事的个人利益得到满足与保障以外，《指导意见》对独立董事的履职经费作了专门规定和安排："独立董事聘请中介机构的费用及其他行使职权时所需的费用由上市公司承担。"《上市公司治理准则》第43条也规定："专门委员会可以聘请中介机构提供专业意见。专门委员会履行职责的有关费用由上市公司承担。"。这一规定对以独立董事为主的董事会专门委员会的履职经费的承担进行了明确和强调。这也意味着独立董事出席董事会和股东会的差旅费用、到上市公司及其子公司调研的差旅费用、履职期间参加培训和学习的相关费用、聘请相关中介机构调查核实或者审计具体事项的费用等均由上市公司承担。除此之外，《指导意见》还倡导上市公司建立独立董事责任保险制度，为独立董事购买履职责任保险，以降低独立董事正常履行职责可能引致的风险。

(三) 知情权保障

《指导意见》规定：上市公司应当保证独立董事享有与其他董事同

等的知情权。凡须经董事会决策的事项，上市公司必须按法定的时间提前通知独立董事并同时提供足够的资料，独立董事认为资料不充分的，可以要求补充。当2名或2名以上独立董事认为资料不充分或论证不明确时，可联名书面向董事会提出延期召开董事会会议或延期审议该事项，董事会应予以采纳。该规定对独立董事获取其据以作出决议的相关资料和信息，确保正常履职具有重要作用。

《关于加强社会公众股股东权益保护的若干规定》第2条第4项规定："上市公司应当建立独立董事工作制度，董事会秘书应当积极配合独立董事履行职责。上市公司应当保证独立董事享有与其他董事同等的知情权，及时向独立董事提供相关材料和信息，定期通报公司运营情况，必要时可组织独立董事实地考察。"这一规定进一步强调了独立董事可以通过向公司董事会秘书获取履行职责所需要的相关材料和信息、定期听取公司管理层对公司经营与运行情况的汇报、到上市公司及其子公司实地调研与考察等方式，获取其履职的相关信息。

除此之外，《指导意见》规定独立董事可以独立聘请会计师事务所等中介机构或者咨询机构对其所议事项进行调查核实，并出具专项调查报告或者财务顾问报告，作为其判断的依据，这也是对独立董事对相关事项知情权的保障。

（四）职业保障

《指导意见》规定：除出现独立董事丧失独立性或者不具备独立董事任职资格的情形外，独立董事任期届满前不得无故被免职。提前免职的，上市公司应将其作为特别披露事项予以披露，被免职的独立董事认为公司的免职理由不当的，可以作出公开的声明。独立董事在任期届满前可以主动提出辞职，独立董事辞职应向董事会提交书面辞职报告，对任何与其辞职有关或其认为有必要引起公司股东和债权人注意的情况进行说明。对独立董事辞职和免职的制约机制性规定，本书将其归纳为职业保障。这个职业保障包括两方面的内容：一是免职。为避免独立董事对上市公司董事会相关议案投反对票、提议聘请相关中介机构对具体事项审计与检查、对上市公司经营管理或者信息披露等事项提出质询等履职行为被上市公司理解为不配合上市公司的工作而使独立董事遭到免职"换人"的结果，约束上市公司规范运作，鼓励上市公司独立董事勤勉尽责履行职务，《指导意见》设置了三个层次的保障措施：独立董事任期届满前不得无故被免职；提前免职的，上市公司应将其作为特别披露事项予以披露；被免职的独立董事认为公司的免职理由不当的，可以作出公开的声明。二是辞职。为避免上市公司逼迫勤勉尽责的独立董事主动辞职的情况发生，《指导意见》设置了独立董事辞职应向董事会提交书面辞职报告，对任何与其辞职有关或其认为有必要引起公司股东和债权人注意的情况进行说明的机制予以约束。通过规定独立董事不得被随意免职和主动辞职可以声明相关事项的方式，保障独立董事不因勤勉尽责甚至为保护中小股东的利益"为难"上市公司的履职行为而遭到"罢免"。

（五）机制保障

《指导意见》要求上市公司为独立董事履行职责提供其所必需的工作条件，包括：上市公司董事会秘书应积极为独立董事履行职责提供协助，如介绍情况、提供材料等；独立董事发表的独立意见、提案及书面说明应当公告的，董事会秘书应及时到证券交易所办理公告事宜。并明确要求独立董事行使职权时，上市公司有关人员应当积极配合，不得拒绝、阻碍或隐瞒，不得干预其独立行使职权。

如果上市公司不配合独立董事的履职行为，不提供相关资料，不同意相关提议，不披露相关事项，独立董事有何救济措施呢？《指导意见》并没有规定相应的法律责任或者处罚措施，《上市公司治理准则》和《关于加强社会公众股股东权益保护的若干规定》也没有规定相应的处罚措施，只是对部分不符合治理和相关规则的上市公司的再融资等作了部分限制。这只是一种事后针对显性违规行为的处理，而上市公司对独立董事履职行为的不配合往往是隐性的不作为。从乐山电力和伊利股份案件中可以看出，在规则体系不太明确的情况下，在上市公司及执行董事、高层管理人员的面前，独立董事的力量还是显得很单薄，独立董事直接对抗或者通过媒体公开争议与矛盾的方式未必能彻底解决问题。在现行规则体制下，上市公司不配合独立董事的履职行为，独立董事除可以在相关议案或者信息披露文件上签署否定等意见外，还有一个比较有效的应对方式，这就是将相关情况向中国证监会的派出机构或公司证券上市地的证券交易所书面报告，由相关监管机构以专项检查和信息披露问询的监管方式解决该问题。即使相关监管机构没有勤勉尽责查处该问题，独立董事也有书面证据证明自己履行勤勉尽责义务，从而达到免责的效果。这也是《上市公司独立董事履职指引》在独立董事的履职行为得不到上市公司的配合时，赋予独立董事将该事项向中国证监会派出机构或公司证券上市地的证券交易所报告权利的重要原因。

除此之外，《上市公司独立董事履职指引》在综合各项监管规定的基础上，对上市公司配合独立董事履职的内容和不配合时的制衡机制作了归纳总结，在其第20条中明确规定："独立董事有权要求上市公司其他董事、监事、高级管理人员积极配合、保证其依法行使职权，有权要求上市公司董事会秘书负责与独立董事沟通、联络、传递资料，直接为独立董事履行职责提供支持和协助。支持和协助的事项包括：（一）定期通报并及时报送公司运营情况,介绍与公司相关的市场和产业发展状况,提供其他相关材料和信息,保证独立董事与其他董事同等的知情权,必要时可组织独立董事实地考察;(二)为独立董事提供本公司发布公开信息的信息披露报刊或提供相应的电子资料;(三)配合独立董事进行与履职相关的调查;(四)独立董事认为有必要召开仅由独立董事参加的会议时,为其提供会议场所等便利;(五)积极配合独立董事调阅相关材料,并通过安排实地考察、组织中介机构汇报等方式,为独立董事履职提供必要的支持和便利;(六)要求公司相关负责人员配合对独立董事工作笔录中涉及到的与独立董事履职有关的重大事项签字确认;(七)独立董事履职过程中需上市公司提供的其他与履职相关的便利和配合;(八)承担独立董事聘请中介机构及行使其他职权所需的必要费用。独立董事行使法律法规所赋予的职权遭遇阻碍时,可向公司董事会说明情况,要求管理层或董事会秘书予以配合,并将遭遇阻碍的事实、具体情形和解决状况记入工作笔录,且可以向中国证监会派出机构或证券上市地的证券交易所报告。"这个规定明确了上市公司独立董事履职的机制保障,供独立董事参考。

二、对独立董事履职保障措施的几点思考

"徒善不足以为政,徒法不能以自行。"[①] 用这句话来强调独立董事履职保障措施建立的必要性再恰当不过了。仅仅有上市公司的独立董事制度,无论怎样强调独立董事的重要性及其作用,也无论对上市公司配合独立董事的履职行为提出多少要求,只要没有严格而科学的责任体制

---

① 《孟子·离娄上》。

与配套制度，独立董事的履职保障就会成为一纸空文。但是，建立独立董事履职保障的责任体制与配套制度也不是一件很容易的事，给予独立董事不受约束的特别职权，会导致独立董事滥用其职权干涉公司的正常经营与发展，不利于公司治理的优化和上市公司整体利益的提高；缺乏相应的责任体制与配套制度，又会让独立董事的履职难以得到切实的保障，会导致独立董事制度形同虚设。令人欣慰的是《指导意见》在组织、经费、知情权、职业和机制等方面设置的履职保障措施能为独立董事履职提供诸多保障，尤其是组织保障、经费支持、知情权保障，以及独立董事不能随意被免职，免职和辞职后独立董事享有声明与公告权利，当上市公司不配合独立董事履行职责时独立董事享有声明与公告权利等保障措施的设置，能在一定程度上让独立董事放心大胆地履职，并切实有效地督促上市公司履行配合独立董事履职的义务。但是，结合独立董事制度的实践，现行的独立董事履职保障措施还存在一些需要完善的地方，主要表现在如下方面：

第一，在上市公司独立董事人数占上市公司董事会成员人数的比例方面，绝大多数的上市公司都是基本满足《指导意见》规定的至少三分之一的比例要求，应该对特定股权结构的上市公司（例如大股东持股比例在51%以上）和出现控制权之争或者公司僵局等个别情况的上市公司设置独立董事人数占比更高的比例要求（比如超过董事会成员人数二分之一），并规定在公司处于僵局状态下法定由独立董事担任上市公司董事长，以此来防止大股东过度控制或者挽救公司僵局，化解控制权之争，发挥独立董事作用，完善公司治理，提高上市公司整体质量。

第二，在经费保障上，独立董事的个人津贴、各项履职费用均由上市公司承担，这为独立董事的履职提供了物质支持。但是，在绝对义务论占主导地位，勤勉尽责义务边界比较模糊，上市公司董事、监事和高级管理人员就上市公司虚假陈述承担的法律责任加重的情况下[①]，独立董事从上市公司处获得的津贴就可能与其可能承担的风险不相匹配，而提高独立董事津贴的办法也可能无济于事。所以除促使独立董事勤勉尽责以外，很多上市公司就会想到采用《指导意见》第7条第6项所倡导的独立董事责任保险方式可以降低这种风险。《上市公司治理准则》第24条中也规定："经股东大会批准，上市公司可以为董事购买责任保险。"但是，现有保险机构的该类保险产品均将履职不当作为前置的免责条款而拒绝赔付，这里的履职不当主要包括刑事犯罪和行政处罚等情况，《上市公司治理准则》将违反法律法规和公司章程规定的行为也列为履职不当的行为，况且目前为独立董事购买责任险的上市公司比例并不高。当然，保险机构的董事、监事和高级管理人员责任险还是承担着上市公司董事、监事和高级管理人员受到刑事和行政调查而产生的法律服务费、一定限额的行政和解金赔付和民事赔偿金及其应对索赔所产生的法律服务费的赔偿等保险责任。所以，一方面建议独立董事要求上市公司为其履职购买责任险，毕竟责任险能够在一定范围内赔付其履职中

[①] 2019年修订的《证券法》加大了证券违法的行政处罚成本，针对上市公司董事、监事和高级管理人员信息披露违法的法律责任规定："对直接负责的主管人员和其他直接责任人员给予警告，并处以五十万元以上五百万元以下的罚款。"而2005年修订的《证券法》相应的规定是："对直接负责的主管人员和其他直接责任人员给予警告，并处以三万元以上三十万元以下的罚款。"从近5年对独立董事行政处罚的案例来看，独立董事在信息披露违法行政处罚中都是被列为其他直接责任人员，一般都是从低给予3万元罚款，但是2019年修订的《证券法》将这个行政处罚款的最低标准提升到50万元。这还仅仅是行政法律责任。除此之外，该法第85条又规定了因虚假陈述导致的民事法律责任，独立董事作为董事应当承担连带赔偿责任，除非有证据证明自己没有过错。这些都整体上提高了独立董事的履职风险，加重了其责任。

因为民事赔偿或者应对调查而支出的费用，尤其是在 2019 年修订的《证券法》优化了股东派生诉讼并创新了代表人诉讼制度以后，民事赔偿责任的风险可以通过责任保险的方式予以化解和分担；另一方面，独立董事应当更加勤勉尽责地履行职责，避免履职不当受到更加严厉的刑事和行政处罚。

第三，现行法律规则针对上市公司拒不配合独立董事履职的正当要求而设置的救济措施主要是独立董事自行披露相关情况。例如，《证券法》第 82 条第 4 款规定："董事、监事和高级管理人员无法保证证券发行文件和定期报告内容的真实性、准确性、完整性或者有异议的，应当在书面确认意见中发表意见并陈述理由，发行人应当披露。发行人不予披露的，董事、监事和高级管理人员可以直接申请披露。"再如，《指导意见》规定："独立董事任期届满前不得无故被免职。提前免职的，上市公司应将其作为特别披露事项予以披露，被免职的独立董事认为公司的免职理由不当的，可以作出公开的声明。"然而，独立董事直接申请相关事项的信息披露，一方面在实践中很难实现，因为目前针对上市公司信息披露，证券交易所与信息披露媒体单位都有专门的通道和联系人。发行文件和定期报告的异议，发行人不予以披露的，独立董事尚有申请披露的渠道；但是发行文件和定期报告的异议以外的其他事项，独立董事没有公告和申请披露的渠道。因此，如果独立董事自行通过其他渠道公开或者披露该事项，是否有愿意刊登相关声明的媒体？费用由谁承担？都是悬而未决的问题。另一方面，即使独立董事向市场公告或者披露了董事会争议或者上市公司存有异议的事项，市场对这位独立董事的反应也可能是比较负面的，这会给该独立董事此后的职业带来不利的影响，该独立董事也会因为顾及此不利影响而选择妥协的方式息事宁人。这就需要引入一种既能平衡双方利益又能切实解决争议与问题的新方式来确保独立董事公正、独立、客观、勤勉尽责地履职。《上市公司独立董事履职指引》的建议是，独立董事将争议事项向中国证监会派出机构或公司证券上市地的证券交易所报告，由行政监管机构和自律监管组织予以解决，相应地免除独立董事就该争议事项违规的法律责任。这种依靠监管的力量促使上市公司合法规范运营，并确保独立董事的履职行为得到配合的方式，相比于直接公开地面对矛盾与冲突来说更加巧妙、机智和有效。除此之外，上市公司不配合独立董事的履职行为，究其根本，在于双方在机制上的力量对比出现了失衡，如果有一个诸如独立董事专业委员会这样的维护独立董事共同体利益的自律组织对上市公司予以谴责和督促，保护独立董事个人的职业声誉，可能会更加高效而公正地解决相关问题。

第四，所有赋予独立董事更大职权的体制与机制，均需要有一个制衡的力量来限制个别独立董事的权利滥用，目前这种最优的机制就是独立董事对重大事项的决定或者特别职权的行使均采用所有独立董事一致同意的原则。

第四节 独立董事具体的履职行为

独立董事的履职行为多种多样，但总体上可以将其划分为程序性履职行为和实质性判断的履职事项两大类，各种履职行为均有一定的标准和技巧，下面对其逐一介绍。

一、独立董事的程序性履职行为

独立董事的程序性履职行为主要包括参加董事会会议、出席股东会会议、行使提议与建议等特别职权、参加证券监管机构组织的培训与交流和参加上市公司的调查研究这几种类型。

（一）参加董事会及其专门委员会会议

《公司法》[①]、《上市公司治理准则》[②] 和《指导意见》[③] 对独立董事参加董事会会议的程序性要求及独立董事对董事会决议的责任承担作了明确规定。《上市公司独立董事履职指引》在参考《上海证券交易所上市公司董事会议事示范规则》《深圳证券交易所主板上市公司规范运作指引》等自律规则的基础上对独立董事参加上市公司董事会会议履职要求的会议通知的审查、会议资料的了解、会前的询问与调查、延期开会

[①] 《公司法》第 22 条第 1 款、第 2 款规定："公司股东会或者股东大会、董事会的决议内容违反法律、行政法规的无效。股东会或者股东大会、董事会的会议召集程序、表决方式违反法律、行政法规或者公司章程，或者决议内容违反公司章程的，股东可以自决议作出之日起六十日内，请求人民法院撤销。"第 112 条规定："董事会会议，应由董事本人出席；董事因故不能出席，可以书面委托其他董事代为出席，委托书中应载明授权范围。董事会应当对会议所议事项的决定作成会议记录，出席会议的董事应当在会议记录上签名。董事应当对董事会的决议承担责任。董事会的决议违反法律、行政法规或者公司章程、股东大会决议，致使公司遭受严重损失的，参与决议的董事对公司负赔偿责任。但经证明在表决时曾表明异议并记载于会议记录的，该董事可以免除责任。"

[②] 《上市公司治理准则》第 31 条规定："董事会会议应当严格依照规定的程序进行。董事会应当按规定的时间事先通知所有董事，并提供足够的资料。两名及以上独立董事认为资料不完整或者论证不充分的，可以联名书面向董事会提出延期召开会议或者延期审议该事项，董事会应当予以采纳，上市公司应当及时披露相关情况。"

[③] 《指导意见》第 7 条第 1 项规定："上市公司应当保证独立董事享有与其他董事同等的知情权。凡须经董事会决策的事项，上市公司必须按法定的时间提前通知独立董事并同时提供足够的资料，独立董事认为资料不充分的，可以要求补充。当 2 名或 2 名以上独立董事认为资料不充分或论证不明确时，可联名书面向董事会提出延期召开董事会会议或延期审议该事项，董事会应予以采纳。上市公司向独立董事提供的资料，上市公司及独立董事本人应当至少保存 5 年。"

和审议、出席会议、对会议程序和形式的监督、发表独立意见及表决、暂缓表决、会议记录、资料保管等事项作了明确规定。① 法律规范的具体要求本文不赘述。

---

① 《上市公司独立董事履职指引》对独立董事参加董事会会议履职要求的相关规定如下：第35条规定："独立董事在接到董事会会议通知后，应当关注会议通知的程序、形式及内容的合法性，发现不符合规定的，可向董事会秘书提出质询，督促其予以解释或进行纠正。"第36条规定："独立董事宜于会前充分知悉会议审议事项，了解与之相关的会计和法律等知识。独立董事有权要求上市公司按照公司章程的规定提前通知相关事项，并同时提供完整的定稿资料。独立董事认为公司应当提供履职所需的其他材料的，有权敦促公司进行补充。独立董事有权要求公司董事会秘书及其他负责人员就相关事宜提供协助。独立董事可以向公司管理层、董事会各专门委员会、董事会办事机构、与审议事项相关的中介机构等机构和人员了解决策所需要的信息，也可以在会前向会议主持人建议邀请相关机构代表或相关人员到会说明有关情况。"第37条规定："独立董事认为董事会会议提案内容不明确、不具体或者有关材料不充分的，可直接或通过董事会秘书要求提案人补充资料或作出进一步说明。独立董事在对董事会会议审议事项作出判断前，可对上市公司相关事项进行了解或调查，并要求公司给予积极配合。"第39条规定："两名以上独立董事认为会议审议事项资料不充分或论证不明确时，可联名书面向董事会提议延期召开董事会会议或延期审议相关事项。对于审议年度报告的董事会会议，如果延期开会或延期审议可能导致年度报告不能如期披露，独立董事应立即向中国证监会派出机构或公司证券上市地的证券交易所报告。"第40条规定："无特别原因，独立董事应当亲自出席公司董事会会议。独立董事因故无法亲自出席会议的，应当事先审阅会议材料，形成明确的意见，书面委托本上市公司的其他独立董事代为出席。相关要求见本指引第八条相关内容。独立董事未亲自参加董事会会议而又未委托其他独立董事代为出席的，在会后仍应当及时审查会议决议及记录。独立董事对会议决议内容或程序的合法性有疑问的，有权向相关人员提出质询；发现董事会会议决议违法的，有权立即要求上市公司纠正；公司拒不纠正的，有权及时将具体情况报告中国证监会派出机构或公司证券上市地的证券交易所。"第41条规定："董事会举行会议的过程中，独立董事应当关注会议程序是否合法，防止会议程序出现瑕疵。独立董事应特别关注董事会会议的下列程序性规则是否得到严格遵守：（一）按照规定需要经独立董事事先认可或由董事会专门委员会事前审查的提案，未经独立董事书面认可或由专门委员会向董事会会议提交书面审核意见，不应在董事会会议上审议；（二）会议具体议程一经确定，不应随意增减议题或变更议题顺序，也不应任意合并或分拆议题；（三）除征得全体与会董事的一致同意外，董事会会议不应对会议通知中未列明的提案作出决议。"第42条规定："独立董事应当关注董事会会议形式是否符合下列相关要求：（一）董事会会议原则上应以现场召开的方式进行；（二）对需要以董事会决议的方式审议通过，但董事之间交流讨论的必要性不大的议案，可以进行通讯表决。法律、法规、规范性文件及公司章程另有规定或应由三分之二以上董事通过的重大议案，不宜采用通讯表决方式召开会议；（三）通讯表决事项原则上应在表决前五日内送达全体董事，并应提供会议议题的相关背景资料和有助于董事作出决策的相关信息和数据。以通讯表决方式召开董事会会议的，公司应当在保障董事充分表达意见的基础上，采取一事一表决的方式，

除了董事会会议，参加董事会专门委员会会议也是独立董事行使职权的重要形式。对独立董事参加董事会专门委员会会议，《上市公司独立董事履职指引》第 25 条明确规定："董事会专门委员会是独立董事行使职权的重要形式。担任董事会专门委员会召集人的独立董事，应当按照职责权限组织开展专门委员会工作，按照规定及时召开专门委员会会议形成委员会意见，或者根据董事会授权对专门事项提出审议意见。担任董事会专门委员会委员的独立董事，宜持续深入跟踪专门委员会职责范围内上市公司经营管理的相关事项，参加专门委员会会议，并按照议事规则及时提出相关意见，提请专门委员会予以关注。"

独立董事会经常参加公司董事会及其专门委员会会议并参与表决，其中有不少的工作细节需要独立董事格外注意。结合笔者的独立董事履职经验，笔者认为独立董事参加董事会会议并参与表决，需要重点注意如下几点：第一，会议通知的程序、内容和方式体现一个上市公司的内部控制水平与规范化管理程度。不仅因为《公司法》规定，董事会的会

（接上页）不应要求董事对多个事项仅进行一次表决。"第 43 条规定："独立董事应当认真阅读会议相关材料，在充分了解情况的基础上独立、客观、审慎地发表意见，并确保所发表的意见或其要点在董事会记录中得以记载。独立董事应当就会议审议事项发表以下几类意见之一：同意；保留意见并说明理由；反对意见并说明理由；无法发表意见及其障碍。独立董事可以就决议事项投出赞成、反对或弃权票，并就反对或弃权票说明理由。"第 44 条规定："两名以上独立董事认为会议议题不明确、不具体，或者因会议材料不充分等事由导致其无法对决议事项作出判断时，可以提议会议对该事项暂缓表决。提议暂缓表决的独立董事宜对提案再次提交审议所应满足的条件提出明确要求。"第 45 条规定："独立董事有权督促公司制作董事会会议记录。董事会会议议程完成后，独立董事应当代表其本人和委托其代为出席会议的董事对会议记录和决议记录签字确认。独立董事对会议记录或决议记录有不同意见的，可以在签字时作出书面说明。"第 46 条规定："独立董事就会议审议及相关事项进行的询问、调查、讨论等应形成书面文件，与上市公司之间的各种来往信函、传真、电子邮件等资料应予保存，与公司工作人员之间的工作通话可以在事后做成要点记录。董事会会议如果采取电话或者视频会议方式召开，独立董事有权要求录音、录像，会后宜检查并保存其电子副本。前述资料连同公司向独立董事提供的纸面及电子资料，独立董事宜及时整理并妥善保存，必要时可要求公司提供相应协助。"

议召集程序、表决方式违反法律、行政法规或者公司章程的，股东可以自决议作出之日起 60 日内，请求人民法院撤销该决议，让董事会会议的决议处于效力不确定的状态，而且这方面的工作细节会体现出上市公司的内部控制水平和对合规管理的重视程度。例如，有个别公司没有按照相关规定的要求提前通知董事会召开的时间，也没有提供相关议案的依据材料，仅以议案比较急但是还未重要到需要现场开会讨论的程度为由，直接找到独立董事要求其在董事会会议参会签到表和决议上签字。这种做法且不说无法保证董事会决议的效力，它也反映了该公司对上市公司的治理结构、内部控制和合规管理根本不重视，也缺乏对独立董事职业最起码的尊重，担任这种上市公司独立董事的风险有多大也是可想而知的了。第二，独立董事在参加董事会会议等日常工作中对细节的注意程度和工作态度决定了上市公司对其的尊重程度。独立董事都是某一方面的专家，理应受到上市公司及相关工作人员的普遍尊重，但是独立董事是否经常缺席董事会会议，开会时是否总是迟到或者早退，会议交流与发表意见是认真而专业的还是敷衍了事的，甚至参会时的衣着是整洁还是邋遢等细节和工作态度，也决定了上市公司及其工作人员对该独立董事的尊重程度，或者说这个尊重是靠独立董事的专业素质和工作态度赢得的。第三，独立董事应尽量亲自参加①每一次董事会会议，不因疏忽、不重视亲自参会的重要性而形成一种职业惰性。能否亲自参加董事会会议并参与讨论和表决是其是否有足够的时间和精力履行独立董事职责的表征，而且这项履职记录还会影响其此后的独立董事职业生涯。

---

① 按照相关规定，亲自参加既包括参加现场会议，也包括参加同时以现场与其他方式召开的会议和以通讯方式召开的会议。

因为独立董事是兼职工作,如果的确因其他工作的原因不能亲自参加董事会会议,独立董事应该一方面认真审阅会议议案和相关材料,提出明确具体的决议意见,另一方面认真仔细地写好授权委托书①,委托其他独立董事代为参加表决。这项工作的仔细与认真程度也是独立董事个人素质和工作态度的重要体现。第四,独立董事会前的研究与准备情况决定了其参会的履职质量。独立董事只有在会前对相关议题涉及的专业知识有良好的储备,对上市公司所处行业的产业政策和营利模式、此行业其他头部公司的发展模式、证券监管行业的政策法规和规则有深入的了解,再结合该上市公司经营发展和运营的实际情况以及董事会研究讨论的具体议案,才能对董事会相关议案作出专业、科学、客观的判断,而这些都需要把功夫用在董事会会前准备阶段。第五,董事会会议的会后事项对独立董事履职同样重要。董事会会议后,独立董事需要在董事会会议记录、会议决议上签字确认。独立董事的意见,尤其是对相关议案表达过异议的意见是否记录在案并如实公告,对独立董事履职的法律责任承担至关重要,是独立董事是否对该议案所作的决定的错误、违法或者侵害中小股东利益的结果承担法律责任的直接证据。② 不仅如此,董

---

① 《上市公司独立董事履职指引》第8条第2款和第3款对独立董事授权委托书的格式和要求作了明确规定:"委托书应当载明:(一)委托人和受托人的姓名;(二)对受托人的授权范围;(三)委托人对每项议案表决意向的指示;(四)委托人的签字、日期。独立董事不应出具空白委托书,也不宜对受托人全权委托。授权应当一事一授。"以上规定中的事项需要独立董事在履职过程中认真对待,而不能由上市公司董事会办公室代替或者包办,这个工作细节也是对独立董事工作态度的一项考验。

② 《公司法》第112条第2款、第3款对此责任划分有明确规定:"董事会应当对会议所议事项的决定作成会议记录,出席会议的董事应当在会议记录上签名。董事应当对董事会的决议承担责任。董事会的决议违反法律、行政法规或者公司章程、股东大会决议,致使公司遭受严重损失的,参与决议的董事对公司负赔偿责任。但经证明在表决时曾表明异议并记载于会议记录的,该董事可以免除责任。"

事会决议的落实情况、市场反应及其对上市公司经营与发展的影响，对上市公司此后的经营发展及董事会对此作出的应对都很重要，需要独立董事给予持续关注，以便于在此后的董事会会议上提高履职质量。从这个逻辑上讲，《上市公司独立董事履职指引》第9条第2款规定的"独立董事宜核查上市公司公告的董事会决议内容，主动关注有关上市公司的报道及信息，在发现有可能对公司的发展、证券的交易价格产生较大影响的报道或传闻时，有权向公司进行书面质询，并督促公司做出书面说明或公开澄清。上市公司未能应独立董事的要求及时说明或者澄清的，独立董事可自行采取调查措施，并可向中国证监会派出机构或公司证券上市地的证券交易所报告"也是很有道理的。

（二）出席股东会会议

独立董事作为公司董事，还应依法出席股东会会议。按照相关法律法规的规定，独立董事在股东会会议上的主要工作有三项：一是征集股东投票权，代为行使股东权利，该项职责要求及其行使的规则具体体现在《证券法》第90条的规定中[1]，本文不赘述。二是提交年度述职报告，对自身履行职责的情况进行说明，并重点关注上市公司的内部控制、规范运作以及中小投资者权益保护等治理事项。对于独立董事的年度述职报告应当包含的内容，《上市公司独立董事履职指引》第12条第

---

[1] 《证券法》第90条规定："上市公司董事会、独立董事、持有百分之一以上有表决权股份的股东或者依照法律、行政法规或者国务院证券监督管理机构的规定设立的投资者保护机构（以下简称投资者保护机构），可以作为征集人，自行或者委托证券公司、证券服务机构，公开请求上市公司股东委托其代为出席股东大会，并代为行使提案权、表决权等股东权利。依照前款规定征集股东权利的，征集人应当披露征集文件，上市公司应当予以配合。禁止以有偿或者变相有偿的方式公开征集股东权利。公开征集股东权利违反法律、行政法规或者国务院证券监督管理机构有关规定，导致上市公司或者其股东遭受损失的，应当依法承担赔偿责任。"

2款作了详细的梳理、归纳和总结①，独立董事应当按照规定的内容与格式提交其年度述职报告。三是与公司股东进行现场沟通与交流，回答股东对独立董事的提问与咨询。独立董事出席股东会会议的具体工作不多，但是作为公司董事，独立董事出席公司股东会会议是其法定的义务，独立董事应当勤勉尽责履行该义务。

（三）行使提议与建议等特别职权

按照《指导意见》第5条第1项赋予独立董事特别职权的规定，独立董事行使的提议与建议性质的特别职权主要有：事先认可重大关联交易，向董事会提议聘用或解聘会计师事务所，向董事会提请召开临时股东大会，提议召开董事会，独立聘请外部审计机构和咨询机构，在股东大会召开前公开向股东征集投票权。各项职权的行使均有相应的原则、标准和技巧。

《指导意见》规定独立董事具有重大关联交易的事先认可权，重大关联交易是指上市公司拟与关联人达成的总额高于300万元或高于上市公司最近经审计净资产值的5%的关联交易，行使重大关联交易的事先认可权是指重大关联交易应由独立董事认可后，提交董事会讨论，独立董事作出判断前，可以聘请中介机构出具独立财务顾问报告，作为其判断的依据。

---

① 该款规定："独立董事的述职报告宜包含以下内容：（一）上一年度出席董事会会议及股东大会会议的情况，包括未亲自出席会议的原因及次数；（二）在董事会会议上发表意见和参与表决的情况，包括投出弃权或者反对票的情况及原因；（三）对公司生产经营、制度建设、董事会决议执行情况等进行调查，与公司管理层进行讨论，对公司重大投资、生产、建设项目进行实地调研的情况；（四）在保护社会公众股股东合法权益方面所做的工作；（五）参加培训的情况；（六）按照相关法律、行政法规、部门规章、规范性文件、自律规则和公司章程履行独立董事职务所做的其他工作；（七）对其是否仍然符合独立性的规定，其董事候选人声明与承诺事项是否发生变化等情形的自查结论。"

向董事会提议聘用或解聘会计师事务所是独立董事的一项特别职权，也是董事会审计委员会的一项职责。参考 2013 年 12 月 16 日发布的《上海证券交易所上市公司董事会审计委员会运作指引》（以下简称《审计委员会运作指引》）第 13 条和第 14 条的规定①，独立董事向董事会提议聘用或者解聘会计师事务所主要关注外部审计机构的独立性和专业性，特别是由外部审计机构提供非审计服务对其独立性的影响、外部审计机构在实际履行审计职责中的专业性和勤勉尽责程度、审计费用及聘用合同条款等因素。按照《上海证券交易所股票上市规则》的相关规定，上市公司聘用或者解聘会计师事务所必须由股东大会决定，董事会不得在股东大会决定前委任会计师事务所。公司解聘或者不再续聘会计师事务所时，应当事先通知会计师事务所。公司股东大会就解聘会计师事务所进行表决时，会计师事务所可以陈述意见。会计师事务所提出辞聘的，应当向股东大会说明公司有无不当情形。也正是因为独立董事具有向董事会提议聘用或解聘会计师事务所的职权，所以上市公司在召开董事会会议审议聘用或解聘会计师事务所的议案前，会让独立董事签署确认意见，《上市公司独立董事履职指引》将其总结为"聘用或解聘会计师事务所的提议权"。独立董事在对聘用或者解聘会计师事务所提

---

① 《审计委员会运作指引》第 13 条规定："审计委员会的职责包括以下方面：（一）监督及评估外部审计机构工作；（二）指导内部审计工作；（三）审阅上市公司的财务报告并对其发表意见；（四）评估内部控制的有效性；（五）协调管理层、内部审计部门及相关部门与外部审计机构的沟通；（六）公司董事会授权的其他事宜及相关法律法规中涉及的其他事项。"第 14 条第 1 款规定："审计委员会监督及评估外部审计机构工作的职责须至少包括以下方面：（一）评估外部审计机构的独立性和专业性，特别是由外部审计机构提供非审计服务对其独立性的影响；（二）向董事会提出聘请或更换外部审计机构的建议；（三）审核外部审计机构的审计费用及聘用条款；（四）与外部审计机构讨论和沟通审计范围、审计计划、审计方法及在审计中发现的重大事项；（五）监督和评估外部审计机构是否勤勉尽责。"

出建议时要客观公正、有理有据，同时还要对上市公司聘用或者解聘会计师事务所的股东大会的程序予以充分关注。

虽然《指导意见》规定了独立董事向董事会提请召开临时股东大会和提议召开董事会的特别职权，但是《公司法》却没有赋予独立董事单独享有该项职权，而是规定由董事会行使该项职权。《公司法》第100条[①]规定了上市公司股东会临时会议召开的法定情形，"董事会认为必要时"是召开临时股东大会的法定情形之一，独立董事作为董事享有该项提请权，但是不享有独立提请召开股东会临时会议的权利，只能通过向董事会提请召开的方式行使该职权。同样，《公司法》第110条规定"代表十分之一以上表决权的股东、三分之一以上董事或者监事会，可以提议召开董事会临时会议"。根据该规定，三分之一以上董事有权提议召开董事会临时会议，但是单个独立董事没有提议召开董事会的有效权利，只有三分之一以上董事共同提议的方式才符合提议召开董事会的条件。

独立聘请外部审计机构和咨询机构的职权主要针对的情形是：独立董事对某些事项的独立判断依赖于外部审计机构和咨询机构的基础判断而作出。这个基础判断因独立董事自身和上市公司均缺乏相应的专业知识、精力和独立公平性而不能进行调查研究并独立作出，独立董事可以先聘请外部审计机构或者咨询机构对相关事项进行调查研究并作出基础判断，然后独立董事再依据该基础判断作出独立判断。参考《深圳证券

---

① 《公司法》第100条规定："股东大会应当每年召开一次年会。有下列情形之一的，应当在两个月内召开临时股东大会：（一）董事人数不足本法规定人数或者公司章程所定人数的三分之二时；（二）公司未弥补的亏损达实收股本总额三分之一时；（三）单独或者合计持有公司百分之十以上股份的股东请求时；（四）董事会认为必要时；（五）监事会提议召开时；（六）公司章程规定的其他情形。"

交易所上市公司规范运作指引》第 3.5.5 条的规定，独立董事发现上市公司存在重大事项未按规定提交董事会或者股东大会审议，未及时履行信息披露义务，公开信息中存在虚假记载、误导性陈述或者重大遗漏，其他涉嫌违法违规或者损害中小股东合法权益的情形之一的，应当积极主动履行尽职调查义务并及时向证券交易所报告，必要时应当聘请中介机构进行专项调查。依据《指导意见》等相关法律法规的规定，独立董事只需过半数同意便可直接行使该职权，并且其独立聘请外部审计机构和咨询机构而产生的费用由上市公司承担。如果提议未被采纳或该项职权不能正常行使，上市公司应将有关情况予以披露，上市公司没有披露该事项的，独立董事可以将该情况向中国证监会派出机构或者公司证券上市地的证券交易所报告。

《深圳证券交易所上市公司规范运作指引》第 3.5.2 条中增加了独立董事"征集中小股东的意见，提出利润分配提案，并直接提交董事会审议"的特别职权。该项职权的重点是独立董事在征集中小股东意见的基础上提出公司利润分配方案，并提交董事会审议。公司利润分配的实质性判断，在本节"独立董事实质性判断的履职事项"中予以介绍。

独立董事在股东大会召开前向股东征集投票权的职权，在本节"出席股东会会议"部分已介绍其相关要求和规则，此处不赘述。

（四）参加证券监管机构组织的培训与交流

独立董事参加证券监管机构组织的培训与交流也是一项法定义务，目的是让独立董事更加熟悉上市公司信息披露，上市公司治理基本原则，上市公司规范运作的法律框架，独立董事的权利、义务和法律责任，独立董事履职的最新实践，独立董事所需的财务知识以及资本市场发展的趋势与相关政策，具备内部控制与风险防范意识和基本的财务报表阅读和理解能力，更好地履行独立董事的职责。

至于独立董事参加证券监管机构组织的培训与交流的频次和形式，证券交易所和中国上市公司协会的要求不尽相同：《上交所独立董事备案及培训工作指引》第19～21条规定，独立董事在任职前应参加独立董事任职资格培训，任职后原则上每两年应参加一次后续培训，培训可以采取集中面授、网络培训、座谈讨论、经验交流和公司实地考察等多种方式。《深交所独立董事备案指引》对独立董事培训的要求与《上交所独立董事备案及培训工作指引》的要求一致。《上市公司独立董事履职指引》在充分调研的基础上提出了"拟任独立董事在首次受聘上市公司独立董事前，原则上至少参加一次证券监管部门认可的相关机构组织的任职培训。在首次受聘后的两年内，建议每年至少参加一次后续培训。此后，应当每两年至少参加一次后续培训"的建议。这个建议增加了新担任上市公司独立董事后续培训的频次，笔者认为这是很合理的建议。

目前，除证券交易所组织的独立董事任职资格培训和后续培训外，为了提高上市公司董事的履职能力，提供业务和专业知识供给与服务，中国上市公司协会、地方上市公司协会、地方证监局和中介服务机构等还组织有针对性的专项业务交流与培训，独立董事可以结合其自身的知识结构和履职需求有选择地参加学习与交流。

（五）参加上市公司的调查研究

独立董事对上市公司董事会的相关议案作出独立、客观、科学的判断，除需要熟悉上市公司运行、公司治理、信息披露，以及投融资等公司证券的业务规则以外，按照《深圳证券交易所上市公司规范运作指引》第3.5.6条、第3.5.7条和《上市公司独立董事履职指引》第6条的规定，独立董事还需要对上市公司生产经营状况、管理和内部控制等制度的建设及执行情况，董事会决议执行情况等进行现场检查，与公司管理层进行工作交流与讨论，对上市公司及其子公司的重大投资、生产、建设项目进行实地调研，充分了解公司经营运作情况。独立董事的这项工作可以被归纳为"参加上市公司的调查研究"。

为了有更加广阔的视野和更加丰富的行业知识以更好地履行职责，尤其是为了制定公司长期的发展战略与经营模式，独立董事除实地调研其上市公司外，还要认真学习和研究上市公司所处行业的产业政策及其影响因素、行业龙头上市公司的运行模式与营利模式。这涉及独立董事能不能到其他的上市公司调研、交流和学习的问题。监管规则对这个问题没有明确的规定，笔者认为在对方允许并不涉及商业秘密等知识产权侵权等问题的情况下，这种调研、交流和学习应该得到肯定和支持。

在充分调研的基础上，独立董事会与上市公司内外部就公司经营发展的问题及调研结果作充分的交流，典型的形式就是召开董事会审计委员会的沟通与交流会议。因为审计委员会的召集人由独立董事中的会计专业人士担任，审计委员会委员中有二分之一以上是独立董事，所以在实践中上市公司往往会根据其审计委员会的人员构成情况将审计委员会会议与独立董事专题沟通交流会放在一起进行，以便于独立董事更加全面了解公司的经营与运行情况。依据《审计委员会运作指引》第三章"审计委员会的职责"的相关规定①，审计委员会主要承担着监督及评估

---

① 《审计委员会运作指引》关于审计委员会的工作职责主要规定在第 13~18 条。第 13 条规定："审计委员会的职责包括以下方面：（一）监督及评估外部审计机构工作；（二）指导内部审计工作；（三）审阅上市公司的财务报告并对其发表意见；（四）评估内部控制的有效性；（五）协调管理层、内部审计部门及相关部门与外部审计机构的沟通；（六）公司董事会授权的其他事宜及相关法律法规中涉及的其他事项。"第 14 条规定："审计委员会监督及评估外部审计机构工作的职责

外部审计机构工作，指导内部审计工作，审阅上市公司的财务报告并对其发表意见，评估内部控制的有效性，协调管理层、内部审计部门及相关部门与外部审计机构的沟通等职责。《审计委员会运作指引》第35条同时规定："审计委员会履职过程中发现的重大问题触及本所《股票上市规则》规定的信息披露标准的，上市公司须及时披露该等事项及其整改情况。"

审计委员会履职过程中经常会遇到的容易出现差错而受到纪律处分的触及《上海证券交易所股票上市规则》规定的信息披露标准的情况主要是上市公司业绩预告及其更正公告的信息披露。《上海证券交易所股票上市规则》第11.3.1～11.3.4条规定了业绩预告及其更正公告的标

（接上页）须至少包括以下方面：（一）评估外部审计机构的独立性和专业性，特别是由外部审计机构提供非审计服务对其独立性的影响；（二）向董事会提出聘请或更换外部审计机构的建议；（三）审核外部审计机构的审计费用及聘用条款；（四）与外部审计机构讨论和沟通审计范围、审计计划、审计方法及在审计中发现的重大事项；（五）监督和评估外部审计机构是否勤勉尽责。审计委员会须每年至少召开一次无管理层参加的与外部审计机构的单独沟通会议。董事会秘书可以列席会议。"第15条规定："审计委员会指导内部审计工作的职责须至少包括以下方面：（一）审阅上市公司年度内部审计工作计划；（二）督促上市公司内部审计计划的实施；（三）审阅内部审计工作报告，评估内部审计工作的结果，督促重大问题的整改；（四）指导内部审计部门的有效运作。公司内部审计部门须向审计委员会报告工作。内部审计部门提交给管理层的各类审计报告、审计问题的整改计划和整改情况须同时报送审计委员会。"第16条规定："审计委员会审阅上市公司的财务报告并对其发表意见的职责至少包括以下方面：（一）审阅上市公司的财务报告，对财务报告的真实性、完整性和准确性提出意见；（二）重点关注上市公司财务报告的重大会计和审计问题，包括重大会计差错调整、重大会计政策及估计变更、涉及重要会计判断的事项、导致非标准无保留意见审计报告的事项等；（三）特别关注是否存在与财务报告相关的欺诈、舞弊行为及重大错报的可能性；（四）监督财务报告问题的整改情况。"第17条规定："审计委员会评估内部控制的有效性的职责须至少包括以下方面：（一）评估上市公司内部控制制度设计的适当性；（二）审阅内部控制自我评价报告；（三）审阅外部审计机构出具的内部控制审计报告，与外部审计机构沟通发现的问题与改进方法；（四）评估内部控制评价和审计的结果，督促内控缺陷的整改。"第18条规定："审计委员会协调管理层、内部审计部门及相关部门与外部审计机构的沟通的职责包括：（一）协调管理层就重大审计问题与外部审计机构的沟通；（二）协调内部审计部门与外部审计机构的沟通及对外部审计工作的配合。"

准和形式。① 因为业绩预告是在会计年度结束后的一个月之内进行披露的，而此时的上市公司年度报告还没有审计完毕，所以容易出现业绩预告的差错。如果上市公司公告的业绩预告出现差错，上市公司应及时公告业绩预告的更正公告，达不到"及时"更正条件的上市公司、相关信息披露义务人和其他责任人将会依据《上海证券交易所股票上市规则》第16.2条的规定受到通报批评或者公开谴责的纪律处分，而此处的其他责任人就指担任审计委员会召集人的独立董事。在所有针对独立董事的纪律处分中，仅有业绩预告的更正公告不及时这一种情况的受处分对象是担任审计委员会召集人的独立董事，而法定的审计委员会召集人是会计专业人士的独立董事，所以担任审计委员会召集人的独立董事要对在审计委员会相关会议上决定的上市公司的年度经营业绩是否达到业绩预告的披露标准及披露问题高度重视，以免单独受到纪律处分。

---

① 《上海证券交易所股票上市规则》对业绩预告及其更正公告的标准和形式规定如下：第11.3.1条规定："上市公司预计年度经营业绩将出现下列情形之一的，应当在会计年度结束后一个月内进行业绩预告，预计中期和第三季度业绩将出现下列情形之一的，可以进行业绩预告：（一）净利润为负值；（二）净利润与上年同期相比上升或者下降50%以上；（三）实现扭亏为盈。"第11.3.2条规定："上市公司出现第11.3.1条第（二）项情形，且以每股收益作为比较基数较小的，经本所同意可以豁免进行业绩预告：（一）上一年年度报告每股收益绝对值低于或等于0.05元；（二）上一期半年度报告每股收益绝对值低于或等于0.03元；（三）上一期年初至第三季度报告期末每股收益绝对值低于或等于0.04元。"第11.3.3条规定："上市公司披露业绩预告后，又预计本期业绩与已披露的业绩预告情况差异较大的，应当及时刊登业绩预告更正公告。业绩预告更正公告应当包括以下内容：（一）预计的本期业绩情况；（二）预计的本期业绩与已披露的业绩预告存在的差异及造成差异的原因；（三）董事会的致歉说明和对公司内部责任人的认定情况；（四）关于公司股票可能被实施或者撤销风险警示、终止上市的说明（如适用）。根据注册会计师预审计结果进行业绩预告更正的，还应当说明公司与注册会计师是否存在分歧及分歧所在。"第11.3.4条规定："上市公司披露业绩预告或者业绩预告更正公告，应当向本所提交下列文件：（一）公告文稿；（二）董事会的有关说明；（三）注册会计师对公司作出业绩预告或者更正其业绩预告的依据及过程是否适当和审慎的意见（如适用）；（四）本所要求的其他文件。"

二、独立董事实质性判断的履职事项

独立董事实质性判断的履职事项，主要是依据相关法律法规的规定，需要独立董事发表独立意见的事项。

参考《深圳证券交易所上市公司规范运作指引》第3.5.4条的规定[1]，独立董事发表独立意见，一方面在内容上要包括重大事项的基本情况，发表意见的依据（包括所履行的程序、核查的文件、现场检查的内容等），重大事项的合法合规性，对上市公司和中小股东权益的影响、可能存在的风险以及公司采取的措施是否有效，发表的结论性意见（对重大事项提出保留意见、反对意见或者无法发表意见的，相关独立董事应当明确说明理由）；另一方面在形式上要满足独立董事对出具的独立意见签字确认并将该意见及时报告董事会，与公司相关公告同时披露的要求。

哪些情形需要独立董事发表独立意见呢？《上市公司独立董事履职指引》第16条[2]总结了独立董事发表独立意见的情形，本章第二节对

---

[1] 《深圳证券交易所上市公司规范运作指引》第3.5.4条规定："独立董事对重大事项出具的独立意见至少应当包括下列内容：（一）重大事项的基本情况；（二）发表意见的依据，包括所履行的程序、核查的文件、现场检查的内容等；（三）重大事项的合法合规性；（四）对上市公司和中小股东权益的影响、可能存在的风险以及公司采取的措施是否有效；（五）发表的结论性意见。对重大事项提出保留意见、反对意见或者无法发表意见的，相关独立董事应当明确说明理由。独立董事应当对出具的独立意见签字确认，并将上述意见及时报告董事会，与公司相关公告同时披露。"

[2] 《上市公司独立董事履职指引》第16条规定："需独立董事向上市公司董事会或股东大会发表独立意见的事项包括：（一）对外担保；（二）重大关联交易；（三）董事的提名、任免；（四）聘任或者解聘高级管理人员；（五）董事、高级管理人员的薪酬和股权激励计划；（六）变更募集资金用途；（七）超募资金用于永久补充流动资金和归还银行借款；（八）制定资本公积金转增股本预案；（九）制定利润分配政策、利润分配方案及现金分红方案；（十）因会计准则变更以外的原因作出会计政策、会计估计变更或重大会计差错更正；（十一）上市公司的财务会计报告被注册会计师出具非标准无保留审计意见；（十二）会计师事务所的聘用及解聘；（十三）管理层收购；（十四）重大资产重组；（十五）以集中竞价交易方式回购股份；（十六）内部控制评价报告；（十七）上市公司承诺相关方的承诺变更方案；（十八）优先股发行对公司各类股东权益的影响；（十九）法律、行政法规、部门规章、规范性文件、自律规则及公司章程规定的或中国证监会认定的其他事项；（二十）独立董事认为可能损害上市公司及其中小股东权益的其他事项。"

独立董事发表独立意见的情形作了简要说明，下文将根据对独立董事发表独立意见的具体事项及相关规则的规定，总结并分析独立董事发表独立意见的标准、依据及方法。

(一) 对定期信息披露文件的审核

按照《证券法》和《上海证券交易所股票上市规则》的相关规定，独立董事作为公司董事，需要参加公司董事会会议并对公司年度报告、中期报告和季度报告提出审核意见。

上市公司应当在法律、行政法规、部门规章、其他规范性文件规定的期限内编制完成并披露定期报告。其中，年度报告应当在每个会计年度结束之日起4个月内，中期报告应当在每个会计年度的上半年结束之日起2个月内，季度报告应当在每个会计年度前3个月、9个月结束后的1个月内编制完成并披露。第一季度季度报告的披露时间不得早于上一年度年度报告的披露时间。上市公司董事会应当确保公司按时披露定期报告，因故无法形成董事会审议定期报告的决议的，公司应当以董事会公告的形式对外披露相关情况，说明无法形成董事会决议的原因和存在的风险。除年度报告、中期报告和季度报告以外，上市公司的定期报告还包括内部控制报告、内部控制评价报告，部分上市公司还有年度社会责任报告依法对外披露。在实践中每年都会有极个别上市公司因为种种原因没有能够按时披露定期报告而受到处罚。按照《证券法》第197条第1款的规定，上市公司没有依法报送有关报告或者履行信息披露义务的，该上市公司的独立董事将以其他直接责任人员的身份受到警告并处以二十万元以上二百万元以下罚款的行政处罚。所以，独立董事作为上市公司董事首先应督促上市公司依法依规按时履行报告和信息披露义务，最为重要的是独立董事要督促上市公司建立独立董事年度报告汇报沟通与审议工作制度（中期报告和季度报告的编制内容和披露要求没有年度报告那么高），并会同公司审计委员会，履行如下职责：（1）听取上市公司管理层和财务总监关于公司本年度生产经营、规范运作、财务状况、募集资金使用、关联交易、对外担保和投融资活动等重大事项进展情况的汇报，并尽量亲自参与有关重大项目的实地考察；（2）在年审会计师事务所进场审计前，参加与年审注册会计师的见面会，与会计师就审计工作小组的人员构成、审计计划、审计重点、风险判断、风险及舞弊的测试和评价方法等事项进行沟通，尤其特别关注公司经营业绩是否符合业绩预告的披露标准及具体披露工作状况；（3）在年审注册会计师出具初步审计意见后和审议年度报告的董事会会议召开前，应当再次参加与年审注册会计师见面沟通会，与注册会计师沟通初审意见和审计报告编制与审议安排；（4）在审议年度报告的董事会会议上，重点关注董事会会议召开的程序、相关事项的提议程序、决策权限、表决程序、回避事宜、议案材料的提交时间和完备性，如发现与召开董事会会议相关规定不符或判断依据不足的情形，应提出补充、整改和延期召开会议的意见。

除定期报告的按时报告或者披露的要求外，《证券法》和《上海证券交易所股票上市规则》还要求上市公司董事（包括独立董事）在定期报告上签署书面确认意见，保证上市公司及时、公平地披露信息，确保上市公司所披露的信息真实、准确、完整。上市公司的定期报告的内容存在虚假记载、误导性陈述或者重大遗漏的，独立董事以其他直接责任人员的身份将受到警告并处以五十万元以上五百万元以下罚款的行政处罚。这就要求上市公司的独立董事对上市公司的定期报告的内容承担起实质性审核的责任。从文峰股份案等上市公司独立董事履职实践来看，因为上市公司定期报告中的财务报告大都已经会计师依据会计准则实施过审计[1]，并有注册会计师对审计报告的真实性、准确性和完整性承担保证责任，所以独立董事更应该关注上市公司定期报告中的非财务报告内容的真实、准确和完整，尤其是有关监管机构提醒或者市场关注的事项。

已经公告的年度财务报表，上市公司在报告期内作出会计政策调整、会计估值变更或者重大会计差错更正的，一方面，上市公司应当根据"年报准则"的要求在年度报告中进行说明，并向证券交易所提交会计师事务所对该变更或更正的有关说明，公司和会计师事务所的说明应当包括：该变更或更正的原因及影响；具体的会计处理；如涉及追溯调整的，对以往各年度财务状况和经营成果的影响金额；如涉及更换会计师事务所的，是否就相关事项与前任会计师事务所进行了必要的沟通；等等。另一方面，独立董事需要对该变更或者更正事项发表独立意见，随同公司和会计师事务所的说明、公司董事会报告和监事会意见进行报告并披露。独立董事在对该事项审核时，除核对相关规则以外，需要重点关注上市公司是否存在利用该事项调节各期利润误导投资者的情形，尤其是在涉及因持续亏损而面临退市的上市公司时，在履行该职责时需要特别注意。

此外，按照证券交易所定期报告披露的相关规则和《关于规范上市公司与关联方资金往来及上市公司对外担保若干问题的通知》的规定，

---

[1] 《上海证券交易所股票上市规则》第6.6条规定："上市公司年度报告中的财务会计报告应当经具有执行证券、期货相关业务资格的会计师事务所审计。半年度报告中的财务会计报告可以不经审计，但公司有下列情形之一的，应当审计：（一）拟在下半年进行利润分配、以公积金转增股本、弥补亏损；（二）根据中国证监会或者本所有关规定应当进行审计的其他情形。季度报告中的财务资料无须审计，但中国证监会和本所另有规定的除外。"

上市公司在披露年度报告时一同披露控股股东及其他关联方占用上市公司资金的专项和独立董事对相关资金占用情况发表的独立意见。结合前锋股份案和匹凸匹案的具体情况，独立董事在审议年度报告的同时应当就上市公司控股股东及其他关联方占用上市公司资金的情况向上市公司书面问询，并密切关注上市公司对该事项的信息披露文件，避免因上市公司隐瞒重大事项而受到处罚的风险。

最后，按照年度报告的编报规则和《上海证券交易所股票上市规则》的要求，上市公司的财务会计报告被会计师事务所出具非标准审计意见的，上市公司在报送定期报告的同时，应当向证券交易所提交董事会针对该审计意见涉及事项所作的年度报告编报规则要求的专项说明、审议此专项说明的董事会决议和决议所依据的材料、独立董事对审计意见涉及事项所发表的意见。在年度报告和中期报告中，上市公司独立董事应当就关联方资金占用情况发表独立意见（无论是否存在关联方资金占用情况）。这就要求上市公司独立董事对该专项事项充分关注，依据相关材料和规则，遵循职业规则，审慎作出专业判断。

（二）对关联交易的审核

关联交易顾名思义就是关联方之间的交易。《公司法》和《上市公司信息披露管理办法》仅仅对关联关系[①]和关联交易[②]作了概括性的规定，缺乏可操作性。实践中一般是依据《上海证券交易所股票上市规

[①] 《公司法》第216条规定："本法下列用语的含义：……（四）关联关系，是指公司控股股东、实际控制人、董事、监事、高级管理人员与其直接或者间接控制的企业之间的关系，以及可能导致公司利益转移的其他关系。但是，国家控股的企业之间不仅因为同受国家控股而具有关联关系。"

[②] 《上市公司信息披露管理办法》第62条规定："本办法下列用语的含义：……（四）上市公司的关联交易，是指上市公司或者其控股子公司与上市公司关联人之间发生的转移资源或者义务的事项。关联人包括关联法人（或者其他组织）和关联自然人。……"

则》来对上市公司的关联人与关联交易作出认定的。《上海证券交易所股票上市规则》定义的上市公司关联交易，是指上市公司或者其控股子公司与上市公司关联人之间发生的转移资源或者义务的事项，不仅包括上市公司应当披露的购买或者出售资产、对外投资（含委托理财、委托贷款等）、提供财务资助、提供担保、租入或者租出资产、委托或者受托管理资产和业务、赠与或者受赠资产、债权与债务重组、签订许可使用协议、转让或者受让研究与开发项目等交易事项，而且包括一般情况下不用披露的如下日常交易事项：（1）购买原材料、燃料、动力；（2）销售产品、商品；（3）提供或者接受劳务；（4）委托或者受托销售；（5）在关联人财务公司存贷款；（6）与关联人共同投资；（7）其他通过约定可能引致资源或者义务转移的事项。

  上市公司的关联人包括关联法人（或者其他组织）和关联自然人。上市公司的关联法人包括：直接或者间接控制上市公司的法人或其他组织；由直接或者间接控制上市公司的法人或其他组织直接或者间接控制的除上市公司及其控股子公司以外的法人或其他组织（受同一国有资产管理机构控制的，不因此而形成关联关系，但该法人的法定代表人、总经理或者半数以上的董事兼任上市公司董事、监事或者高级管理人员的除外）；由上市公司的关联自然人直接或者间接控制的，或者由关联自然人担任董事、高级管理人员的除上市公司及其控股子公司以外的法人或其他组织；持有上市公司5%以上股份的法人或其他组织；中国证监会、证券交易所或者上市公司根据实质重于形式原则认定的其他与上市公司有特殊关系，可能导致上市公司利益对其倾斜的法人或其他组织。上市公司的关联自然人包括：直接或间接持有上市公司5%以上股份的自然人及其关系密切的家庭成员（包括配偶、年满18周岁的子女及其配偶、父母及配偶的父母、兄弟姐妹及其配偶、配偶的兄弟姐妹、子女配偶的父母）；上市公司的董事、监事和高级管理人员及其关系密切的家庭成员；关联法人的董事、监事和高级管理人员；中国证监会、证券交易所或者上市公司根据实质重于形式原则认定的其他与上市公司有特殊关系，可能导致上市公司利益对其倾斜的自然人。除此之外，《上海证券交易所股票上市规则》将具有如下两种情形之一的相关主体视为上市公司关联人：一是根据与上市公司或者其关联人签署的协议或者作出的安排，在协议或者安排生效后，或在未来12个月内，将具有关联自然人或者关联法人身份的；二是在过去12个月内，曾经具有上市公司关联自然人或者关联法人身份的。

关联交易是公司经营运作中经常出现的而又易于发生不公平结果的交易。从有利的方面讲，交易双方因为存在着关联关系，可以节约大量商业谈判等方面的交易成本，并可运用行政的力量保证商业合同的优先执行，从而提高交易效率。从不利的方面讲，由于关联交易方可以运用行政力量撮合交易的进行，从而有可能使交易的价格、方式等在非竞争的条件下导致不公正的结果，进而造成对股东或部分股东权益的侵犯，也易导致债权人利益受到损害。所以规则的制定者在权衡利弊后并没有在法律法规中对关联交易采取一律禁止的态度，而是在允许关联交易的前提下，采取对不公平、不公正的关联交易予以规制的方法来促进公平交易。《公司法》首先在原则上禁止不正当的关联交易[①]，然后对上市公司的关联交易作程序上的限制，这种限制集中体现在《公司法》第

[①] 《公司法》第21条规定："公司的控股股东、实际控制人、董事、监事、高级管理人员不得利用其关联关系损害公司利益。违反前款规定，给公司造成损失的，应当承担赔偿责任。"

124 条的规定上。① 除该规定对上市公司关联交易的决议作程序上的限制以外，《公司法》的派生性诉讼、对董事会决议效力的限制性规定以及《证券法》上的小股东权利保护与集体诉讼制度都对不公正的关联交易有相应的预防与规制作用。更加细化的、依赖独立董事对不公正的关联交易进行预防与规制的程序性规定主要体现在如下两个方面：一方面是《指导意见》要求上市公司将公司的重大关联交易在董事会审议前提交独立董事认可，独立董事在作出判断前可以聘请中介机构出具独立财务顾问报告作为其判断的依据；另一方面是《上海证券交易所股票上市规则》在关联交易的审议程序中进一步明确《公司法》规定的关联董事和关联股东的范围②，并将上市公司独立董事的事前认可意见或者独立意见作为上市公司关联交易公告的必备文件。这些规则都是需要上市公

---

① 《公司法》第124条规定："上市公司董事与董事会会议决议事项所涉及的企业有关联关系的，不得对该项决议行使表决权，也不得代理其他董事行使表决权。该董事会会议由过半数的无关联关系董事出席即可举行，董事会会议所作决议须经无关联关系董事过半数通过。出席董事会的无关联关系董事人数不足三人的，应将该事项提交上市公司股东大会审议。"

② 《上海证券交易所股票上市规则》第10.2.1条在重申《公司法》第124条关于限制不公正的关联交易的程序性规定的同时，进一步明确了关联董事的范围："关联董事包括下列董事或者具有下列情形之一的董事：（一）为交易对方；（二）为交易对方的直接或者间接控制人；（三）在交易对方任职，或者在能直接或间接控制该交易对方的法人或其他组织、该交易对方直接或者间接控制的法人或其他组织任职；（四）为交易对方或者其直接或者间接控制人的关系密切的家庭成员（具体范围参见第10.1.5条第（四）项的规定）；（五）为交易对方或者其直接或者间接控制人的董事、监事或高级管理人员的关系密切的家庭成员（具体范围参见第10.1.5条第（四）项的规定）；（六）中国证监会、本所或者上市公司基于实质重于形式原则认定的其独立商业判断可能受到影响的董事。"《上海证券交易所股票上市规则》第10.2.2条又规定："上市公司股东大会审议关联交易事项时，关联股东应当回避表决。前款所称关联股东包括下列股东或者具有下列情形之一的股东：（一）为交易对方；（二）为交易对方的直接或者间接控制人；（三）被交易对方直接或者间接控制；（四）与交易对方受同一法人或其他组织或者自然人直接或间接控制；（五）因与交易对方或者其关联人存在尚未履行完毕的股权转让协议或者其他协议而使其表决权受到限制和影响的股东；（六）中国证监会或者本所认定的可能造成上市公司利益对其倾斜的股东。"该条明确了上市公司股东大会审议关联交易事项时关联股东回避表决及关联股东的范围。

司独立董事在履职过程中熟悉、掌握并能熟练运用的。

当然，预防与规制不公正的关联交易的更加有效的制度就是对关联交易的披露制度。《企业会计准则第 36 号——关联方披露》要求企业无论是否发生关联方交易，均应当在企业财务报告的附注中披露与母公司和子公司有关的关联方信息；企业与关联方发生关联方交易的，应当在企业财务报告的附注中披露该关联方关系的性质、交易类型及交易要素；企业只有在提供确凿证据的情况下，才能披露关联方交易是公平交易。《上海证券交易所股票上市规则》则在此基础上对上市公司关联交易的披露规则和形式作了具体规定。《上海证券交易所股票上市规则》明确了如下上市公司关联交易的披露规则：上市公司与关联自然人发生的交易金额在 30 万元以上的关联交易（上市公司提供担保除外）、上市公司与关联法人发生的交易金额在 300 万元以上且占公司最近一期经审计净资产绝对值 0.5% 以上的关联交易（上市公司提供担保除外）均应当及时披露；上市公司与关联人发生的交易（上市公司提供担保、受赠现金资产、单纯减免上市公司义务的债务除外）金额在 3 000 万元以上，且占上市公司最近一期经审计净资产绝对值 5% 以上的关联交易，除应当及时披露外，还应当提供具有执行证券、期货相关业务资格的证券服务机构对交易标的出具的审计或者评估报告（与日常经营相关的关联交易所涉及的交易标的可以不进行审计或者评估），并将该交易提交股东大会审议；上市公司为关联人提供担保的，不论数额大小，均应当在董事会审议通过后及时披露，并提交股东大会审议；上市公司与关联人共同出资设立公司，应当以上市公司的出资额作为交易金额，适用上市公司关联交易审议与披露的相关规定。上市公司披露关联交易事项时应当提交的文件包括：关联交易公告，与交易有关的协议或者意向书，董事会决议、决议公告文稿和独立董事的意见,交易涉及的有权机关的批文,证券服务机构出具的专业报告,等等。关联交易公告应当包括以下内容:交易概述及交易标的的基本情况、独立董事的事前认可情况和发表的独立意见、董事会表决情况、交易各方的关联关系和关联人基本情况、交易的定价政策及定价依据、交易协议其他方面的主要内容、交易目的及交易对上市公司的影响、从当年年初至披露日与该关联人累计已发生的关联交易的总金额等。

  从上海家化案等案例中我们发现,上市公司隐瞒关联交易事项或者将关联交易非关联化处理是独立董事履职中的常见问题,而上市公司隐瞒关联交易事项在"绝对责任论"观念及其支配下的司法实践中又会让独立董事承担虚假陈述的其他直接责任人员的法律责任。所以,针对上市公司的关联交易事项,独立董事在履职过程中首先应当定期积极主动地查阅上市公司的关联方及其关联关系,关注上市公司与关联方之间的交易和资金往来情况,了解上市公司是否存在被控股股东及其关联方占用、转移资金或资产及其他资源的情况。如发现上市公司存在隐瞒关联关系与关联交易或者将关联交易作非关联化处理等异常情况,应及时提请公司董事会采取相应措施,必要时向中国证监会派出机构或公司证券上市地的证券交易所书面报告,并留下相应的履职证据。其次,独立董事在审核具体关联交易事项时,根据上市公司提供的公告文稿及相关证明材料,重点关注关联交易的必要性、真实意图、对上市公司的影响、交易的定价政策及定价依据、评估值的公允性、交易标的的成交价格与账面值或评估值之间的关系等因素,维护上市公司整体利益。再次,独立董事在审议关联交易事项时还要关注该关联交易是否符合法律法规和相关监管机构发布的规定及证券交易所股票上市规则规定的相关要求,以及公司是否存在通过关联交易非关联化等方式掩盖关联交易实质的行为。最后，独立董事还要根据相关规定的要求有区别地对重大关联交易、上市公司关联方以资抵债方案，以及在上市公司存在向控股股东或者其关联人提供资金的事项且相关事项的情形已消除时，分别发表事前确认意见、独立意见，或者聘请有证券期货相关业务资格的中介机构出具独立财务顾问报告后再根据财务顾问报告的结论发表事前认可意见、独立意见或者专项意见。

(三) 对对外担保事项的审核

上市公司作为资信评级较高的民事主体，为其他主体的资金借贷等债权债务关系提供担保，能增强被担保对象的信用评级，降低融资成本，促进交易。鉴于在我国公司制度建立的早期，股东和实际控制人通过上市公司担保的方式侵占上市公司资金和资产的现象比较普遍的现实，《公司法》在放开公司对股东和其他个人提供担保的同时，也设定了一系列要求，并对公司为股东或者实际控制人提供担保规定了比一般担保更为严格的决议程序。① 从前锋股份案和匹凸匹案的实践情况看，上市公司违规对外担保没有履行相应的审议程序和信息披露义务是独立董事履职中面临的重要风险。不过，2019年9月11日最高人民法院通过的《全国法院民商事审判工作会议纪要》（以下简称《九民纪要》）对公司对外担保的法律效力，尤其是对违反《公司法》第16条规定而

---

① 《公司法》第16条规定："公司向其他企业投资或者为他人提供担保，依照公司章程的规定，由董事会或者股东会、股东大会决议；公司章程对投资或者担保的总额及单项投资或者担保的数额有限额规定的，不得超过规定的限额。公司为公司股东或者实际控制人提供担保的，必须经股东会或者股东大会决议。前款规定的股东或者受前款规定的实际控制人支配的股东，不得参加前款规定事项的表决。该项表决由出席会议的其他股东所持表决权的过半数通过。"

越权代表的担保合同效力问题作了明确规定[①],旗帜鲜明地否定了未依法经公司股东大会审议的关联担保合同的法律效力。这样上市公司不依

[①] 《九民纪要》第17条规定:"为防止法定代表人随意代表公司为他人提供担保给公司造成损失,损害中小股东利益,《公司法》第16条对法定代表人的代表权进行了限制。根据该条规定,担保行为不是法定代表人所能单独决定的事项,而必须以公司股东(大)会、董事会等公司机关的决议作为授权的基础和来源。法定代表人未经授权擅自为他人提供担保的,构成越权代表,人民法院应当根据《合同法》第50条关于法定代表人越权代表的规定,区分订立合同时债权人是否善意分别认定合同效力:债权人善意的,合同有效;反之,合同无效。"第18条规定:"前条所称的善意,是指债权人不知道或者不应当知道法定代表人超越权限订立担保合同。《公司法》第16条对关联担保和非关联担保的决议机关作出了区别规定,相应地,在善意的判断标准上也应当有所区别。一种情形是,为公司股东或者实际控制人提供关联担保,《公司法》第16条明确规定必须由股东(大)会决议,未经股东(大)会决议,构成越权代表。在此情况下,债权人主张担保合同有效,应当提供证据证明其在订立合同时对股东(大)会决议进行了审查,决议的表决程序符合《公司法》第16条的规定,即在排除被担保股东表决权的情况下,该项表决由出席会议的其他股东所持表决权的过半数通过,签字人员也应符合公司章程的规定。另一种情形是,公司为公司股东或者实际控制人以外的人提供非关联担保,根据《公司法》第16条的规定,此时由公司章程规定是由董事会决议还是股东(大)会决议。无论章程是否对决议机关作出规定,也无论章程规定决议机关为董事会还是股东(大)会,根据《民法总则》第61条第3款关于'法人章程或者法人权力机构对法定代表人代表权的限制,不得对抗善意相对人'的规定,只要债权人能够证明其在订立担保合同时对董事会决议或者股东(大)会决议进行了审查,同意决议的人数及签字人员符合公司章程的规定,就应当认定其构成善意,但公司能够证明债权人明知公司章程对决议机关有明确规定的除外。债权人对公司机关决议内容的审查一般限于形式审查,只要求尽到必要的注意义务即可,标准不宜太过严苛。公司以机关决议系法定代表人伪造或者变造、决议程序违法、签章(名)不实、担保金额超过法定限额等事由抗辩债权人非善意的,人民法院一般不予支持。但是,公司有证据证明债权人明知决议系伪造或者变造的除外。"第19条规定:"存在下列情形的,即便债权人知道或者应当知道没有公司机关决议,也应当认定担保合同符合公司的真实意思表示,合同有效:(1)公司是以为他人提供担保为主营业务的担保公司,或者是开展保函业务的银行或者非银行金融机构;(2)公司为其直接或者间接控制的公司开展经营活动向债权人提供担保;(3)公司与主债务人之间存在相互担保等商业合作关系;(4)担保合同系由单独或者共同持有公司三分之二以上有表决权的股东签字同意。"第20条规定:"依据前述3条规定,担保合同有效,债权人请求公司承担担保责任的,人民法院依法予以支持;担保合同无效,债权人请求公司承担担保责任的,人民法院不予支持,但可以按照担保法及有关司法解释关于担保无效的规定处理。公司举证证明债权人明知法定代表人超越权限或者机关决议系伪造或者变造,债权人请求公司承担合同无效后的民事责任的,人民法院不予支持。"第21条规定:"法定代表人的越权担保行为给公司造成损失,公司请求法定代表人承担赔偿责任的,人民法院依法予以支持。公司没有提起诉讼,股东依据《公司法》第151条的规定请求法定代表人承担赔偿责任的,人民法院依法予以支持。"第22条规定:"债权人根据上市公司公开披露的关于担保事项已经董事会或者股东大会决议通过的信息订立的担保合同,人民法院应当认定有效。"

法履行审议程序或者隐瞒对外担保事项的现象得到了遏制，独立董事履职中的这一风险减少了，但是这也现实地增加了独立董事履职中对上市公司对外担保事项实质性审核的职责与任务。

独立董事对上市公司对外担保事项实质性审核的职责包括对审议程序的审查和对对外担保内容的审核两个方面。在上市公司对外担保的审议决定程序方面，《公司法》规定了非关联担保由公司章程决定由董事会或者股东会决策、关联担保必须由股东大会审议并且关联股东回避表决的机制，所以独立董事应特别关注董事会会议相关审议内容及程序是否符合相关监管机构所发布的规范性文件的要求，《深圳证券交易所上市公司规范运作指引》甚至在"独立董事行为规范"中明确要求独立董事对上市公司需要披露的对外担保事项的合法合规性发表独立意见。在对对外担保内容的实质性审核方面，参考《深圳证券交易所上市公司规范运作指引》的相关规定[①]，独立董事审核对外担保事项，应当了解反担保的提供情况、反担保提供方的实际担保能力和反担保的可执行性、被担保对象的经营状况和偿债能力，并据此作出审慎判断。

此外，独立董事还应按照中国证监会和国务院国资委发布的《关于

[①] 《深圳证券交易所上市公司规范运作指引》对上市公司对外担保的审核的规定主要有：第6.3.3条规定："上市公司对外担保应当要求对方提供反担保，谨慎判断反担保提供方的实际担保能力和反担保的可执行性。"第6.3.4条规定："上市公司为其控股子公司、参股公司提供担保，该控股子公司、参股公司的其他股东应当按出资比例提供同等担保或者反担保等风险控制措施。如该股东未能按出资比例向上市公司控股子公司或者参股公司提供同等担保或反担保等风险控制措施，上市公司董事会应当披露主要原因，并在分析担保对象经营情况、偿债能力的基础上，充分说明该笔担保风险是否可控，是否损害上市公司利益等。"第6.3.10条规定："上市公司应当持续关注被担保人的财务状况及偿债能力等，如发现被担保人经营状况严重恶化或者发生公司解散、分立等重大事项的，上市公司董事会应当及时采取有效措施，将损失降低到最小程度。提供担保的债务到期后，上市公司应当督促被担保人在限定时间内履行偿债义务。若被担保人未能按时履行义务，上市公司应当及时采取必要的补救措施。"

规范上市公司与关联方资金往来及上市公司对外担保若干问题的通知》的相关规定要求，在上市公司年度报告中，对上市公司累计和当期对外担保情况、执行上述规定情况进行专项说明，并发表独立意见，就上市公司关联方以以资抵债的方式清偿其非法占用上市公司资金的方案发表独立意见，或者聘请有证券期货相关业务资格的中介机构出具独立财务顾问报告。同时，上市公司独立董事还应依据《上市公司独立董事履职指引》的相关规定，在上市公司违规对外担保事项得到纠正时出具专项意见；在审议上市公司对外担保事项过程中发现异常情况时，及时提请公司董事会采取相应措施，必要时向中国证监会派出机构或公司证券上市地的证券交易所报告。

（四）对再融资、募集资金使用和并购重组事项的审核

上市公司的再融资事项是指上市公司通过配股、增发、发行可转债、非公开发行股份和优先股等融资工具而实施的融资行为。相关法律规范均要求独立董事对上市公司再融资行为中有可能涉及公司整体利益和中小投资者利益的事项发表独立意见。虽然主板和中小板上市公司证券发行的基本规则《上市公司证券发行管理办法》没有要求独立董事就上市公司证券发行的某些事项发表独立意见，但是《创业板上市公司证券发行管理暂行办法》第29条却规定，上市公司董事会应当结合上市公司所处行业和发展阶段、融资规划、财务状况、资金需求等情况进行论证分析，编制证券发行方案的论证分析报告[①]，独立董事应当对此发

[①] 《创业板上市公司证券发行管理暂行办法》第29条对证券发行方案的论证分析报告的基本内容作了明确规定："论证分析报告至少包括下列内容：（一）本次发行证券及其品种选择的必要性；（二）本次发行对象的选择范围、数量和标准的适当性；（三）本次发行定价的原则、依据、方法和程序的合理性；（四）本次发行方式的可行性；（五）本次发行方案的公平性、合理性；（六）本次发行对原股东权益或者即期回报摊薄的影响以及填补的具体措施。"

表专项意见。此外，在上市公司公开发行证券的行为中，上市公司证券发行对象和募集资金的投资都会涉及同业竞争或者关联交易，所以《公开发行证券的公司信息披露内容与格式准则第 11 号——上市公司公开发行证券募集说明书》在要求发行人披露明确的减少和规范关联交易措施的同时，要求发行人披露独立董事对关联交易的必要性、关联交易价格的公允性、批准程序的合规性、减少和规范关联交易措施的有效性以及是否存在同业竞争和避免同业竞争有关措施的有效性发表的独立意见。在非公开发行股份时，《创业板上市公司非公开发行股票业务办理指南》要求创业板上市公司的独立董事对非公开发行股票方案的论证分析报告发表专项意见。如果上市公司发行股份购买资产，还会涉及资产估值的问题，《公开发行证券的公司信息披露内容与格式准则第 25 号——上市公司非公开发行股票预案和发行情况报告书》第 16 条规定，在资产交易根据资产评估结果定价的情况下，在评估机构出具资产评估报告后，应当补充披露上市公司董事会及独立董事对评估机构的独立性、评估假设前提和评估结论的合理性、评估方法的适用性等问题发表的意见。

在优先股发行方面，《优先股试点管理办法》第 36 条规定，上市公司独立董事应当就上市公司本次发行（优先股）对公司各类股东权益的影响发表专项意见，并与董事会决议一同披露。《公开发行证券的公司信息披露内容与格式准则第 33 号——发行优先股预案和发行情况报告书》第 15 条规定，上市公司发行优先股募集资金用于收购资产的，发行预案应披露独立董事对收购价格公允性的意见。2020 年 2 月 14 日，中国证监会发布了《关于修改〈上市公司证券发行管理办法〉的决定》、《关于修改〈创业板上市公司证券发行管理暂行办法〉的决定》和《关于修改〈上市公司非公开发行股票实施细则〉的决定》，对上市公司引入战略投资者的发行价格、股票锁定期、减持限制豁免等规则作了修改。战略投资者存在着一定的价格套利空间，为了弥补这一政策漏洞，2020年3月20日中国证监会又发布了《发行监管问答——关于上市公司非公开发行股票引入战略投资者有关事项的监管要求》，在对战略投资者作出重新认定的同时，要求上市公司独立董事对上市公司引入战略投资者的方案是否有利于保护上市公司和中小投资者的利益发表独立意见。这些规定就是要求独立董事在全面了解相关信息的基础上，依据调查核实的具体事实，结合中介机构的相关结论性报告和相关业务准则与规则就上市公司再融资事项发表专项意见。

上市公司再融资会涉及募集资金的使用与监管，《上市公司监管指引第2号——上市公司募集资金管理和使用的监管要求》对此提出一系列要求：上市公司以自筹资金预先投入募集资金投资项目的，可以在募集资金到账后6个月内以募集资金置换自筹资金，独立董事需要对该资金置换发表明确同意的意见；闲置募集资金用于（暂时）补充流动资金、现金管理、投资产品的，需要独立董事发表明确同意的意见；上市公司募投项目发生变更的，需要独立董事发表独立意见；超募资金用于永久补充流动资金和归还银行借款的，需要独立董事发表明确同意的意见。此外，《深圳证券交易所上市公司规范运作指引》和《上海证券交易所上市公司募集资金管理办法》等自律规则规定，对于公司使用超募资金用于在建项目及新项目、全部募集资金投资项目完成后的节余募集资金的使用、使用闲置募集资金进行委托理财等事项均需要独立董事发表独立意见。虽然在形式上对于募集资金的管理和使用事项独立董事出具同意的意见即可，但是因为上市公司募集的资金数额较大，容易出现或显性或隐性的利益输送而侵害上市公司或者中小投资者的利益，所以，针对募集资金的管理和使用，独立董事应当督促上市公司建立募集资金管理和使用制度，密切关注上市公司募集资金的使用、托管及其信息披露状况，尤其是在上市公司需要改变募集资金用途、将闲置资金用于投资、暂时补充流动性资金、以募集资金置换预先投入募投项目的自筹资金要求独立董事发表专项意见时，独立董事可以在发表独立意见之前要求相关人员就投资项目的可行性、项目收益及风险预测等情况进行分析论证，作出有理有据的谨慎判断。

在上市公司收购方面，《证券法》和《上市公司收购管理办法》及证券交易所的自律规则要求被收购公司的独立董事就本次要约收购发表独立意见；在协议收购中存在被收购公司原控股股东及其关联方未清偿对被收购公司的负债、未解除被收购公司为其负债提供的担保或者其他损害公司利益情形的，独立董事应当对原控股股东和其他实际控制人就上述问题提出的解决方案发表独立意见；在管理层收购中的被收购公司的独立董事应当就收购的资金来源、还款计划、管理层收购是否符合《上市公司收购管理办法》规定的条件和批准程序、收购条件是否公平合理、是否存在损害上市公司和其他股东利益的行为、对上市公司可能产生的影响等事项发表独立意见。

在上市公司重大资产重组方面，《证券法》、《上市公司重大资产重组管理办法》和证券交易所的自律规则要求上市公司独立董事对重大资产重组预案、上市公司或交易对方拟终止重大资产重组的方案发表独立意见；资产交易根据资产评估结果定价的，独立董事应当对评估机构的独立性、评估假设前提和评估结论的合理性、评估方法的适用性等问题发表独立意见；重大资产重组中交易对方需要进行业绩补偿的，独立董事应当对拟购买资产进行减值测试情况发表独立意见,独立董事应当关注拟购买资产折现率、预测期收益分布等其他评估参数取值的合理性,防止交易对方利用降低折现率、调整预测期收益分布等方式减轻股份补偿义务,并对此发表专项意见;创新类公司进行重大收购或资产处置等交易或者其他安排,可能导致公司业务构成发生重大变化的,应当及时披露独立董事对公司业务构成重大变化的意见;科创板上市公司开展与主营业务行业不同的新业务,或者进行可能导致公司业务发生重大变化的收购或处置资产等交易的,需要独立董事对公司开展新业务发表独立意见。因为上市公司的收购兼并重组业务是专业性很强的业务,《证券法》、《上市公司收购管理办法》和《上市公司重大资产重组管理办法》等法律规范在规定独立董事对具体事项发表独立意见的同时,也对保荐机构、独立财务顾问机构、律师事务所等中介机构规定了依据业务规则和职业规范勤勉尽责履职的义务。独立董事可以依据上市公司和中介机构提供的相关资料和报告,在全面了解相关情况的基础上,从公司整体利益和中小投资者的利益出发,客观、公正、谨慎地作出独立判断。

(五)对公司对外投资与财务资助事项的审核

《公司法》对公司的对外投资与对外担保设定了同一种审议程序,均要求依照公司章程的规定,由董事会或者股东会、股东大会决议;公司章程对投资或者担保的总额及单项投资或者担保的数额有限额规定的,不得超过规定的限额。《深圳证券交易所上市公司规范运作指引》要求独立董事对需要披露的委托理财、股票投资及衍生品种投资发表独立意见;上市公司从事超出董事会权限范围且不以套期保值为目的的衍生品交易,应在董事会审议通过、独立董事发表专项意见,并提交股东大会审议通过后方可执行。上市公司的对外投资行为情况较为复杂,有需要独立董事发表独立意见并对外披露的重大投资行为，也有在董事会授权范围内的日常投资行为，还有部分投资行为涉及关联交易和同业竞争问题。所以，独立董事在履行该项审核职责时，对于上市公司董事会授权范围内的投资事项，需要对董事会获得授权的范围、合法性、合理性和风险进行审慎评估与判断，充分关注具体投资事项是否在授权范围内、相关程序是否合法合规，结合项目论证报告作出谨慎判断；对于董事会授权范围以外的对外投资事项，应该在充分调研或者了解具体情况的基础上，在对投资项目的可行性、合法合规性、合理性及其风险全面评估后作出谨慎判断；对于存在重大关联交易或者同业竞争的事项，依据相关规则，聘请相关中介机构出具独立财务顾问报告，再根据财务顾问报告的意见出具独立意见，履行相应程序。

《公司法》和《证券法》没有明确规定公司对外提供财务资助的规则和程序，这就导致实践中诸多上市公司比照对外投资的制度与流程对对外财务资助进行管理，但是《深圳证券交易所上市公司规范运作指引》等证券交易所的自律规则根据公司对外提供财务资助的特点建立了明确的规则和审议程序。[①] 独立董事对上市公司提供财务资助事项的审

---

① 《深圳证券交易所上市公司规范运作指引》针对上市公司提供财务资助的行为，除规定上市公司应及时披露相关信息外，第6.2.2条规定："上市公司应当建立健全有关财务资助的内部控制制度，在公司章程或者公司其他规章制度中明确股东大会、董事会审批提供财务资助的审批权限、审议程序以及违反审批权限、审议程序的责任追究机制，采取充分、有效的风险防范措施。"第6.2.3条规定："上市公司提供财务资助，应当经出席董事会的三分之二以上的董事同意并作出决议，并及时履行信息披露义务。公司董事会审议财务资助事项时，公司独立董事和保荐机构或独立财务顾问（如有）应当对该事项的合法合规性、对公司的影响及存在的风险等发表意见。"第6.2.4条规定："上市公司提供财务资助事项属于下列情形之一的，经董事会审议通过后还应当提交股东大会审议，本所另有规定的除外：（一）被资助对象最近一期经审计的资产负债率超过70%；（二）单次财务资助金额或者连续十二个月内累计提供财务资助金额超过公司最近一期经审计净资产的10%；（三）本所或者公司章程规定的其他情形。"第6.2.5条规定："上市公司不得为董事、监事、高级管理人员、控股股东、实际控制人及其控股子公司等关联人提供资金等财务资助。

核，一是要督促上市公司依据相关法律规则建立提供财务资助的管理制度，并严格按照管理制度执行；二是要针对上市公司提交的具体财务资助的审核事项，严格按照公司章程和上市公司提供财务资助的管理制度的规定重点关注其审议权限和程序、是否存在利益输送等不当行为，并就该财务资助事项的合法合规性、对公司的影响及存在的风险等发表独立意见；三是要关注上市公司的信息披露与提供财务资助事项及其变化是否一致，出现异常情况，应督促上市公司及时更正或者披露。

（六）对股权激励、员工持股计划和管理层收购的审核

《上市公司股权激励管理办法》在规定上市公司股权激励的对象、条件、方式、程序、信息披露要求及法律责任的同时，也对上市公司独立董事在股权激励事项中的审核职责及法律责任作了明确的规定。[②] 按

上市公司为其持股比例不超过50％的控股子公司、参股公司提供资金等财务资助的，该控股子公司、参股公司的其他股东原则上应当按出资比例提供同等条件的财务资助。如其他股东未能以同等条件或者出资比例向上市公司控股子公司或者参股公司提供财务资助的，应当说明原因并披露上市公司已要求上述其他股东采取的反担保等措施。上市公司为其控股子公司、参股公司提供资金等财务资助，且该控股子公司、参股公司的其他参股股东中一个或者多个为上市公司的控股股东、实际控制人及其关联人的，该关联股东应当按出资比例提供同等条件的财务资助。如该关联股东未能以同等条件或者出资比例向上市公司控股子公司或者参股公司提供财务资助的，上市公司应当将上述对外财务资助事项提交股东大会审议，与该事项有关联关系的股东应当回避表决。"第6.2.6条规定："上市公司提供财务资助，应当与被资助对象等有关方签署协议，约定被资助对象应遵守的条件、财务资助的金额、期限、违约责任等内容。财务资助款项逾期未收回的，公司应当及时披露原因以及是否已采取可行的补救措施，并充分说明董事会关于被资助对象偿债能力和该项财务资助收回风险的判断。逾期财务资助款项收回前，公司不得向同一对象追加提供财务资助。"

② 《上市公司股权激励管理办法》中有关独立董事对上市公司股权激励事项的审核事项的规定主要有如下法律条文：第35条规定："独立董事及监事会应当就股权激励计划草案是否有利于上市公司的持续发展，是否存在明显损害上市公司及全体股东利益的情形发表意见。独立董事或监事会认为有必要的，可以建议上市公司聘请独立财务顾问，对股权激励计划的可行性、是否有利于上市公司的持续发展、是否损害上市公司利益以及对股东利益的影响发表专业意见。上市公司未按照建议聘请独立财务顾问的，应当就此事项作特别说明。"第46条规定："上市公司在向激励

照这些规定，独立董事应当就股权激励计划草案是否有利于上市公司的持续发展、是否存在明显损害上市公司及全体股东利益的情形发表独立意见。在对该问题发表独立意见以前，独立董事认为有必要的，可以建议上市公司聘请独立财务顾问，对股权激励计划的可行性、是否有利于上市公司的持续发展、是否损害上市公司利益以及对股东利益的影响发表专业意见。上市公司未按照建议聘请独立财务顾问的，应当就此事项作特别说明。上市公司在向激励对象授出权益前，独立董事应当就股权激励计划设定的激励对象获授权益的条件是否成就发表明确意见。上市公司向激励对象授出权益与股权激励计划的安排存在差异时，独立董事应当对此发表明确意见。激励对象在行使权益前，独立董事应当就股权激励计划设定的激励对象行使权益的条件是否成就发表明确意见。上市公司变更已经股东大会审议通过的股权激励方案的，独立董事应当就变更后的方案是否有利于上市公司的持续发展、是否存在明显损害上市公

（接上页）对象授出权益前，董事会应当就股权激励计划设定的激励对象获授权益的条件是否成就进行审议，独立董事及监事会应当同时发表明确意见。律师事务所应当对激励对象获授权益的条件是否成就出具法律意见。上市公司向激励对象授出权益与股权激励计划的安排存在差异时，独立董事、监事会（当激励对象发生变化时）、律师事务所、独立财务顾问（如有）应当同时发表明确意见。"第47条规定："激励对象在行使权益前，董事会应当就股权激励计划设定的激励对象行使权益的条件是否成就进行审议，独立董事及监事会应当同时发表明确意见。律师事务所应当对激励对象行使权益的条件是否成就出具法律意见。"第50条规定："上市公司在股东大会审议通过股权激励方案之前可对其进行变更。变更需经董事会审议通过。上市公司对已通过股东大会审议的股权激励方案进行变更的，应当及时公告并提交股东大会审议，且不得包括下列情形：（一）导致加速行权或提前解除限售的情形；（二）降低行权价格或授予价格的情形。独立董事、监事会应当就变更后的方案是否有利于上市公司的持续发展、是否存在明显损害上市公司及全体股东利益的情形发表独立意见。律师事务所应当就变更后的方案是否符合本办法及相关法律法规的规定、是否存在明显损害上市公司及全体股东利益的情形发表专业意见。"第69条规定："上市公司实施股权激励过程中，上市公司独立董事及监事未按照本办法及相关规定履行勤勉尽责义务的，中国证监会及其派出机构采取责令改正、监管谈话、出具警示函、认定为不适当人选等措施；情节严重的，依照《证券法》予以处罚；涉嫌犯罪的，依法移交司法机关追究刑事责任。"

司及全体股东利益的情形发表独立意见,然后变更后的方案再由股东大会审议通过,且不得包括导致加速行权或提前解除限售、降低行权价格或授予价格等情形。在以上过程中,独立董事未按照《上市公司股权激励管理办法》及相关规定履行勤勉尽责义务的,中国证监会及其派出机构可以对该独立董事采取责令改正、监管谈话、出具警示函、认定为不适当人选等监管措施;情节严重的,依照《证券法》予以处罚;涉嫌犯罪的,依法移交司法机关追究刑事责任。所以,独立董事在对上市公司股权激励事项的审核中,首先要对《上市公司股权激励管理办法》确立的股权激励类型及其条件、程序以及信息披露要求有一个全面的了解,然后再根据上市公司股权激励对象及经营运行情况,对照法律规则规定的条件,对相关事项作出谨慎判断并发表独立意见。

员工持股计划是指上市公司根据员工意愿,将应付员工的工资、奖金等现金薪酬的一部分委托资产管理机构管理,通过二级市场购入本公司股票并长期持有,将股份权益按约定分配给员工的制度安排。在上市公司中推进员工持股计划有利于建立和完善劳动者与所有者的利益共享机制,改善公司治理水平,提高职工凝聚力和公司竞争力。2014年6月20日,中国证监会发布了《关于上市公司实施员工持股计划试点的指导意见》,其中的(十)要求独立董事就员工持股计划是否有利于上市公司的持续发展,是否损害上市公司及全体股东利益,公司是否以摊派、强行分配等方式强制员工参加本公司持股计划发表独立意见,该独立董事意见随董事会审议通过的员工持股计划草案的决议一起披露。所以,独立董事应当在熟悉规则并核对上市公司员工持股计划草案实际情况的基础上,按照要求发表独立意见。

管理层收购是货币资本与人力资本相结合从而完善公司治理结构、

提升公司治理质量和效率的重要手段。《公开发行证券的公司信息披露内容与格式准则第18号——被收购公司董事会报告书》要求管理层收购的被收购公司的独立董事就收购的资金来源、还款计划、管理层收购是否符合《上市公司收购管理办法》规定的条件和批准程序、收购条件是否公平合理、是否存在损害上市公司和其他股东利益的行为、对上市公司可能产生的影响等事项发表独立意见。而《上市公司收购管理办法》对上市公司管理层收购的标的公司的治理结构、独立董事占董事会成员人数的比例、董事会表决的特别程序性安排、资产评估要求、独立董事发表独立意见和独立董事意见依据的独立财务顾问报告的要求及其信息披露等均作了明确而详细的规定。[①] 独立董事在履行该职责时严格按照法定的条件和程序发表独立意见即可。

(七) 对上市公司承诺履行的变更和股票质押风险事项的审核

2013年12月27日，中国证监会发布的《上市公司监管指引第4号——上市公司实际控制人、股东、关联方、收购人以及上市公司承诺及履行》对上市公司的承诺、履行、变更和不履行承诺的法律责任作了全面规定。上市公司实际控制人、股东、关联方、收购人以及上市公司（以下简称"承诺相关方"）在首次公开发行股票、再融资、股改、并

---

① 《上市公司收购管理办法》第51条规定："上市公司董事、监事、高级管理人员、员工或者其所控制或者委托的法人或者其他组织，拟对本公司进行收购或者通过本办法第五章规定的方式取得本公司控制权（以下简称管理层收购），该上市公司应当具备健全且运行良好的组织机构以及有效的内部控制制度，公司董事会成员中独立董事的比例应当达到或者超过1/2。公司应当聘请符合《证券法》规定的资产评估机构提供公司资产评估报告，本次收购应当经董事会非关联董事作出决议，且取得2/3以上的独立董事同意后，提交公司股东大会审议，经出席股东大会的非关联股东所持表决权过半数通过。独立董事发表意见前，应当聘请独立财务顾问就本次收购出具专业意见，独立董事及独立财务顾问的意见应当一并予以公告。上市公司董事、监事、高级管理人员存在《公司法》第一百四十八条规定情形，或者最近3年有证券市场不良诚信记录的，不得收购本公司。"

购重组以及公司治理专项活动等过程中作出的解决同业竞争、资产注入、股权激励、解决产权瑕疵等各项承诺事项,必须切实得到履行,只有这样才能净化诚信的市场环境,维护上市公司整体利益。承诺相关方应当履行承诺,没有履行承诺的,应当承担相应的法律责任。对上市公司承诺履行的变更,与上市公司整体利益,尤其是中小投资者利益密切相关,因此独立董事应当对上市公司承诺履行的变更事项发表独立意见。[①] 独立董事在履行该项职责时,应关注相关变更方案在审议程序和信息披露等方面的合法合规性,以及与不变更该承诺而承担违约责任等方案相比是否更加有利于保护上市公司或者其他投资者的利益,进而发表相应结论的独立意见。

《上市公司股东股份质押(冻结或拍卖等)的公告格式》要求上市公司独立董事在控股股东存在股份被强制平仓或强制过户风险时,就是否可能导致上市公司控制权或第一大股东发生变更和对上市公司生产经营、股权结构、公司治理、业绩补偿义务履行等产生的影响两方面的内容进行核查并发表独立意见。独立董事在履行该职责时应在认真核查相关事实和材料的基础上,作出客观而独立的判断。

(八)对上市公司分红派息、公积金转增股本和股份回购事项的审核

2004年12月7日,中国证监会发布的《关于加强社会公众股股东

[①] 《上市公司监管指引第4号——上市公司实际控制人、股东、关联方、收购人以及上市公司承诺及履行》第5条规定:"因相关法律法规、政策变化、自然灾害等自身无法控制的客观原因导致承诺无法履行或无法按期履行的,承诺相关方应及时披露相关信息。除因相关法律法规、政策变化、自然灾害等自身无法控制的客观原因外,承诺确已无法履行或者履行承诺不利于维护上市公司权益的,承诺相关方应充分披露原因,并向上市公司或其他投资者提出用新承诺替代原有承诺或者提出豁免履行承诺义务。上述变更方案应提交股东大会审议,上市公司应向股东提供网络投票方式,承诺相关方及关联方应回避表决。独立董事、监事会应就承诺相关方提出的变更方案是否合法合规、是否有利于保护上市公司或其他投资者的利益发表意见。变更方案未经股东大会审议通过且承诺到期的,视同超期未履行承诺。"

权益保护的若干规定》第4条"上市公司应实施积极的利润分配办法"规定:"(一)上市公司的利润分配应重视对投资者的合理投资回报。(二)上市公司应当将其利润分配办法载明于公司章程。(三)上市公司董事会未做出现金利润分配预案的,应当在定期报告中披露原因,独立董事应当对此发表独立意见;上市公司最近三年未进行现金利润分配的,不得向社会公众增发新股、发行可转换公司债券或向原有股东配售股份。(四)存在股东违规占用上市公司资金情况的,上市公司应当扣减该股东所分配的现金红利,以偿还其占用的资金。"该规定明确了上市公司实施积极的利润分配方法的基本原则,以及违背该原则的法律后果。2012年5月4日,中国证监会发布的《关于进一步落实上市公司现金分红有关事项的通知》第3条规定:"上市公司在制定现金分红具体方案时,董事会应当认真研究和论证公司现金分红的时机、条件和最低比例、调整的条件及其决策程序要求等事宜,独立董事应当发表明确意见。股东大会对现金分红具体方案进行审议时,应当通过多种渠道主动与股东特别是中小股东进行沟通和交流,充分听取中小股东的意见和诉求,并及时答复中小股东关心的问题。"第5条又规定:"上市公司应当在定期报告中详细披露现金分红政策的制定及执行情况,说明是否符合公司章程的规定或者股东大会决议的要求,分红标准和比例是否明确和清晰,相关的决策程序和机制是否完备,独立董事是否尽职履责并发挥了应有的作用,中小股东是否有充分表达意见和诉求的机会,中小股东的合法权益是否得到充分维护等。……"2013年11月30日,中国证监会在对现行现金分红制度实施效果进行梳理评估的基础上,结合监管实践进一步修改、补充和完善了现金分红制度,制定并发布了《上市公司监管指引第3号——上市公司现金分红》,在重申以前有关上市公司现金分红相关规定的基础上，明确了证券监管机构在日常监管工作中应当重点关注的问题。[1] 上市公司的独立董事，一是要结合公司经营发展的实际情况督促上市公司研究制定其股东回报规划或者现金分红政策，并使其规定在公司章程中；二是要关注上市公司是否按照公司章程规定的回报股东的规划与政策实施利润分配，没有按照章程规定实施利润分配的是否按照相关规定履行解释和信息披露义务；三是要重点关注有能力进行现金分红而未进行现金分红或出现现金分红水平较低、大比例现金分红等异常情形时是否有利益输送或者侵害公司长远发展利益的现象。

资本公积金转增股本是用资本公积金向股东转送股票。股份公司的资本公积金主要来源于股票发行的溢价收入、接受的赠与、资产增值、因合并而接受的其他公司资产净额等，股票发行溢价是上市公司最常见，也是最主要的资本公积金的来源。公积金转增股本是在股东权益内部，把公积金转到"实收资本"或者"股本"账户，并按照投资者所持有的公司股份份额比例分到各个投资者的账户中，以此增加每个投资者

---

[1] 《上市公司监管指引第 3 号——上市公司现金分红》第 12 条规定："证券监管机构在日常监管工作中，应当对下列情形予以重点关注：（一）公司章程中没有明确、清晰的股东回报规划或者具体的现金分红政策的，重点关注其中的具体原因，相关决策程序是否合法合规，董事、监事、高级管理人员是否勤勉尽责，独立董事是否出具了明确意见等；（二）公司章程规定不进行现金分红的，重点关注该等规定是否符合公司的实际情况，是否进行了充分的自我评价，独立董事是否出具了明确意见等；（三）公司章程规定了现金分红政策，但无法按照既定现金分红政策确定当年利润分配方案的，重点关注公司是否按照要求在年度报告中披露了具体原因，相关原因与实际情况是否相符合，独立董事是否出具了明确意见等；（四）上市公司在年度报告期内有能力分红但不分红尤其是连续多年不分红或者分红水平较低的，重点关注其有关审议通过年度报告的董事会公告中是否详细披露了未进行现金分红或现金分红水平较低的原因，相关原因与实际情况是否相符合，持续关注留存未分配利润的确切用途以及收益情况，独立董事是否对未进行现金分红或现金分红水平较低的合理性发表独立意见，是否按照规定为中小股东参与决策提供了便利等；（五）上市公司存在大比例现金分红等情形的，重点关注相关决策程序是否合法合规，董事、监事及高级管理人员是否勤勉尽责，独立董事是否出具了明确意见，是否按照规定为中小股东参与决策提供了便利，是否存在明显不合理或相关股东滥用股东权利不当干预公司决策等情形。"

的投入资本。因此，转增股本不是利润分配，只是公司增加股本的行为，它的来源是上市公司的资本公积金，股东的权益并没有改变，更不会影响公司的总资产和总负债。但是，资本公积金转增股本，将公司的留存收益转入股本账户，使每股所拥有的权益同比例地下降了，并且，如果公司下年度的经营状况与上年度相比变化不大的话，则下年度的每股收益与每股净资产均有摊薄效应，势必会影响下年度的利润分配以及下年度的每股盈利指标，这与上市公司的长远发展和中小投资者的利益紧密相关。所以，《上市公司独立董事履职指引》第33条第5项规定："独立董事就公司制定资本公积金转增股本预案发表独立意见的，在审议公司制定资本公积金转增股本预案时应关注相关预案是否有利于公司的长期发展，是否可能损害中小投资者的利益。"

股份回购是指公司收购本公司已发行的股份，是国际通行的公司实施并购重组、优化治理结构、稳定股价的重要手段。它对于优化资本结构、稳定公司控制权、提升公司的价值、健全投资者回报均具有重要价值，已成为资本市场的一项基础性制度安排。2018年10月26日，第十三届全国人大常委会第六次会议审议通过了对《公司法》的修正，针对《公司法》股份回购制度原有规定存在的允许股份回购的情形较少、实施程序较为复杂、回购后公司持有的期限较短、难以适应公司特别是上市公司股份回购的实际需要等问题，从四个方面作了修改、完善：一是补充完善允许股份回购的情形。将原规定中"将股份奖励给本公司职工"这一情形修改为"将股份用于员工持股计划或者股权激励"，并增加"将股份用于转换上市公司发行的可转换为股票的公司债券"和"上市公司为维护公司价值及股东权益所必需"两种情形。二是适当简化股份回购的决策程序，提高公司持有本公司股份的数额上限，延长公司持有所回购股份的期限。规定公司因将股份用于员工持股计划或者股权激励、用于转换上市公司发行的可转换为股票的公司债券；以及上市公司为维护公司价值及股东权益所必需而收购本公司股份的，可以依照公司章程的规定或者股东大会的授权，经三分之二以上董事出席的董事会会议决议，不必经股东大会决议。因上述情形收购本公司股份的，公司合计持有的本公司股份数不得超过本公司已发行股份总额的百分之十，并应当在三年内转让或者注销。三是补充上市公司股份回购的规范要求。为防止上市公司滥用股份回购制度，引发操纵市场、内幕交易等利益输送行为，增加规定上市公司收购本公司股份的，应当依照《证券法》的规定履行信息披露义务；除国家另有规定外，上市公司收购本公司股份的，应当通过公开的集中交易方式进行。四是根据实际情况和需要，删去了原来关于公司因奖励职工收购本公司股份，用于收购的资金应当从公司的税后利润中支出的规定。因为上市公司股份回购涉及股东的收益和利益，所以沪深证券交易所制定的《上市公司回购股份实施细则》均要求上市公司董事会审议通过回购股份方案后，应当及时披露董事会决议、回购股份方案、独立董事意见和其他相关材料，独立董事对上市公司回购股份的方案发表独立意见成为一项法定职责。那么，独立董事应如何履行该项职责呢？《上市公司独立董事履职指引》第33条第8项提供了标准的行为范式[①]，总结起来就是独立董事要对上市公司回购股份的合法性、必要性和可行性发表独立意见。

---

① 《上市公司独立董事履职指引》第33条第8项规定："独立董事应当就上市公司以集中竞价交易方式回购股份事项发表独立意见。对于上市公司回购事项，独立董事应当关注回购方案是否符合相关法律、法规、规章及规则的规定，并可以结合回购股份的目的、股价表现、公司价值分析等因素分析回购的必要性，结合回购股份所需资金及其来源等因素分析回购股份方案的可行性。"

（九）对聘任、解聘、提名与任免高级管理人员及薪酬决定事项的审核

《公司法》第46条将"决定聘任或者解聘公司经理及其报酬事项，并根据经理的提名决定聘任或者解聘公司副经理、财务负责人及其报酬事项"列为公司董事会的职权之一；《指导意见》第6条又规定，独立董事应当就提名、任免董事，聘任或解聘高级管理人员以及决定公司董事、高级管理人员的薪酬等事项向董事会或股东大会发表独立意见。这样一来，对上市公司董事和高级管理人员的聘任、解聘及其任职的薪酬决定发表独立意见就成了独立董事的一项法定职责。

董事和高级管理人员的选聘有何标准和依据可以遵循呢？首先是《公司法》规定的董事、监事和高级管理人员的任职条件[①]和选聘程序[②]，独立董事依据公司董事和高级管理人员的任职条件与相关程序标准进行审核。其次，其他法律法规和规章制度对董事和高级管理人员的

---

① 《公司法》第146条规定了董事、监事和高级管理人员的否定性资格："有下列情形之一的，不得担任公司的董事、监事、高级管理人员：（一）无民事行为能力或者限制民事行为能力；（二）因贪污、贿赂、侵占财产、挪用财产或者破坏社会主义市场经济秩序，被判处刑罚，执行期满未逾五年，或者因犯罪被剥夺政治权利，执行期满未逾五年；（三）担任破产清算的公司、企业的董事或者厂长、经理，对该公司、企业的破产负有个人责任的，自该公司、企业破产清算完结之日起未逾三年；（四）担任因违法被吊销营业执照、责令关闭的公司、企业的法定代表人，并负有个人责任的，自该公司、企业被吊销营业执照之日起未逾三年；（五）个人所负数额较大的债务到期未清偿。公司违反前款规定选举、委派董事、监事或者聘任高级管理人员的，该选举、委派或者聘任无效。董事、监事、高级管理人员在任职期间出现本条第一款所列情形的，公司应当解除其职务。"

② 《公司法》第37条第1款第2项规定"选举和更换非由职工代表担任的董事、监事，决定有关董事、监事的报酬事项"是股东会的职权之一；第46条第9项又规定"决定聘任或者解聘公司经理及其报酬事项，并根据经理的提名决定聘任或者解聘公司副经理、财务负责人及其报酬事项"为公司董事会的职权之一。《指导意见》第6条第1项规定，独立董事在提名或者任免董事、聘任或解聘高级管理人员、决定公司董事和高级管理人员的薪酬事项上应该分别在董事会或者股东会上发表独立意见。

任职规定了特定的条件,如《指导意见》第 2 条、第 3 条对上市公司独立董事的任职条件和独立性作了规定,证券交易所对董事与高级管理人员的任职条件作了规定。[①]独立董事在提名或任免、聘任或解聘上市公司董事与高级管理人员时,应当根据提名或者候选人提供的个人信息,依据法律、法规、规章和规范性文件的相关规定作出独立判断。

独立董事除要对董事和高级管理人员的提名或任免、聘任或解聘发表独立意见外,《深圳证券交易所上市公司规范运作指引》第 3.2.13 条还规定:"董事长、总经理在任职期间离职,上市公司独立董事应当对董事长、总经理离职原因进行核查,并对披露原因与实际情况是否一致以及该事项对公司的影响发表意见。独立董事认为必要时,可以聘请中介机构进行离任审计,费用由公司承担。"此处的核查主要是一个对离职原因的事实判断,独立董事依据其核查的相关事实而发表独立和客观的意见。

[①] 例如,《深圳证券交易所上市公司规范运作指引》第 3.2.3 条规定:"董事、监事和高级管理人员候选人存在下列情形之一的,不得被提名担任上市公司董事、监事和高级管理人员:(一)《公司法》第一百四十六条规定的情形之一;(二)被中国证监会采取证券市场禁入措施,期限尚未届满;(三)被证券交易所公开认定为不适合担任上市公司董事、监事和高级管理人员,期限尚未届满;(四)本所规定的其他情形。董事、监事和高级管理人员候选人存在下列情形之一的,公司应当披露该候选人具体情形、拟聘请该候选人的原因以及是否影响公司规范运作:(一)最近三年内受到中国证监会行政处罚;(二)最近三年内受到证券交易所公开谴责或者三次以上通报批评;(三)因涉嫌犯罪被司法机关立案侦查或者涉嫌违法违规被中国证监会立案调查,尚未有明确结论意见;(四)被中国证监会在证券期货市场违法失信信息公开查询平台公示或者被人民法院纳入失信被执行人名单。上述期间,应当以公司董事会、股东大会等有权机构审议董事、监事和高级管理人员候选人聘任议案的日期为截止日。"

第四章

受关注的独立董事履职行为

第一节　对独立董事实施的行政处罚

一、独立董事受到行政处罚的总体状况

独立董事受行政处罚，一方面是因为其履职行为触犯了法律法规和规范性文件中的禁止性规定，是违法性行为；另一方面是因为该违法行为造成了一定的社会危害，属于应承担相应法律责任的应受处罚性行为。独立董事因职务行为受到行政处罚，不仅表明该行为受到了否定性评价，而且对独立董事的声誉和利益产生不好的影响，还对独立董事此后的职（执）业产生不利影响——三年之内不能再担任上市公司的董事、监事和高级管理人员。当然，独立董事因哪种类型的履职行为受到行政处罚，也反映了监管机构对独立董事履职行为关注的重点在哪里，这样，独立董事受到行政处罚的行为类型成为一面独立董事履职的"镜

子"而受到广泛关注。

中国证监会对上市公司进行行政处罚的案例中，以上市公司造成实质且有重大影响的违规事项为主要关注点。按《证券法》对信息披露及重大事件的相关定义及分类，笔者将独立董事受到行政处罚的案例分为定期报告或招股书的财务信息披露不真实、重大事件披露不真实（包括隐瞒、遗漏或误导）、定期报告不披露或者延迟披露以及独立董事个人的内幕交易或短线交易四大基本类型。其中，重大事件披露不真实，根据《证券法》对重大事件的具体规定，分为隐瞒关联关系与关联交易，关联方非经营性占用资金或重大担保事项未披露，重大诉讼或仲裁未披露，重大债务到期未清偿且未披露，上市公司及董事、监事和高级管理人员违法犯罪未披露，隐瞒重大投资或者协议行为，实际控制关系的确认与股权代持等股权结构变化的虚假披露七个子类型。

二、独立董事受到行政处罚的职务行为类型与典型案例

（一）财务信息披露不真实

考虑到独立董事职业群体中有担任拟上市公司独立董事的情况，《证券法》区分欺诈上市和上市公司虚假陈述的违法行为，并设定了不同的行为模式和法律责任：因欺诈上市而予以行政处罚的法律依据在2005年《证券法》中的具体规定是第13条[①]、第20条[②]和第

[①] 2005年《证券法》第13条规定："公司公开发行新股，应当符合下列条件：（一）具备健全且运行良好的组织机构；（二）具有持续盈利能力，财务状况良好；（三）最近三年财务会计文件无虚假记载，无其他重大违法行为；（四）经国务院批准的国务院证券监督管理机构规定的其他条件。上市公司非公开发行新股，应当符合经国务院批准的国务院证券监督管理机构规定的条件，并报国务院证券监督管理机构核准。"

[②] 2005年《证券法》第20条规定："发行人向国务院证券监督管理机构或者国务院授权的部门报送的证券发行申请文件，必须真实、准确、完整。为证券发行出具有关文件的证券服务机构和人员，必须严格履行法定职责，保证其所出具文件的真实性、准确性和完整性。"

189条①，2019年《证券法》第12条、第19条和第181条的规定进一步明确并强化了欺诈上市的法律责任。②对上市公司财务信息披露不真实是按照虚假陈述来追究法律责任的，独立董事因此而受到行政处罚的法律依据在2005年《证券法》中的具体规定是第63条、第68条和第193条的规定，2019年《证券法》相关条文予以进一步强化。③这两种

---

① 2005年《证券法》第189条规定："发行人不符合发行条件，以欺骗手段骗取发行核准，尚未发行证券的，处以三十万元以上六十万元以下的罚款；已经发行证券的，处以非法所募资金金额百分之一以上百分之五以下的罚款。对直接负责的主管人员和其他直接责任人员处以三万元以上三十万元以下的罚款。发行人的控股股东、实际控制人指使从事前款违法行为的，依照前款的规定处罚。"

② 2019年《证券法》第12条规定："公司首次公开发行新股，应当符合下列条件：（一）具备健全且运行良好的组织机构；（二）具有持续经营能力；（三）最近三年财务会计报告被出具无保留意见审计报告；（四）发行人及其控股股东、实际控制人最近三年不存在贪污、贿赂、侵占财产、挪用财产或者破坏社会主义市场经济秩序的刑事犯罪；（五）经国务院批准的国务院证券监督管理机构规定的其他条件。上市公司发行新股，应当符合经国务院批准的国务院证券监督管理机构规定的条件，具体管理办法由国务院证券监督管理机构规定。公开发行存托凭证的，应当符合首次公开发行新股的条件以及国务院证券监督管理机构规定的其他条件。"第19条规定："发行人报送的证券发行申请文件，应当充分披露投资者作出价值判断和投资决策所必需的信息，内容应当真实、准确、完整。为证券发行出具有关文件的证券服务机构和人员，必须严格履行法定职责，保证所出具文件的真实性、准确性和完整性。"第181条规定："发行人在其公告的证券发行文件中隐瞒重要事实或者编造重大虚假内容，尚未发行证券的，处以二百万元以上二千万元以下的罚款；已经发行证券的，处以非法所募资金金额百分之十以上一倍以下的罚款。对直接负责的主管人员和其他直接责任人员，处以一百万元以上一千万元以下的罚款。发行人的控股股东、实际控制人组织、指使从事前款违法行为的，没收违法所得，并处以违法所得百分之十以上一倍以下的罚款；没有违法所得或者违法所得不足二千万元的，处以二百万元以上二千万元以下的罚款。对直接负责的主管人员和其他直接责任人员，处以一百万元以上一千万元以下的罚款。"从罚款的数额来看，2019年《证券法》加大了对该类违法行为的处罚力度。

③ 2005年《证券法》第63条的规定是："发行人、上市公司依法披露的信息，必须真实、准确、完整，不得有虚假记载、误导性陈述或者重大遗漏。"第68条的规定是："上市公司董事、高级管理人员应当对公司定期报告签署书面确认意见。上市公司监事会应当对董事会编制的公司定期报告进行审核并提出书面审核意见。上市公司董事、监事、高级管理人员应当保证上市公司所披露的信息真实、准确、完整。"第193条的规定是："发行人、上市公司或者其他信息披露义务人未按照规定披露信息，或者所披露的信息有虚假记载、误导性陈述或者重大遗漏的，责令改正，给予警告，并处以三十万元以上六十万元以下的罚款。对直接负责的主管人员和其他直接责任

类型的违法行为在行为模式、责任追究的逻辑和具体规定方面差异较大，下文先介绍因欺诈上市而被退市的欣泰电气案。

2016年7月5日，中国证监会行政处罚决定书（〔2016〕84号）针对欣泰电气欺诈上市和上市公司定期报告的虚假陈述分别作出行政处罚。其中，该处罚决定书针对欣泰电气欺诈上市的处罚决定认定如下：

> 为实现发行上市目的，解决欣泰电气应收账款余额过大问题，欣泰电气总会计师刘某某向公司董事长、实际控制人温某某建议在会计期末以外部借款减少应收账款，并于下期初再还款冲回。二人商议后，温某某同意并与刘某某确定主要以银行汇票背书转让形式进行冲减。在申请至取得公司股份发行上市前的财务报告期间（2011年12月至2013年6月），欣泰电气通过外部借款、使用自有资金或伪造银行单据的方式虚构应收账款的收回，在年末、半年末等会计期末冲减应收款项（大部分在下一会计期期初冲回），致使其在向中国证监会报送的公开发行股票并在创业板上市的申请文件中相关财务数据存在虚假记载。欣泰电气将包含虚假财务数据的公开发行股票并在创业板上市的申请文件报送中国证监会并获得中国证监会核准的行为，违反了《证券法》第十三条关于公开发行新股

人员给予警告，并处以三万元以上三十万元以下的罚款。发行人、上市公司或者其他信息披露义务人未按照规定报送有关报告，或者报送的报告有虚假记载、误导性陈述或者重大遗漏的，责令改正，给予警告，并处以三十万元以上六十万元以下的罚款。对直接负责的主管人员和其他直接责任人员给予警告，并处以三万元以上三十万元以下的罚款。发行人、上市公司或者其他信息披露义务人的控股股东、实际控制人指使从事前两款违法行为的，依照前两款的规定处罚。"2019年《证券法》第78条、第82条和第197条的规定在保持原有的信息披露义务人信息披露义务和法律责任的框架的同时，进一步加重了信息披露义务人（包括独立董事）的法律责任。

应当符合的条件中"最近三年财务会计文件无虚假记载,无其他重大违法行为"和第二十条第一款"发行人向国务院证券监督管理机构或者国务院授权的部门报送的证券发行申请文件,必须真实、准确、完整"的规定,构成《证券法》第一百八十九条所述"发行人不符合发行条件,以欺骗手段骗取发行核准"的行为。

对欣泰电气欺诈上市的违法行为,独立董事宋某某、赵某某、蒋某某是其他直接责任人员,中国证监会依据2005年《证券法》第189条的规定给予宋某某(审计委员会主任)5万元罚款的处罚,给予赵某某和蒋某某3万元罚款的处罚。

就在这一份行政处罚决定书中,中国证监会对欣泰电气上市后的虚假陈述的相关主体也作出了处罚决定。欣泰电气上市后继续通过外部借款或者伪造银行单据的方式虚构应收账款的收回,在年末、半年末等会计期末冲减应收款项(大部分在下一会计期期初冲回),导致其披露的2013年、2014年年度和2014年半年度报告的财务数据存在虚假记载,同时还存在2014年年度报告对实际控制人与公司之间的关联交易事项披露遗漏的情况。中国证监会认为欣泰电气披露的2013年年度报告、2014年半年度报告、2014年年度报告存在虚假记载及2014年年度报告存在重大遗漏的行为,违反了2005年《证券法》第63条有关"发行人、上市公司依法披露的信息,必须真实、准确、完整,不得有虚假记载、误导性陈述或者重大遗漏"的规定,构成2005年《证券法》第193条规定的"发行人、上市公司或者其他信息披露义务人未按照规定披露信息,或者披露的信息有虚假记载、误导性陈述或者重大遗漏"的违法行为。对欣泰电气该项违法行为,独立董事宋某某、赵某某和蒋某某是其他直接责任人员，中国证监会依据2005年《证券法》第193条的规定，分别给予其警告并处以3万元罚款的行政处罚。

在上述案例中，中国证监会针对欣泰电气在上市前后的财务信息披露不真实的违法行为分别按照欺诈上市和虚假陈述违法行为给予处罚。当然，实践中也存在虽然上市前后均存在财务会计报告虚假记载，但是中国证监会仅仅按照虚假陈述这一种违法行为给予处罚的情形，典型的案例就是登云股份虚假陈述案。

登云股份的前身是成立于1971年的广东肇庆怀集县汽配厂，是一家专注于汽车发动机进排气门系列产品的研发、生产与销售的企业，2008年改制并整体变更为股份有限公司。2012年登云股份向中国证监会申请股份公开发行并上市。2014年2月14日该公司在深圳证券交易所中小板正式挂牌上市，成为国内发动机气门行业第一家上市公司。登云股份上市的时间与欣泰电气在深圳证券交易所创业板上市的时间（2014年1月3日）很近。

2015年10月20日，登云股份收到中国证监会的"协助调查通知书"，被告知登云股份涉嫌信息披露违法违规，根据2005年《证券法》的有关规定，中国证监会决定对登云股份展开立案调查。2017年5月31日，中国证监会作出行政处罚决定书（〔2017〕60号）。该处罚决定认定登云股份首次公开发行股票并在中小板上市的申请文件（2010年至2013年6月期间）存在财务信息披露不真实、不准确的问题，具体是指登云股份在此期间的财务报告存在部分"三包"索赔费、咨询服务费、会务费不入账，以及票据贴现费用不入账、提前确认收入等情形，包括：2012年有5万元深圳市虎翼投资咨询有限公司的咨询服务费未入账；2013 年有 5 万元上海国馨会务服务有限公司的会务费未入账；2011 年至 2013 年 6 月，涉及一汽解放汽车有限公司无锡柴油机厂等 12 家客户的"三包"索赔费未入账，总金额为 9 713 764.84 元；2013 年 1 月至 6 月，登云股份让江苏申源特钢有限公司代为贴现银行承兑汇票，产生贴现利息 457 280 元，未确认为当期财务费用；登云股份美国子公司 2013 年半年度报告提前确认收入 2 398 637.03 元，导致登云股份合并报表提前确认利润 949 612.22 元。不过，剔除虚增的利润等指标，将公司的会计报表进行回溯调整，登云股份的收入、利润等会计指标仍然符合公司股份发行并上市的条件，而且登云股份的财务管理整体比较规范，该财务会计文件的信息披露文件失真的数额不大，情节轻微，危害不大，尚不构成 2005 年《证券法》所规定的欺诈发行，故中国证监会没有将登云股份在股份发行并上市申请文件中财务信息披露失真的行为认定为欺诈上市，而是认定为虚假陈述的违法行为，连同 2013 年年度报告、2014 年年度报告、2015 年第一季度报告存在虚假记载和重大遗漏的违法行为，认定其违反了 2005 年《证券法》第 63 条有关"发行人、上市公司依法披露的信息，必须真实、准确、完整，不得有虚假记载、误导性陈述或者重大遗漏"的规定，构成 2005 年《证券法》第 193 条第 1 款规定的"发行人、上市公司或者其他信息披露义务人未按照规定披露信息，或者披露的信息有虚假记载、误导性陈述或者重大遗漏"的行为，并给予在发行上市申请文件上签字并在上市后签署过 2013 年年度报告的独立董事刘某某、李某、魏某某、奚某某警告并处以 9 万元罚款的行政处罚，给予上市后签署过 2014 年年度报告和 2015 年第一季度报告的独立董事苏某某、张某某、许某某警告并处以 5 万元罚款的行政处罚。

从中国证监会对登云股份独立董事的处罚决定来看，虽然该公司股份发行并上市申请文件的财务信息披露不真实、不准确与不完整没有被认定为欺诈上市，但是该违法行为被认定为信息披露虚假陈述的违法行为，中国证监会依据 2005 年《证券法》第 193 条有关虚假陈述的规定单独给予相关主体相应的行政处罚。因为对该公司上市前后的虚假陈述行为的认定与处罚是分别进行的，所以上市前后均担任并有这两类违法行为的独立董事就面临着这两个违法行为被分别处罚并合并计算的结果了。

同样是上市前后财务信息披露均不真实的欣泰电气，虽然在对其历年公告的财务报表进行追溯调整后相关年度的净利润财务指标仍然符合 2009 年《首次公开发行股票并在创业板上市管理暂行办法》* 所规定的财务指标要求，但是由于其违法的主观恶意大、违法行为持续的时间长、伪造财务数据的数额大，所以当欣泰电气在其答辩意见中基于这一事实和证据提出其不构成 2005 年《证券法》第 189 条规定的"发行人不符合发行条件，以欺骗手段骗取发行核准"的行为时，中国证监会还是坚持认为："公开发行新股不仅要符合《首次公开发行股票并在创业板上市管理暂行办法》规定的财务指标，更要符合《证券法》第十三条规定的'最近三年财务会计文件无虚假记载，无其他重大违法行为'的条件。欣泰电气在报送的股票公开发行并上市的申请文件中，相关年度财务数据存在虚假记载，不符合《证券法》第十三条规定的发行条件，应当按照《证券法》第一百八十九条予以处罚。"在欣泰电气被认定为欺诈上市后，不仅该公司因此被退市，而且时任独立董事因被认定为

---

* 该办法已失效。——编辑注

"其他直接责任人员"而受到处罚。

独立董事因为财务信息披露不真实受到行政处罚时，监管机构关注的重点是申报文件或者定期报告信息披露不真实的虚假陈述行为，而财务数据失真只是虚假陈述的内容，所以据此而受到行政处罚的独立董事所提出的作为外部董事没有参与公司经营及财务造假的违法行为，公司管理层没有如实向董事汇报其财务处理与财务造假的情况，因而其对财务造假行为不知情，作为非会计专业人士对财务造假行为不理解，也不可能发现其中的问题，对相关文件的签署是基于对审计机构的合理信任，对财务造假首先应当处罚的是审计机构而不是独立董事等减免处罚的理由，均因为不符合当时有效的《行政处罚法》第 27 条[①]规定的法定从轻、减轻或者免除处罚的条件或者混淆了会计责任与审计责任，而未被监管机构采纳。

现行的法律规范有逐步加大欺诈上市和虚假陈述直接责任人员的法律责任的趋势。首先，2019 年《证券法》在 2005 年《证券法》的相关规定的基础上强化了上市公司信息披露的责任，加大了对欺诈上市和虚假陈述的处罚力度。在对欺诈上市的规定与处罚方面，2019 年《证券

---

① 1996 年制定的《行政处罚法》经历 2009 年和 2017 年的修正后，其中第 27 条的规定均未改变，其规定："当事人有下列情形之一的，应当依法从轻或者减轻行政处罚：（一）主动消除或者减轻违法行为危害后果的；（二）受他人胁迫有违法行为的；（三）配合行政机关查处违法行为有立功表现的；（四）其他依法从轻或减轻行政处罚的。违法行为轻微并及时纠正，没有造成危害后果的，不予行政处罚。"2021 年 1 月 22 日《行政处罚法》修改时将第 27 条修改为第 32 条和第 33 条。第 32 条规定："当事人有下列情形之一，应当从轻或者减轻处罚：（一）主动消除或者减轻违法行为危害后果的；（二）受他人胁迫或者诱骗实施违法行为的；（三）主动供述行政机关尚未掌握的违法行为的；（四）配合行政机关查处违法行为有立功表现的；（五）法律、法规、规章规定其他应当从轻或减轻行政处罚的。"第 33 条规定："违法行为轻微并及时改正，没有造成危害后果的，不予行政处罚。初次违法且危害后果轻微并及时改正的，可以不予行政处罚。当事人有证据足以证明没有主观过错的，不予行政处罚。法律、行政法规另有规定的，从其规定。对当事人的违法行为依法不予行政处罚的，行政机关应当对当事人进行教育。"

法》一方面在该法第 12 条将公司首次公开发行新股应当符合条件中的"具有持续盈利能力，财务状况良好"修改为"具有持续经营能力"，将比较模糊的条件"最近三年财务会计文件无虚假记载，无其他重大违法行为"修改为更加确定的条件"最近三年财务会计报告被出具无保留意见审计报告"，增加了条件"发行人及其控股股东、实际控制人最近三年不存在贪污、贿赂、侵占财产、挪用财产或者破坏社会主义市场经济秩序的刑事犯罪"，从而使公司股票发行上市的条件更加明确，为欺诈上市的行为认定提供了标准。另一方面，该法在第 181 条将欺诈上市的"其他直接责任人员"的处罚标准由此前的"三万元以上三十万元以下的罚款"修改为"一百万元以上一千万元以下的罚款"，从而加重了法律责任。在关于虚假陈述的法律责任的规定中，2019 年《证券法》对独立董事这一类其他直接责任人员的罚款数额由 2005 年《证券法》规定的 3 万元至 30 万元的一般罚款幅度提高到了未依法履行信息披露义务时的罚款 20 万元至 200 万元和信息披露有虚假记载、误导性陈述或者重大遗漏时的罚款 50 万元至 500 万元两个档次与幅度，可见，其法律责任明显加重了。其次，《刑法》第 160 条[1]

---

[1] 《刑法》第 160 条是对欺诈发行证券罪的规定："在招股说明书、认股书、公司、企业债券募集办法等发行文件中隐瞒重要事实或者编造重大虚假内容，发行股票或者公司、企业债券、存托凭证或者国务院依法认定的其他证券，数额巨大、后果严重或者有其他严重情节的，处五年以下有期徒刑或者拘役，并处或者单处罚金；数额特别巨大、后果特别严重或者有其他特别严重情节的，处五年以上有期徒刑，并处罚金。控股股东、实际控制人组织、指使实施前款行为的，处五年以下有期徒刑或者拘役，并处或者单处非法募集资金金额百分之二十以上一倍以下罚金；数额特别巨大、后果特别严重或者有其他特别严重情节的，处五年以上有期徒刑，并处非法募集资金金额百分之二十以上一倍以下罚金。单位犯前两款罪的，对单位判处非法募集资金金额百分之二十以上一倍以下罚金，并对其直接负责的主管人员和其他直接责任人员，依照第一款的规定处罚。"

和第 161 条①对欺诈发行证券罪和违规披露、不披露重要信息罪作了明确规定，最高人民检察院、公安部《关于公安机关管辖的刑事案件立案追诉标准的规定（二）》第 5 条②和第 6 条③规定，财务信息披露不真实达到一定的标准，上市公司的直接主管人员和其他直接责任人员还要承担相应的刑事责任。实践中已有违规披露重要信息罪的相应判决。④

---

① 《刑法》第 161 条是对违规披露、不披露重要信息罪的规定："依法负有信息披露义务的公司、企业向股东和社会公众提供虚假的或者隐瞒重要事实的财务会计报告，或者对依法应当披露的其他重要信息不按照规定披露，严重损害股东或者其他人利益，或者有其他严重情节的，对其直接负责的主管人员和其他直接责任人员，处五年以下有期徒刑或者拘役，并处或者单处罚金；情节特别严重的，处五年以上十年以下有期徒刑，并处罚金。前款规定的公司、企业的控股股东、实行控制人实施或者组织、指使实施前款行为的，或者隐瞒相关事项导致前款规定的情形发生的，依照前款的规定处罚。犯前款罪的控股股东、实际控制人是单位的，对单位判处罚金，并对其直接负责的主管人员和其他直接责任人员，依照第一款的规定处罚。"

② 最高人民检察院、公安部《关于公安机关管辖的刑事案件立案追诉标准的规定（二）》第 5 条规定："在招股说明书、认股书、公司、企业债券募集办法中隐瞒重要事实或者编造重大虚假内容，发行股票或者公司、企业债券，涉嫌下列情形之一的，应予立案追诉：（一）发行数额在五百万元以上的；（二）伪造、变造国家机关公文、有效证明文件或者相关凭证、单据的；（三）利用募集的资金进行违法活动的；（四）转移或者隐瞒所募集资金的；（五）其他后果严重或者有其他严重情节的情形。"

③ 最高人民检察院、公安部《关于公安机关管辖的刑事案件立案追诉标准的规定（二）》第 6 条规定："依法负有信息披露义务的公司、企业向股东和社会公众提供虚假的或者隐瞒重要事实的财务会计报告，或者对依法应当披露的其他重要信息不按照规定披露，涉嫌下列情形之一的，应予立案追诉：（一）造成股东、债权人或者其他人直接经济损失数额累计在五十万元以上的；（二）虚增或者虚减资产达到当期披露的资产总额百分之三十以上的；（三）虚增或者虚减利润达到当期披露的利润总额百分之三十以上的；（四）未按照规定披露的重大诉讼、仲裁、担保、关联交易或者其他重大事项所涉及的数额或者连续十二个月的累计数额占净资产百分之五十以上的；（五）致使公司发行的股票、公司债券或者国务院依法认定的其他证券被终止上市交易或者多次被暂停上市交易的；（六）致使不符合发行条件的公司、企业骗取发行核准并且上市交易的；（七）在公司财务会计报告中将亏损披露为盈利，或者将盈利披露为亏损的；（八）多次提供虚假的或者隐瞒重要事实的财务会计报告，或者多次对依法应当披露的其他重要信息不按照规定披露的；（九）其他严重损害股东、债权人或者其他人利益，或者有其他严重情节的情形。"

④ 2020 年 4 月 10 日，上海市第三中级人民法院对中毅达（600610）违规披露重要信息案所涉直接负责的主管人员和部分其他直接责任人员（直接参与的高级管理人员）作出了刑事判决。目前还没有对独立董事这一类其他直接责任人员判处刑罚的案例，但是对独立董事这一类其他直接责任人员判处刑罚也是有相应的法律依据的。

这也是加重对该类信息披露违规行为的处罚的重要体现。

面对如此严重的法律责任，上市公司的独立董事在履职过程中该如何应对这种风险呢？首先，因为受刑事追诉的欺诈发行股票、债券犯罪行为和违规披露、不披露重要信息犯罪行为主要是故意行为，所以独立董事尽量不要主动以"专家"或者"顾问"的身份为上市公司提供"非专业"或者"片面的"意见或者建议，甚至主动参与欺诈上市或者虚假陈述犯罪行为，把守住不违法不犯罪的履职底线。其次，财务造假所采用的手段与方式主要有虚增（构）补贴与收入、少计成本（利息、减值准备、补偿等）、违规确认收入、跨期确认收入并调节利润、关联交易非关联化、费用资本化等，此类手段与方式专业又隐蔽，未经过专业训练并勤勉尽责履职是很难发现其中的问题的。这一方面体现出独立董事的会计专业化水平和勤勉尽责度的重要性，另一方面也印证了独立董事职业选择中团队成员（尤其是会计专业人士）的知识结构、经验与能力搭配和选择的重要性。再次，从雅百特利用海外项目现场核查有难度的现实而构建资金循环，制造海外回款的假象，以伪造项目工程进度单、人工成本计算单、材料成本和海关报关单等证据的手段实施财务造假，以及最近几年出现的以政府补贴的形式掩盖大股东捐赠与资助，从而操纵上市公司利润的本质，虚构客户数量或者以客户流量代替应收款项等新型财务造假行为来看，独立董事中的财务会计专业人士需要更加注重新型业务模式的会计处理问题，研究学习新政策与新业务，做到与时俱进地防范该类虚假陈述的风险。最后，独立董事应抓住年度报告预审沟通会的机会，充分了解并领会审计师在没有上市公司人员参加的单独沟通会上对公司整体审计进度与安排、重要审计事项、重点关注事项和公司整体的财务会计风险等内容的表述与交流，也对这些事项是否如实披露给予充分关注。

(二) 隐瞒关联关系和关联交易

因隐瞒关联关系和关联交易而使独立董事受到行政处罚的典型案例是上海家化案。

2015年6月9日,中国证监会上海证监局针对上海家化隐瞒关联关系和关联交易的信息披露违法行为作出行政处罚决定书(沪〔2015〕4号),该行政处罚决定书认定如下:

2008年,上海家化时任董事长葛某某安排上海家化退休职工管理委员会(以下简称"上海家化退管会")等单位和个人投资吴江市黎里沪江日用化学品厂(以下简称"沪江日化"),同时约定成立沪江日化管理委员会(以下简称"沪江日化管委会")行使董事会相关职权。在2009年2月至2012年12月期间,上海家化时任副总经理宣某同时兼任沪江日化管委会成员。依据《上市公司信息披露管理办法》第七十一条第(三)项,并参照《上海证券交易所股票上市规则(2008年修订)》第10.1.3条第(三)项和第10.1.5条第(二)项、《上海证券交易所股票上市规则(2012年修订)》第10.1.3条第(三)项和第10.1.5条第(二)项的规定,上海家化与沪江日化在上述期间构成关联关系。在此期间,上海家化与沪江日化之间年度发生的采购、销售及资金拆借等关联交易金额达2.81亿元至5.54亿元不等,占上海家化当年年末净资产的25.64%至36.12%不等,该关联交易金额已分别达到2009年至2012年年度报告的披露标准,但上海家化对于与沪江日化构成关联关系以及关联交易情况均未予以披露。上海家化上述行为违反了

《证券法》第六十三条关于"发行人、上市公司依法披露的信息，必须真实、准确、完整，不得有虚假记载、误导性陈述或者重大遗漏"的规定，构成了《证券法》第一百九十三条第一款"发行人、上市公司或者其他信息披露义务人未按照规定披露信息，或者所披露的信息有虚假记载、误导性陈述或者重大遗漏"的行为。

时任独立董事是该违法行为的其他直接责任人员，依据2005年《证券法》第193条的规定而分别受到警告并处3万元罚款的行政处罚。

同样是信息披露不真实的违法行为，临时报告和定期报告信息披露不真实受处罚的依据和相关认定标准是有很大差异的。对定期报告信息披露不真实的违法行为处罚的依据是2005年《证券法》第63条、第68条和第193条的规定①，参考依据是《公开发行证券的公司信息披露内容与格式准则第2号——年度报告的内容与格式》（2017年修订）关于"公司应当披露报告期内发生的重大关联交易事项。若对于某一关联方，报告期内累计关联交易总额高于3 000万元（创业板公司披露标准为1 000万元）且占公司最近一期经审计净资产值5%以上，应当按照以下发生关联交易的不同类型分别披露……"的规定，信息披露的对象是定期报告的所有内容，标准是真实、准确和完整，处罚的逻辑是董事和高级管理人员应当监督并确保信息披露文件的真实、准确和完整，如果

---

① 2005年《证券法》规定的对上市公司定期报告虚假陈述行为进行行政处罚的法律依据与逻辑体现在其第63条、第68条和第193条中。第63条概括性地要求"发行人、上市公司依法披露的信息，必须真实、准确、完整，不得有虚假记载、误导性陈述或者重大遗漏"。第68条又明确了上市公司董事和高级管理人员的签字确认和监督责任："上市公司董事、高级管理人员应当对公司定期报告签署书面确认意见。上市公司监事会应当对董事会编制的公司定期报告进行审核并提出书面审核意见。上市公司董事、监事、高级管理人员应当保证上市公司所披露的信息真实、准确、完整。"第193条规定了上市公司和信息披露义务人对虚假陈述的法律责任。

信息披露文件出现虚假性记载、误导性陈述或者重大遗漏的情况，就可以推定董事和高级管理人员没有尽到勤勉尽责的义务，应当依照法律规定承担相应的法律责任。对临时报告信息披露违法行为进行处罚的法律依据是 2005 年《证券法》第 67 条和第 193 条的规定，对该行为进行行政处罚的逻辑是对重大事件应当在临时报告中真实、准确和完整地予以披露，未按法律规定予以披露或者信息披露文件中有虚假记载、误导性陈述或者重大遗漏的情况的，就推定董事和高级管理人员没有尽到勤勉尽责的义务，应当依照法律规定承担相应的法律责任。临时报告披露的前提是法律规定将该应当披露的事项认定为重大事件，法律没有将该事项规定为重大事件的，信息披露义务人就没有对该事项以临时报告的形式进行披露的义务。所以，定期报告披露的内容比较概括，相应地，独立董事的信息披露义务也就更重；而临时报告披露的内容是法定的，比较具体，相应地，独立董事对重大事件的信息披露义务也就比较明确和具体，责任相对也就显得更轻一些。

在实践中，监管机构将关联关系和关联交易认定为定期报告和临时报告中"公司订立重要合同，可能对公司的资产、负债、权益和经营成果产生重要影响"的重大事件。对于上海家化隐瞒关联关系和关联交易的行为，中国证监会上海证监局是按照定期报告虚假陈述的违法行为来认定并给予处罚的。与该案采相同处理逻辑和思路的还有中国证监会于 2014 年 5 月 21 日作出的行政处罚决定书（〔2014〕49 号）。该处罚决定书认定科伦药业与崇州君健塑胶有限责任公司（以下简称"君健塑胶"）及其原股东四川惠丰投资发展有限责任公司（以下简称"惠丰投资"）之间存在关联关系，但是科伦药业一方面在 2011 年 3 月 15 日发布的"关于使用超募资金用于收购君健塑胶有限公司的公告"中披露科伦药业与惠丰投资之间没有关联交易，存在着临时公告信息披露不真实的问题；另一方面，在其2010年和2011年年度报告中均未披露科伦药业与君健塑胶的关联关系和关联交易，构成定期报告信息披露不真实的问题。中国证监会以"上市公司董事应当根据公司和全体股东的最大利益，忠实、勤勉地履行职责，遵守有关法律、法规、规章及公司章程的规定，保证公开披露的文件内容没有虚假记载、误导性陈述或重大遗漏。上市公司董事应当对董事会的决议负责，保证上市公司定期报告的真实、准确和完整"为由驳回了科伦药业独立董事提出的申请撤回行政处罚的抗辩理由——"其没有能力判断君健塑胶是否属于关联方，没有策划、实施、参与科伦药业信息披露违法行为，其已勤勉尽责"。

虽然将关联关系和关联交易认定为定期报告信息披露的内容比较概括，其逻辑和理由也显得不是太充分，但上海家化时任独立董事针对该行政处罚事项提出的"上海家化没有任何部门和人员向独立董事汇报过该关联关系和关联交易事项，独立董事对上市公司所涉关联交易事项并不知情，更未参与其信息披露违法行为""审计机构的年度审计报告中没有将沪江日化列为上海家化的关联方，二者之间不存在关联关系，独立董事基于对审计机构的信任而签署年度报告并没有过错""独立董事的职务和具体职责与信息披露违法事项不存在直接关系"等抗辩理由，乃至在此后的行政诉讼中强化的这些观点，均未得到监管机构和司法机关的认可。其中，上海证监局对上述抗辩理由不采纳的理由是："上市公司信息披露的真实、准确、完整、及时、有效，有赖于全体董事、监事和高级管理人员勤勉尽责，实施必要的、有效的监督。这种监督，既包括督促上市公司依照法律、法规规定和监管部门要求建立并完善信息披露制度，也包括通过日常履职和检查督促公司切实执行有关规则，还包括能够及时发现公司在信息披露上存在的问题，及时督促公司改正，对拒不改正的要及时向监管部门举报。现有证据不足以证明独立董事在上海家化涉案事项上勤勉尽责，实施了必要的、有效的监督。虽然在上市公司信息披露违法案中，'参与'或者'知悉'涉案违法事项尤其是侵害上市公司利益事项的责任人是中国证监会行政执法打击的重点。但是，那些虽未'参与'、不'知悉'相关事项但未尽监督义务、未勤勉尽责的责任人也难辞其咎。"司法机关则依据 2005 年《证券法》第 63 条、第 68 条和第 193 条及 2007 年《上市公司信息披露管理办法》第 58 条第 1 款关于"上市公司董事、监事和高级管理人员应当对公司信息披露的真实性、准确性、完整性、及时性、公平性负责，但有充分证据表明其已经履行勤勉义务的除外"的规定，进一步明确："上市公司信息披露的真实、准确、完整有赖于全体董事、监事和高级管理人员勤勉尽责，通过履职、检查和督导工作促进公司切实加强信息披露事务管理，保护投资者的合法权益。上海家化未对其与沪江日化之间的关联关系和关联交易进行披露，违反了相关规定，独立董事是该违法行为的其他直接责任人员，经审查亦无证据证明独立董事已经履行勤勉尽责义务，上海证监局对独立董事的相关处罚并无不当。"上海证监局对上海家化未披露该公司与沪江日化之间的关联关系和关联交易事项中独立董事责任的认定，以及上海市浦东新区人民法院对该案中独立董事之责任的确认，进一步明确了独立董事对上市公司关联方及其关联交易信息披露的督促与监督责任，独立董事未勤勉尽责履行该项义务将会承担虚假陈述的法律责任。

因为独立董事对上市公司关联关系与关联交易的信息披露承担着监

督责任，所以各位独立董事就会关心：如何判断上市公司的关联关系与关联交易呢？有什么客观的统一标准吗？对于以上问题，中国证监会针对中国高科集团股份有限公司（以下简称"中国高科"）及其相关责任人隐瞒关联关系与关联交易所作的行政处罚决定书（〔2017〕41号）给出了明确的回答。该处罚决定书是依据2007年《上市公司信息披露管理办法》第71条第3项①，以及《企业会计准则第36号——关联方披露》第3条②、第4条③的规定来认定关联方与关联关系的，《企业会计

---

① 2007年《上市公司信息披露管理办法》第71条第3项的规定如下："上市公司的关联交易，是指上市公司或者其控股子公司与上市公司关联人之间发生的转移资源或者义务的事项。关联人包括关联法人和关联自然人。具有以下情形之一的法人，为上市公司的关联法人：1. 直接或者间接地控制上市公司的法人；2. 由前项所述法人直接或者间接控制的除上市公司及其控股子公司以外的法人；3. 关联自然人直接或者间接控制的、或者担任董事、高级管理人员的，除上市公司及其控股子公司以外的法人；4. 持有上市公司5%以上股份的法人或者一致行动人；5. 在过去12个月内或者根据相关协议安排在未来12个月内，存在上述情形之一的；6. 中国证监会、证券交易所或者上市公司根据实质重于形式的原则认定的其他与上市公司有特殊关系，可能或已经造成上市公司对其利益倾斜的法人。具有以下情形之一的自然人，为上市公司的关联自然人：1. 直接或者间接持有上市公司5%以上股份的自然人；2. 上市公司董事、监事及高级管理人员；3. 直接或者间接地控制上市公司的法人的董事、监事及高级管理人员；4. 上述第1、2项所述人士的关系密切的家庭成员，包括配偶、父母、年满18周岁的子女及其配偶、兄弟姐妹及其配偶、配偶的父母、兄弟姐妹，子女配偶的父母；5. 在过去12个月内或者根据相关协议安排在未来12个月内，存在上述情形之一的；6. 中国证监会、证券交易所或者上市公司根据实质重于形式的原则认定的其他与上市公司有特殊关系，可能或已经造成上市公司对其利益倾斜的自然人。"2021年《上市公司信息披露管理办法》修订时将该项变更为第62条第4项，对内容未作改变。

② 《企业会计准则第36号——关联方披露》第3条规定的内容是："一方控制、共同控制另一方或对另一方施加重大影响，以及两方或两方以上同受一方控制、共同控制或重大影响的，构成关联方。控制，是指有权决定一个企业的财务和经营政策，并能据以从该企业的经营活动中获取利益。共同控制，是指按照合同约定对某项经济活动所共有的控制，仅在与该项经济活动相关的重要财务和经营决策需要分享控制权的投资方一致同意时存在。重大影响，是指对一个企业的财务和经营决策有参与决策的权力，但不能够控制或者与其他方一起共同控制这些政策的制定。"

③ 《企业会计准则第36号——关联方披露》第4条规定的内容是："下列各方构成企业的关联方：（一）该企业的母公司。（二）该企业的子公司。（三）与该企业受同一母公司控制的其他企业。（四）对该企业实施共同控制的投资方。（五）对该企业施加重大印象的投资方。（六）该企业

准则第 36 号——关联方披露》还详细规定了关联交易及其披露准则，沪深证券交易所对上市公司关联关系与关联交易的认定与披露作了更加详细的规定，在上一章中"独立董事具体的履职行为"一节中对此有详细的介绍，此处不赘述。从这些具体规定中可以看出，法律规范对关联关系和关联交易采用的是"实质重于形式"的认定标准和原则，"关联交易非关联化"的安排在制度上是没有规避空间的。

（三）上市公司隐瞒违规对外担保或非经营性占用资金

更多的隐瞒关联关系与关联交易的情形是上市公司违规对外担保或者非经营性占用资金，典型的是康美药业、康得新和辅仁药业这三个案例，从这三个案例的违规方式和中国证监会的处罚依据中可以总结出监管机构关注的重点。

2018 年 4 月 29 日，康美药业发布了一份"关于前期会计差错更正的公告"，公告具体阐述了该公司 2017 年年度报告中出现的 14 项会计错误，其中最受市场关注的内容是财务数据出现会计差错，造成 2017 年该公司多计入货币资金 299 余亿元。这相当于该公司公开承认其账上近 300 亿元的货币资金是假的。一石激起千层浪，中国证监会立即对该公司和相关中介机构的信息披露违法事项进行立案调查。中国证监会经立案调查查明：2016 年 1 月 1 日至 2018 年 12 月 31 日，康美药业在未

（接上页）的合营企业。（七）该企业的联营企业。（八）该企业的主要投资者个人及与其关系密切的家庭成员。主要投资者个人，是指能够控制、共同控制一个企业或者对一个企业施加重大影响的个人投资者。（九）该企业或者其母公司的关键管理人员及与其关系密切的家庭成员。关键管理人员，是指有权力并负责计划、指挥和控制企业活动的人员。与主要投资者个人或关键管理人员关系密切的家庭成员，是指在处理与企业的交易时可能影响该个人或受该个人影响的家庭成员。（十）该企业主要投资者个人、关键管理人员或与其关系密切的家庭成员控制、共同控制或施加重大影响的其他企业。"

经过审批或授权程序的情况下，累计向控股股东及其关联方提供非经营性资金 11 619 130 802.74 元用于购买股票、替控股股东及其关联方偿还融资本息、垫付解质押款或支付收购溢价款等，存在着控股股东非经营性占用巨额资金的情况。中国证监会认为：依据 2005 年《证券法》第 66 条第 6 项[①]和《公开发行证券的公司信息披露内容与格式准则第 2 号——年度报告的内容与格式》（2017 年修订）第 31 条[②]、第 40 条[③]的规定，康美药业应当在相关年度报告中披露控股股东及其关联方非经营性占用资金的关联交易情况，但是康美药业未在 2016 年年度报告、2017 年年度报告和 2018 年年度报告中披露前述情况，存在重大遗漏。

[①] 2005 年《证券法》第 66 条规定上市公司的年度报告除记载公司概况，公司财务会计报告和经营情况，董事、监事和高级管理人员简介和持股情况，已发行的股票或公司债券情况（包括持有公司股份最多的前十名股东名单和持股情况），公司的实际控制人等事项外，还要记载国务院证券监督管理机构规定的其他事项。

[②] 该条规定的内容是："公司发生控股股东及其关联方非经营性占用资金情况的，应当充分披露相关的决策程序，以及占用资金的期初金额、发生额、期末余额、占用原因、预计偿还方式及清偿时间。公司应当同时披露会计师事务所对资金占用的专项审核意见。"

[③] 该条规定的内容是："公司应当披露报告期内发生的重大关联交易事项。若对于某一关联方，报告期内累计关联交易总额高于 3 000 万元（创业板公司披露标准为 1 000 万元）且占公司最近一期经审计净资产值 5% 以上，应当按照以下发生关联交易的不同类型分别披露。如已在临时报告披露且后续实施无进展或变化的，仅需披露该事项概述，并提供临时报告披露网站的相关查询索引。（一）与日常经营相关的关联交易，至少应披露以下内容：关联交易方、交易内容、定价原则、交易价格、交易金额、占同类交易金额的比例、结算方式；可获得的同类交易市价，如实际交易价与市价存在较大差异，应当说明原因。大额销货退回需披露详细情况。公司按类别对报告期内发生的日常关联交易进行总额预计的，应当披露日常关联交易事项在报告期内的实际履行情况。（二）资产或股权收购、出售发生的关联交易，至少应披露以下内容：关联交易方、交易内容、定价原则、资产的账面价值、评估价值、交易价格、结算方式及交易对公司经营成果和财务状况的影响情况，交易价格与账面价值或评估价值差异较大的，应当说明原因。如相关交易涉及业绩约定的，应当披露报告期内的业绩实现情况。（三）公司与关联方共同对外投资发生关联交易的，应当至少披露以下内容：共同投资方、被投资企业的名称、主营业务、注册资本、总资产、净资产、净利润、重大在建项目的进展情况。（四）公司与关联方存在债权债务往来或担保等事项的，应当披露形成原因、债权债务期初余额、本期发生额、期末余额，及其对公司的影响。（五）其他重大关联交易。"

康美药业的上述行为违反了 2005 年《证券法》第 63 条有关"发行人、上市公司依法披露的信息，必须真实、准确、完整，不得有虚假记载、误导性陈述或者重大遗漏"及第 65 条、第 66 条有关半年度报告、年度报告的规定，构成 2005 年《证券法》第 193 条第 1 款规定的"发行人、上市公司或者其他信息披露义务人未按照规定披露信息，或者所披露的信息有虚假记载、误导性陈述或者重大遗漏"的行为。独立董事是如上违法行为的其他直接责任人员，依法应受到相应的行政处罚。

  康得新是一家致力于预涂膜、光学膜、碳纤维等高分子化学材料的研发、生产与销售的高新技术企业，2010 年 6 月 1 日经中国证监会核准而登陆中国 A 股市场。康得新的大股东康得投资集团有限公司（以下简称"康得集团"）及其实际控制人钟某在投资经营预涂膜和光学膜产业取得巨大的成功之后，开始大规模进军碳纤维材料的研发、生产和投资领域，但是碳纤维产业的发展尚处于投资期，该项目的研发和技术投入需要大量的资金。在资金吃紧的情况下，钟某就打起了占用康得新流动资金的主意。康得集团通过与北京银行西单支行签订"现金管理业务合作协议"的方式，将康得新及其合并财务报表范围内 3 家子公司在北京银行西单支行开户存放的资金实时、全额归集到康得集团北京银行西单支行的账户。2019 年 1 月 21 日，康得新被爆出有两笔合计 15 亿元的超短期融资券违约，但奇怪的是其在北京银行西单支行的账户中仍然有 122 亿元资金。面对市场质疑之声，北京银行西单支行回复称其"可用余额为零"，这也就意味着上市公司康得新账户上的 122 亿元存款不翼而飞了。这一不可思议的现象引起监管机构的注意。中国证监会经立案调查后发现：康得新于 2015 年至 2018 年年度报告中披露的银行存款余额存在虚假记载，并没有如实地按照 2005 年《证券法》第 66 条第 6

项和《公开发行证券的公司信息披露内容与格式准则第 2 号——年度报告的内容与格式》（2017 年修订）第 31 条和第 40 条的规定记载并披露；同时，2016 年至 2018 年，康得新子公司张家港康得新光电材料有限公司（以下简称"康得新光电"）分别与厦门国际银行股份有限公司北京分行、中航信托股份有限公司签订了 4 份"存单质押合同"，约定以康得新光电的大额专户资金存单为康得集团提供担保，2016 年至 2018 年担保债务本金分别为 1 482 700 000.00 元、1 463 050 000.00 元、1 463 050 000.00 元。依据 2005 年《证券法》第 67 条第 2 款第 3 项，2007 年《上市公司信息披露管理办法》第 31 条第 1 款第 2 项、第 71 条第 1 款第 2 项，以及《深圳证券交易所股票上市规则》（2014 年修订、2018 年修订）第 9.1 条、第 9.11 条的规定，康得新应当在签订担保合同之日起两个交易日内，披露其签订担保合同及对外提供担保事项，但康得新未按规定及时披露上述重大事件。依据《公开发行证券的公司信息披露内容与格式准则第 2 号——年度报告的内容与格式》（2017 年修订）第 40 条及第 41 条第 2 项的规定，康得新应当在相关年度报告中披露其为关联方提供担保的情况，但康得新未在 2016 年至 2018 年年度报告中披露该事项，导致相关年度报告存在重大遗漏。中国证监会认为：康得新上述两项违法行为违反了 2005 年《证券法》第 63 条、第 66 条、第 67 条和第 68 条的规定，构成 2005 年《证券法》第 193 条第 1 款规定的"发行人、上市公司或者其他信息披露义务人未按照规定披露信息，或者所披露的信息有虚假记载、误导性陈述或者重大遗漏"的行为。独立董事是如上违法行为的其他直接责任人员，依法应受到相应的行政处罚。

2019 年 7 月 16 日，辅仁药业披露了"2018 年年度权益分派实施公告"，公告确定的红利派发股权登记日为 7 月 19 日、现金红利发放日为 7 月 22 日，但就在股权登记日（7 月 19 日）的晚间，因重要事项未公告而停牌一天的辅仁药业披露了一则"关于调整 2018 年年度权益分派有关事项暨继续停牌的公告"。在这个公告中辅仁药业表示，因资金安排原因，未按有关规定完成现金分红款项划转，无法按照原定计划发放现金红利，原权益分派股权登记日、除权（息）日及现金红利发放日相应取消；并申请继续停牌不超过三个交易日，停牌期间，公司将积极做好相关资金准备，另行安排 2018 年年度权益分派事项，并重新确定权益分派股权登记日、除权（息）日及现金红利发放日，相关进展将及时公告。蹊跷的是辅仁药业 2019 年第一季度末公司合并报表上还显示有 18.16 亿元的货币资金，竟然连已经股东大会审议通过并公告的 6 000 多万元分红款都拿不出来。市场为之哗然。就在辅仁药业披露延迟分红公告的当晚，上海证券交易所就向辅仁药业发出问询函，要求其披露如下四个事项：一是核实并说明办理本次权益分派相关资金安排的具体过程，以及未能按期划转现金分红款项的具体原因，并向投资者充分揭示有关风险；二是尽快做好相关资金安排，明确后续权益分派的具体时间，及时对外披露，并做好投资者的说明解释工作；三是核实并说明公司目前货币资金情况，分别列示公司及下属子公司货币资金余额及存放方式、受限情况，并说明是否存在流动性困难；四是核实并说明与控股股东、实际控制人及其关联方的资金往来和担保情况，是否存在资金占用及违规担保等情况。随后，中国证监会就辅仁药业的信息披露违法违规问题进行立案调查。中国证监会经进一步查明和审理，发现辅仁药业在 2015 至 2018 年度将货币资金提供给控股股东辅仁集团、辅仁集团母公司辅仁控股使用，辅仁药业未将提供给辅仁集团、辅仁控股的资金记入财务账簿，也未对辅仁集团、辅仁控股非经营性占用本公司资金情况予以披露，导致其披露的2015年、2016年、2017年和2018年年度报告存在虚假记载和重大遗漏。此外，2018年，辅仁药业为辅仁集团及其实际控制人朱某臣借款提供4笔担保，涉及的合同金额合计1.4亿元，截至2018年12月31日未偿还金额为7200万元。辅仁药业未及时披露该对外担保事项，也未在2018年年度报告中披露该事项，导致相关年度报告存在重大遗漏。中国证监会认为：辅仁药业2015年至2018年年度报告中虚增货币资金、未披露控股股东及其关联方非经营性占用资金，以及2018年年度报告未披露关联方担保，导致定期报告存在虚假记载、重大遗漏的行为，违反了2005年《证券法》第63条规定的"上市公司依法披露的信息，必须真实、准确、完整，不得有虚假记载……"，《公开发行证券的公司信息披露内容与格式准则第2号——年度报告的内容与格式》（2017年修订）第31条第1款规定的"公司发生控股股东及其关联方非经营性占用资金情况的，应当充分披露相关的决策程序，以及占用资金的期初金额、发生额、期末余额、占用原因、预计偿还方式及清偿时间"、第40条第4项规定的"公司与关联方存在债权债务往来或担保等事项的，应当披露形成原因，债权债务期初余额、本期发生额、期末余额，及其对公司的影响"，以及2005年《证券法》第66条第6项的规定，构成2005年《证券法》第193条第1款规定的行为，在2015年至2018年年度报告签署书面确认意见的独立董事是这两项违法行为的其他直接责任人员，应受到相应的行政处罚。另外，对于辅仁药业2018年未及时披露关联方担保的行为，中国证监会认为其违反《关于规范上市公司对外担保行为的通知》（证监发〔2005〕120号）关于"上市公司董事会或股东大会审议批准的对外担保，必须在中国证监会指定信息披露报刊上及时披露"的规定、2005 年《证券法》第 67 条第 2 款第 12 项关于"国务院证券监督管理机构规定的其他事项"的规定，构成 2005 年《证券法》第 193 条第 1 款规定的行为，辅仁药业董事长朱某臣、董事会秘书张某杰为直接负责的主管人员。

  上述三个案例，不仅反映出监管机构对独立董事在上市公司非经营性占用资金和违规担保信息披露事项上监督职责的履行比较关注，而且也体现了监管机构对待上市公司遗漏违规担保和大股东非经营性占用资金事项的信息披露行为的不同态度：因为大股东非经营性占用资金不属于《证券法》规定的重大事件，而是《证券法》和《公开发行证券的公司信息披露内容与格式准则第 2 号——年度报告的内容与格式》要求在上市公司年度报告中披露的内容，所以上市公司年度报告中遗漏了该事项时，在年度报告上签字确认年度报告内容真实、准确和完整的独立董事就承担虚假陈述的法律责任。当上市公司没有按照法律、法规或者公司章程的规定履行董事会或者股东会审议程序而为股东、实际控制人或者关联人提供担保，也没有依法对外披露担保事项时，一方面因为该事项是《证券法》规定的重大事件，所以上市公司应该以临时公告的形式自该协议签订之日起两个工作日内对外披露，没有履行该公告义务的直接责任人（一般是上市公司、上市公司的董事长、上市公司的董事会秘书）将承担虚假陈述的法律责任；另一方面该事项也是《证券法》和《公开发行证券的公司信息披露内容与格式准则第 2 号——年度报告的内容与格式》要求在上市公司年度报告中披露的内容，所以当上市公司年度报告中遗漏该事项时，在年度报告上签字确认年度报告内容真实、准确和完整的独立董事就应当承担虚假陈述的法律责任。所以在审核上市公司年度报告时独立董事应该重点关注这两个事项。此外，上市公司违规担保在大多数情况下是上市公司的股东或者实际控制人输送利益或者非经营性占用资金的另外一种形式，但是在实践中监管机构会将其认定为一种独立的违法行为而单独予以处罚。

实践中有集团公司的财务公司归集集团旗下各子公司（包括上市公司）盈余资金的非经营性占用资金的例外情况。为提高企业集团内部资金使用效率，节约资金成本。我国自20世纪80年代起批准具备一定条件的企业集团设立财务公司。这些财务公司作为集团的"内部银行"，立足于服务集团整体，通过集中进行内部成员单位的资金归集、调配等方式实现集团分散资金的有效聚集融通，优化资源配置。这对集团公司旗下的子公司（包括上市公司）增加融资渠道和资金收益、减少融资成本等具有积极作用，也不存在集团公司通过财务公司占有上市公司资金或者利益输送的情况，所以在上市公司依法依规披露该关联交易的情况下，这种情况不被监管机构视为上市公司非经营性占用资金的违法行为，成为上市公司非经营性占用资金的例外情形。但是，这种例外建立在公平、公正、公开交易的基础上。因为财务公司是企业集团下的子公司，而上市公司是集团控股并独立运行的公众公司，所以作为中小股东利益维护者的独立董事在审议关联交易事项时应该更加审慎地评估上市公司与财务公司之间交易的合理性、必要性和公允性，牢牢掌握资金自主使用权，严守资金安全风险底线，高度警惕其中潜藏的利益输送的风险，避免出现隐性占用资金情形。

需要格外提醒的是，上市公司非经营性占用资金的形式已趋于多样化和隐蔽化，有的上市公司通过购买理财产品、与银行协议存款等方式变相向控股股东或者实际控制人及其关联人输送利益或者使其非经营性占用资金；有的上市公司的控股股东存在通过高杠杆收购上市公司获得控制权、高比例股票质押、多元化投资经营等现象，故需要独立董事在履职时高度关注上市公司年度报告中对上市公司对外担保和非经营性占用资金事项的记载与描述。

（四）上市公司重大诉讼、仲裁未披露

独立董事因为涉及上市公司重大诉讼、仲裁事项未披露而受到处罚的典型案例是前锋股份案。

根据中国证监会四川证监局行政处罚决定书（〔2016〕1号）查明的事实，前锋股份与山东鑫融科技产业有限公司（以下简称"山东鑫融"）在2003年签订了"协议书""资产委托管理协议"等协议，约定由前锋股份以其名义代山东鑫融入股五洲证券有限责任公司（以下简称"五洲证券"）。前锋股份接收山东鑫融8700万元认股款项后，于2004年分两笔把8700万元转入五洲证券的验资账户，认购五洲证券的股份。2010年12月9日，五洲证券破产清算组向河南省高级人民法院提起诉讼，请求前锋股份履行8700万元的出资义务及相应利息。2013年10月28日，河南省高级人民法院作出（2011）豫法民二初字第7号民事判决，一审判决前锋股份于判决生效后30日内向五洲证券支付8700万元及相应利息。前锋股份不服，提起上诉。2014年4月9日，最高人民法院作出（2014）民二终字第22号民事判决，驳回前锋股份的上诉，维持原判。前锋股份向最高人民法院申请再审。2014年10月23日，郑州铁路运输中级法院向前锋股份发出（2014）郑铁中执字第9号执行通知书，责令前锋股份立即履行向申请执行人五洲证券破产清算组支付款17400万元以及负担执行费24.14万元。2014年12月16日，最高人民法院作出（2014）民申字第1761号民事裁定，驳回前锋股份的再审申请。

上述诉讼，按照涉诉金额及其占上市公司净资产的比例，依法应当认定为重大诉讼。依据 2005 年《证券法》第 67 条第 2 款第 10 项关于"涉及公司的重大诉讼，股东大会、董事会决议被依法撤销或者宣告无效"的规定、第 66 条第 6 项有关上市公司年度报告记载"国务院证券监督管理机构规定的其他事项"的规定，以及中国证监会依据《证券法》前述授权规定制定的《公开发行证券的公司信息披露内容与格式准则第 2 号——年度报告的内容与格式》（2015 年修订）关于"公司应当披露报告期内重大诉讼、仲裁事项"的规定，前锋股份应当在诉讼产生之日起的 2 个工作日内依法履行信息披露义务，及时公布诉讼及进展情况，并在 2010 年、2011 年、2012 年、2013 年和 2014 年年度报告中依法披露上述重大诉讼事项。前锋股份未依法披露发生的重大诉讼，构成未按规定披露和所披露的信息存在重大遗漏的违法行为，加上其他重大关联担保事项未披露的违法行为，中国证监会四川证监局将前锋股份时任独立董事依法认定为该信息披露违法行为的其他直接责任人，作出给予其警告并处以 3 万元罚款的行政处罚。

前述独立董事对该行政处罚提出了抗辩，理由主要是其作为独立董事对定期报告和年度报告中遗漏重大诉讼的事项未参与、不知情、无过错，所以不应当承担责任。中国证监会认为：依据《公司法》（2013 年修正）第 147 条第 1 款、2005 年《证券法》第 68 条第 3 款的规定，上市公司董事应当根据公司和全体股东的最大利益，严格遵守有关法律、法规、规章及公司章程的规定，忠实、勤勉地履行职责，对上市公司所披露信息的真实、准确、完整承担法定保证责任。独立董事提出的不知情、未参与违法行为、不存在主观过错等事实与理由，不属于当然的免责理由，所以不予以采纳。

独立董事因为涉及上市公司重大诉讼、仲裁事项未披露而受到行政处罚的案例还有 ST 凯瑞案、ST 刚泰案、ST 成城案、新力金融案、匹凸匹案等。从法律规定和处罚依据来看：首先，2005 年《证券法》将"涉及公司的重大诉讼，股东大会、董事会决议被依法撤销或者宣告无效"[①] 列为重大事件，上市公司应当及时履行信息披露义务，没有及时履行信息披露义务的，直接责任人员承担虚假陈述的法律责任。其次，对认定"涉及公司的重大诉讼和仲裁"的标准这一问题，《上海证券交易所股票上市规则》作了三个方面的规定：一是"上市公司应当及时披露涉案金额超过 1 000 万元，并且占公司最近一期经审计净资产绝对值 10% 以上的重大诉讼、仲裁事项"。这个规定明确了一般单个案件是否重大的确定依据是涉案金额，涉案金额超过 1 000 万元并且占公司最近一期经审计净资产绝对值 10% 以上的诉讼或仲裁案件均被确认为"重大诉讼、仲裁案件"。二是"未达到涉案金额超过 1 000 万元并且占公司最近一期经审计净资产绝对值 10% 以上的标准或者没有具体涉案金额的诉讼、仲裁事项，董事会基于案件特殊性认为可能对公司股票及其衍生品种交易价格产生较大影响，或者本所认为有必要的，以及涉及股东大会、董事会决议被申请撤销或者宣告无效的诉讼，公司也应当及时披露"的规定，对重大与否的判断标准作了补充，以免挂一漏万。三是单个诉讼案件没有达到前两项所述的重大性判断标准，但是上市公司连续 12 个月内发生的诉讼和仲裁事项涉案金额累计达到前两项所述标准

---

① 2019 年《证券法》在"涉及公司的重大诉讼，股东大会、董事会决议被依法撤销或者宣告无效"的基础上增加了"涉及公司的重大仲裁"这一事项。

的，也应当作为重大诉讼、仲裁事项。最后，除《证券法》规定的重大事件和临时报告与公告要求外，《公开发行证券的公司信息披露内容与格式准则第2号——年度报告的内容与格式》要求在上市公司年度报告中将"重大诉讼、仲裁事项"作为重要事项予以记载和披露，它要求"公司应当披露报告期内重大诉讼、仲裁事项。已在上一年度报告中披露，但尚未结案的重大诉讼、仲裁事项，公司应当披露案件进展情况、涉及金额、是否形成预计负债，以及对公司未来的影响。对已经结案的重大诉讼、仲裁事项，公司应当披露案件执行情况。如以上诉讼、仲裁事项已在临时报告披露且无后续进展的，仅需披露该事项概述，并提供临时报告披露网站的查询索引。如报告期内公司无重大诉讼、仲裁，应当明确说明'本年度公司无重大诉讼、仲裁事项'"。如果上市公司年度报告对涉及公司的重大诉讼、仲裁事项的记载与披露存在遗漏等虚假性陈述，在上市公司年度报告上签字确认并确保其真实、准确和完整的相关主体应依照《证券法》有关年度报告披露的要求与虚假陈述法律责任的规定以及签字主体在上市公司年度报告签署时的承诺承担相应的法律责任。

（五）重大债务到期未清偿且未披露

独立董事因为上市公司重大债务到期未清偿且未披露而受到行政处罚的典型案例是盛运环保案和众和股份案。

根据中国证监会安徽证监局发布的行政处罚决定书（〔2019〕4号），盛运环保作为债券发行人，在公司债券私募债15盛运01、16盛运01，一般公司债17盛运01存续期间，有12笔其他对外债务到期未能清偿，盛运环保未按照《公司债券发行与交易管理办法》（2015年）

第45条①、《深圳证券交易所非公开发行公司债券业务管理暂行办法》第54条②的有关规定履行信息披露义务，违反了2005年《证券法》第63条的规定，构成2005年《证券法》第193条第1款规定的违法情形。

根据中国证监会福建证监局行政处罚决定书（〔2018〕1号），2015年1月26日，众和股份控股子公司马尔康金鑫矿业有限公司

---

① 《公司债券发行与交易管理办法》（2015年）第45条的规定是："公开发行公司债券的发行人应当及时披露债券存续期内发生可能影响其偿债能力或债券价格的重大事项。重大事项包括：（一）发行人经营方针、经营范围或生产经营外部条件等发生重大变化；（二）债券信用评级发生变化；（三）发行人主要资产被查封、扣押、冻结；（四）发行人发生未能清偿到期债务的违约情况；（五）发行人当年累计新增借款或对外提供担保超过上年末净资产的百分之二十；（六）发行人放弃债权或财产，超过上年末净资产的百分之十；（七）发行人发生超过上年末净资产百分之十的重大损失；（八）发行人作出减资、合并、分立、解散及申请破产的决定；（九）发行人涉及重大诉讼、仲裁事项或受到重大行政处罚；（十）保证人、担保物或者其他偿债保障措施发生重大变化；（十一）发行人情况发生重大变化导致可能不符合公司债券上市条件；（十二）发行人涉嫌犯罪被司法机关立案调查，发行人董事、监事、高级管理人员涉嫌犯罪被司法机关采取强制措施；（十三）其他对投资者作出投资决策有重大影响的事项。"

② 《深圳证券交易所非公开发行公司债券业务管理暂行办法》第54条的规定是："债券存续期间，发生下列可能影响其偿债能力或者债券价格的重大事项，发行人应当及时向本所提交并披露重大事项公告，说明事项起因、状态及其影响等。前款所称重大事项包括但不限于：（一）发行人生产经营状况（包括经营方针、经营范围、生产经营外部条件等）发生重大变化；（二）发行人主要资产被抵押、质押、出售、转让、报废、查封、扣押或者冻结等；（三）发行人发生到期债务违约或者延迟支付债务情况；（四）发行人当年累计新增借款或者对外提供担保超过上年末净资产的百分之二十；（五）发行人放弃债权或者财产超过上年末净资产的百分之十；（六）发行人发生超过上年末净资产百分之十的重大损失；（七）发行人作出减资、合并、分立、分拆、解散、申请破产及其他涉及发行人主体变更的决定；（八）发行人的实际控制人、控股股东、三分之一以上的董事、三分之二以上的监事、董事长或者总经理发生变动；董事长或者总经理无法履行职责；（九）发行人涉及重大诉讼、仲裁事项或者受到重大行政处罚；（十）发行人涉嫌违法行为被有关机关调查，发行人的董事、监事和高级管理人员涉嫌违法行为被有关机关调查或者被采取强制措施；（十一）增信机构、担保物或者其他偿债保障措施发生重大变化，如出现增信机构债务或者增信义务违约、担保物价值大幅减值或者偿债措施保障效力大幅降低等事项；（十二）债券信用评级发生变化；（十三）其他对债券持有人权益有重大影响的事项。发行人披露重大事项后，已披露的重大事项出现可能对发行人偿债能力产生较大影响的进展或者变化的，应当及时披露后续进展或者变化情况及其影响。"2018年深圳证券交易所对2015年发布实施的《深圳证券交易所非公开发行公司债券业务管理暂行办法》进行了修订，并更名为《深圳证券交易所非公开发行公司债券挂牌转让规则》。

（以下简称"金鑫矿业"）与中融国际信托有限公司（以下简称"中融信托"）签订"信托贷款合同"，约定：中融信托向金鑫矿业提供2亿元贷款，年利率为17%，期限为1年，到期一次性还本付息。该合同还约定：如金鑫矿业未按约定偿还合同项下贷款，中融信托有权对逾期贷款本金及利息按贷款合同项下贷款利率的150%计收罚息。金鑫矿业以其持有的四川省阿坝藏族羌族自治州马尔康党坝锂辉石矿采矿权作为抵押，与中融信托签订了"采矿权抵押合同"。众和股份作为保证人与中融信托签订了"保证合同"，为金鑫矿业上述贷款提供不可撤销的连带责任保证。上述"信托贷款合同"、"采矿权抵押合同"和"保证合同"均经北京市方圆公证处公证。2015年2月12日，中融信托将2亿元贷款汇至金鑫矿业的银行账户。2016年2月11日，金鑫矿业上述贷款到期，但其与保证人众和股份均未按规定偿还贷款本息，违约本息合计2.34亿元，占众和股份2015年经审计净资产的30.73%，构成重大债务违约，属于2005年《证券法》第67条第2款第4项规定的"公司发生重大债务和未能清偿到期重大债务的违约情况"的重大事件，应予及时披露。但是，众和股份直至2016年7月20日才披露贷款违约的情况。不仅如此，该重大违约及其罚息的事项还导致众和股份2016年和2017年年度财务报告出现虚假陈述，监管机构依据2005年《证券法》第193条的规定给予众和股份独立董事相应的行政处罚。

从这两个案例可以看出，上市公司发生重大债务和未能清偿到期重大债务的违约情况属于《证券法》规定的重大事件，应当及时公告，直接责任人员没有及时履行信息披露义务的，将承担虚假陈述的法律责任。

（六）上市公司及董事、监事和高级管理人员违法犯罪未及时披露

2005年《证券法》第67条第2款第11项将"公司涉嫌犯罪被司法机关立案调查，公司董事、监事、高级管理人员涉嫌犯罪被司法机关采取强制措施"规定为重大事件，上市公司应当依法及时履行信息披露义务。《公开发行证券的公司信息披露内容与格式准则第2号——年度报告的内容与格式》（2017年修订）进一步规定："公司及其董事、监事、高级管理人员、控股股东、实际控制人、收购人在报告期内如存在被有权机关调查、被司法机关或纪检部门采取强制措施、被移送司法机关或追究刑事责任、被中国证监会立案调查或行政处罚、被市场禁入、被认定为不适当人选、被环保、安监、税务等其他行政管理部门给予重大行政处罚，以及被证券交易所公开谴责的情形，应当说明原因及结论。报告期内公司被中国证监会及其派出机构采取行政监管措施并提出限期整改要求的，应当披露整改责任人、整改期限、整改措施，以及整改报告书的指定披露网站及日期。"独立董事因为上市公司违法犯罪接受调查和上市公司董事、监事和高级管理人员违法犯罪被采取强制措施的重大事件未及时披露而受到处罚的，以罗平锌电案、山西三维案、众和股份案和辉丰股份案为代表。

2016年5月5日，罗平锌电全资子公司贵州普定县向荣矿业有限公司因环保违法行为，被贵州省安顺市环境保护局作出责令自2016年5月10日起停产整治、罚款的行政处罚，罗平锌电未按照规定在2016年年度报告中披露该行政处罚的情况，存在披露的信息有重大遗漏的违法行为。2016年8月26日，罗平锌电富乐采矿厂因安全生产违法行为，被罗平县安全生产监督管理局作出从2016年8月26日起停产停业整顿的行政处罚，罗平锌电未按照规定临时报告并在2016年年度报告

中披露该行政处罚的情况,存在未及时披露、披露的信息有重大遗漏的违法行为。2016年12月12日,罗平锌电控股子公司罗平县天俊实业有限责任公司因环保违法行为,被曲靖市环境保护局作出从2016年12月12日起停产整治、罚款10万元的行政处罚,罗平锌电未按照规定在2016年年度报告中披露该行政处罚的情况,存在披露的信息有重大遗漏的违法行为。中国证监会云南证监局认为罗平锌电的上述三项行为违反了2005年《证券法》第63条和第67条的规定,构成2005年《证券法》第193条第1款所规定的虚假陈述行为,对在2016年年度报告中签署确认意见的独立董事作为该信息披露违法行为的其他直接责任人员,依法给予了相应的行政处罚。

山西三维案是中国证监会助力打好污染防治攻坚战、整治上市公司环保信息披露违法行为的典型案件。2018年4月17日,中央电视台对山西三维的固体废物和废水污染问题进行了报道,引起社会广泛关注。根据山西三维未及时披露严重环境污染行为的违法线索,中国证监会山西证监局第一时间赴现场核实情况,并对山西三维涉嫌信息披露违法事项立案调查。经查,2014年至2017年,洪洞县环境保护局先后向山西三维出具七份行政处罚决定书,责令其改正环境污染行为,并给予其罚款的行政处罚。同时,山西三维在日常生产经营中存在多次排污超标的情形。但是该公司在2014年至2017年的年度和半年度报告中披露的环境保护相关内容,与其多次受到环保部门行政处罚的事实不符,与其日常生产经营中排污超标情况时有发生的事实不符,没有如实记载和披露如上事实。中国证监会山西证监局认为山西三维的上述行为违反了2005年《证券法》第63条、第68条的规定,构成第193条规定的虚假陈述行为,对在这些年度报告上签字确保年度报告内容真实、准确和完整的独立董事作为该虚假陈述违法行为的其他直接责任人员，给予相应的行政处罚。

2017年3月4日，众和股份董事长兼总裁许某成因涉嫌合同诈骗罪被四川省阿坝藏族羌族自治州马尔康市公安局（以下简称"马尔康市公安局"）拘留。2017年3月20日，马尔康市公安局对许某成执行逮捕。随后，马尔康市公安局告知众和股份董事兼董事会秘书詹某明上述情况，并要求其尽快公告。上市公司董事涉嫌犯罪被依法采取强制措施属于2005年《证券法》第67条第2款第11项规定的重大事件，应予及时披露。但是，众和股份直至2017年5月12日才予以披露。然而中国证监会福建证监局针对众和股份未及时披露董事长兼总裁许某成被公安机关拘留和逮捕的情况仅仅处罚了公司的董事长和董事会秘书，没有将独立董事列为该违法事项的其他直接责任人员。福建证监局针对该项违法行为作出处罚的依据是2005年《证券法》第67条和第193条的规定，而该规定中的独立董事是在其他直接责任人员范围之内的。可能独立董事在知悉董事长许某成被公安机关采取强制措施后立即告知董事会秘书詹某明并要求其及时披露的情况，被福建证监局认为独立董事已经履行了勤勉尽责的职责，加上独立董事在年度报告中对该公司的信息披露存在重大遗漏的行为已经受到相应的行政处罚，福建证监局就没有再将该违法行为单独列为一项违法行为而给予独立董事处罚。

2016年7月至2018年5月期间，江苏省盐城市环保局、盐城市大丰区环保局、连云港市灌南县环保局等主管部门，陆续向辉丰股份及其下属公司出具了15份行政处罚决定书，对辉丰股份及其下属公司的环保违法行为作出行政处罚。辉丰股份非但没有及时履行对受到环境保护部门行政处罚的临时报告和公告义务，反而在2016年年度报告、2017

年半年度报告中披露"公司严格按照国家和地方的法律法规,文明生产、达标排放,不存在重大环保或其他重大社会安全问题",该披露的内容与事实不符,违反了 2005 年《证券法》第 63 条、第 65 条、第 66 条和 2007 年《上市公司信息披露管理办法》第 2 条、第 21 条、第 22 条等规定,构成了 2005 年《证券法》第 193 条第 1 款规定的虚假陈述的违法情形。独立董事是该虚假陈述违法行为的其他直接责任人员,受到江苏证监局的行政处罚。此外,2018 年 3 月 29 日,辉丰股份获悉公司时任副总经理、下属公司华通化学董事长奚某虎被刑事拘留的信息,因该信息属于 2007 年《上市公司信息披露管理办法》第 30 条第 2 款第 11 项规定的应当临时公告的重大事件,当日,辉丰股份发布"关于媒体报道的澄清说明公告",披露"因环保部门进行环保检查,华通化学董事长奚某虎及环保部的周某威在配合调查之中"的信息。江苏证监局认为,辉丰股份上述信息披露不准确,违反了 2005 年《证券法》第 63 条,2007 年《上市公司信息披露管理办法》第 2 条、第 30 条的规定,构成了 2005 年《证券法》第 193 条第 1 款规定的虚假陈述的违法情形。但是,江苏证监局认为该项虚假陈述违法行为的直接责任人员是辉丰股份董事长和董事会秘书,没有将独立董事列为该违法行为的其他直接责任人员。

结合 2005 年《证券法》的相关规定,从上述四个独立董事因上市公司违法犯罪接受调查和上市公司董事、监事和高级管理人员违法犯罪被采取强制措施的重大事件未及时披露而受到行政处罚的案例中可以看出这样几项规律性的内容,值得独立董事高度关注:第一,《公开发行证券的公司信息披露内容与格式准则第 2 号——年度报告的内容与格式》扩大了 2005 年《证券法》所规定的"公司涉嫌犯罪被司法机关立案调查，公司董事、监事、高级管理人员涉嫌犯罪被司法机关采取强制措施"这一重大事件的范围，不仅公司和公司董事、监事、高级管理人员涉嫌犯罪被司法机关立案调查或者被采取强制措施应当临时报告并公告，而且如果公司及其董事、监事、高级管理人员、控股股东、实际控制人、收购人在报告期内存在被有权机关调查，被司法机关或纪检部门采取强制措施，被移送司法机关或被追究刑事责任，被中国证监会立案调查或行政处罚、被市场禁入、被认定为不适当人选，被环保、安监、税务等其他行政管理部门给予重大行政处罚，以及被证券交易所公开谴责的情形，都应当依法说明原因及结论，而不限于涉嫌犯罪被立案调查或者被采取强制措施的情形。上述的四个案例涉及的主要是作为行政处罚事项的信息披露存在重大遗漏，独立董事作为虚假陈述违法行为的其他直接责任人员受到行政处罚，所以独立董事在履职时尤其要重视年度报告中的信息披露这项要求，严格按照《证券法》对年度报告中"国务院证券监督管理机构规定的其他事项"和《公开发行证券的公司信息披露内容与格式准则第 2 号——年度报告的内容与格式》的具体规定，对相关事项认真审核，而不是仅仅关注、审核《证券法》所规定的相关重大事件。第二，2019 年《证券法》将 2005 年《证券法》第 67 条第 2 款第 11 项规定的"公司涉嫌犯罪被司法机关立案调查，公司董事、监事、高级管理人员涉嫌犯罪被司法机关采取强制措施"修改为"公司涉嫌犯罪被依法立案调查，公司的控股股东、实际控制人、董事、监事、高级管理人员涉嫌犯罪被依法采取强制措施"，增加了公司的控股股东、实际控制人涉嫌犯罪被依法采取强制措施的情形。这个改变需要独立董事格外注意。第三，上述四个案例中三个案例都与"环境污染防治"的国家战略相关，是金融服务国家战略的具体行动和表现。除此之外，阶段性的公共安全（长生生物案），土地项目违法，大股东股票质押与非法吸收公众存款，背信损害上市公司利益，上市公司董事、监事、高级管理人员涉嫌内幕交易与市场操纵，上市公司财务造假，税收违法等违法犯罪事项，也都值得独立董事重点关注。第四，独立董事仅仅因为上市公司违法犯罪接受调查和上市公司董事、监事、高级管理人员违法犯罪被采取强制措施的重大事件未及时披露，被列为其他直接责任人员而受到行政处罚的案例目前尚没有，但是《证券法》有关虚假陈述的行政处罚规则是对独立董事作为其他直接责任人员因重大事件未及时披露而予以处罚的法律依据。

（七）上市公司实际控制人确认、股权代持等股权结构变化的虚假披露

现行《证券法》将"持有公司百分之五以上股份的股东或者实际控制人持有股份或者控制公司的情况发生较大变化"的事项界定为重大事件，需要上市公司对该重大事件的发生和变化及时予以报告和公告。[①] 2021年《公开发行证券的公司信息披露内容与格式准则第3号——半年度报告的内容与格式》，要求上市公司将其股份变动和股东情况以及公司控股股东或实际控制人在报告期内发生的变化予以披露或者列明披露相关信息的指定网站查询索引及日期。2021年《上市公司信息披露管理办法》第14条和第15条分别对上市公司年度报告和半年度报告的

[①] 1998年《证券法》第62条第2款第8项将"持有公司百分之五以上股份的股东，其持有股份情况发生较大变化"列为重大事件；2005年《证券法》第67条第2款第8项将"持有公司百分之五以上股份的股东或者实际控制人，其持有股份或者控制公司的情况发生较大变化"列为重大事件；2019年《证券法》第80条第2款第8项将"持有公司百分之五以上股份的股东或者实际控制人持有股份或者控制公司的情况发生较大变化，公司的实际控制人及其控制的其他企业从事与公司相同或者相似业务的情况发生较大变化"列为重大事件。

内容作出明确规定，同时要求上市公司将持股 5% 以上股东（年度报告）或者前十大股东持股情况（半年度报告）、控股股东及实际控制人情况（年度报告）或者其变化情况（半年度报告）予以记载并披露，公告的内容不真实、不准确和不完整的，上市公司将承担虚假陈述的法律责任。

独立董事因为上市公司实际控制人确认、股权代持等股权结构变化的虚假披露而受到处罚的典型案例是慧球科技案和文峰股份案。

1. 慧球科技案

在慧球科技出现 1001 项董事会议案和信息披露违法事件后，监管机构对其进行了立案调查。中国证监会经立案查明：鲜某不晚于 2016 年 7 月 18 日通过自己实际控制的上海躬盛公司与慧球科技的时任实际控制人顾某平签订系列协议，获得顾某平及其一致行动人持有的 26 301 701 股慧球科技有表决权的股票，同时又掌握公司印章和证照，并实际掌控公司董事会，对公司的信息披露、设立子公司扩展经营范围、向子公司增资等重大事项具有决策权，可实际支配慧球科技的行为。依据 2013 年修正的《公司法》第 216 条第 3 项关于"实际控制人，是指虽不是公司的股东，但通过投资关系、协议或者其他安排，能够实际支配公司行为的人"的规定，鲜某不晚于 2016 年 7 月 18 日成为慧球科技的实际控制人。虽然从 2016 年 7 月 21 日开始，深圳市瑞莱嘉誉投资企业（有限合伙，以下简称"瑞莱嘉誉"）持续买入慧球科技股票，至同年 10 月 10 日，瑞莱嘉誉持有慧球科技股票 43 345 642 股，占慧球科技总股份的 10.98%，成为慧球科技第一大股东，但是由于瑞莱嘉誉并未及时改组慧球科技董事会，慧球科技仍由鲜某实际控制。2017 年 1 月 10 日，慧球科技披露鲜某提名和推荐的董事与独立董事辞职，鲜某不再实际支配慧球科技的行为,不再构成对慧球科技的实际控制。在此以前,鲜某一直是慧球科技的实际控制人。但是,2016年7月20日,慧球科技在"关于回复上海证券交易所《关于公司终止重大资产重组有关事项的二次问询函》的公告"中称:"截至目前公司实际控制人并未发生变化,仍为顾某平先生。"同年8月8日,慧球科技发布"关于回复上交所《关于对公司信息披露有关事项的问询函》暨复牌提示性公告"称:"经本公司核实,截至本回函公告日,公司实际控制人未发生变更。"同年8月29日,慧球科技在2016年半年度报告中披露公司实际控制人未发生变更。中国证监会认为,上述披露与事实不符,为虚假记载,违反了2005年《证券法》第63条、第65条、第67条及2007年《上市公司信息披露管理办法》第22条的规定,构成2005年《证券法》第193条规定的"发行人、上市公司或者其他信息披露义务人未按照规定披露信息,或者所披露的信息有虚假记载、误导性陈述或者重大遗漏"的行为;并对在审议通过2016年半年度报告的董事会上投赞成票,签字确认信息披露真实、准确和完整的独立董事作为慧球科技虚假陈述违法行为的其他直接责任人员给予了相应的行政处罚。

2. 文峰股份案

文峰股份的独立董事因上市公司股权代持信息披露违法而受到行政处罚案,因为受处罚的独立董事知名度高和案件逻辑复杂而广受社会关注。其基本案情是:文峰集团于2014年12月22日签订协议,转让其持有的文峰股份11 000万股股权(占上市公司总股本的14.88%)给自然人陆某敏,双方协商确定的转让价款总额为人民币86 350万元,在形式上办理完毕了上市公司股份协议转让的合规审核和信息披露程序。但是监管机构经立案调查并核实后发现该项在形式上符合标准的股权转让行为实质上是自然人陆某敏以其名义代文峰集团持有的股权代持。而在 2014 年 12 月 23 日文峰股份发布的股份转让公告、2014 年 12 月 24 日"文峰大世界连锁发展股份有限公司简式权益变动报告书",以及文峰股份 2014 年年度报告、2015 年中期报告中均未如实披露股权代持事项。中国证监会认为文峰股份的上述行为违反了 2005 年《证券法》第 63 条、第 67 条第 1 款和第 2 款第 8 项、第 68 条的规定,构成 2005 年《证券法》第 193 条第 1 款规定的违法行为,对在文峰股份 2014 年年度报告和 2015 年中期报告上签署书面确认意见的独立董事作为该违法行为的其他直接责任人员给予了相应的行政处罚。

在中国证监会对文峰股份时任独立董事作出行政处罚后,独立董事范某和江某在听证与申辩材料中提出其不应受到行政处罚。范某提出的理由如下:其一,文峰集团是以协议转让的方式,通过大宗交易平台向陆某敏转让 11 000 万股文峰股份的股权,该项股权转让事宜未提交,也不属于文峰股份董事会或股东大会审议权限的范围。其作为文峰股份的独立董事,客观上无法获知该代持事宜。其二,在通过全国公开信息披露平台及 2014 年年度报告议案获知该股权转让事宜以后,其已就受让人是否为上市公司内部人员等事宜向文峰股份其他董事、高级管理人员进行了询问,但均未获知股权代持的真相。作为文峰股份的独立董事,其自身亦无法得知陆某敏的资金来源情况。其三,在接受中国证监会关于上述股权转让事宜的调查询问后,其立即向文峰股份董事会秘书求证股权代持事宜,并要求公司及时公告并就披露细节向上海证券交易所确认。其四,在 2015 年 8 月 27 日文峰股份第四届董事会第十二次会议召开前,其再次就此事向公司董事会秘书询问,但鉴于陆某敏与文峰集团之间是否构成代持关系尚未形成结论性意见,为了避免上市公司股价产生异常波动，其未将该事项作为正式议案提交公司董事会讨论。其五，作为文峰股份的独立董事，其对2014年年度报告及2015年中期报告的签署主要是基于对审计报告的信赖；对陆某敏股东资格的认定主要是基于对形式要件的审核和对股东资格公示文件、中国证监会及上海证券交易所审核结果的信赖，其已履行审慎审查义务。江某提出其不应受到行政处罚的理由如下：其一，在2015年8月27日审议文峰股份半年报时，其就中国证监会调查询问的股权代持事宜与其他独立董事进行了沟通，并向文峰股份的证券事务代表程某、董事会秘书兼财务总监张某提出过异议且得到了合理的解释，已履行独立董事的审议职责，"未提出疑义和异议"的说法与事实不符。其二，该项股权交易的决策并不需要经过文峰股份的董事会批准，文峰股份部分董事对该项股权交易实情不知情的原因系文峰集团、陆某敏及其他相关知情人士的刻意隐瞒，而非部分董事、高管不尽职。其三，行政处罚事先告知书（处罚字〔2016〕29号）混淆了2005年《证券法》第193条规定的违法行为直接责任人员和职务职责人员的身份，法律适用不当。但是中国证监会坚持认为：上市公司董事、监事、高级管理人员对上市公司信息披露的真实性、准确性、完整性负有法定责任，董事、监事、高级管理人员应当勤勉尽责，实施必要的、有效的监督。文峰股份独立董事提出的不知悉、向上市公司个别人员询问、基于对审计报告的信赖等陈述和申辩意见，不是法定的免责理由，所提供的证据材料不能证明其在履职时勤勉尽责，对涉案事项实施了必要的、有效的监督。所以将在2014年年度报告和2015年中期报告上签字确认信息披露真实、准确和完整的文峰股份独立董事列为虚假陈述违法行为的其他直接责任人员而给予相应的处罚也是合法且正当的。

从上述独立董事因为上市公司实际控制人确认、股权代持等股权结构变化的虚假披露而受到处罚的具体案例中可以得出如下结论：第一，虽然实践中鲜有独立董事被列为重大事件的临时报告和公告信息披露虚假陈述的直接责任人员而受到处罚，但是将独立董事列为重大事件临时报告和公告信息披露虚假陈述的其他直接责任人员而给予处罚在法律上也是有明确依据的。第二，独立董事因重大事件虚假陈述而受到行政处罚的主要原因是定期报告中重大事件相关事项的信息披露存在遗漏、错误或者重大误解，而独立董事又在定期报告上签署了确保定期报告真实、准确和完整的意见，依照《证券法》的相关规定，其属于法定的虚假陈述其他直接责任人员。所以独立董事在履职过程中应当重点关注定期报告的信息披露要求，尤其是重大事件的记载和信息披露情况，以避免履职风险。第三，在重大事件信息披露虚假陈述转化为独立董事在定期报告中的信息披露法律责任的背景下，不知情、其他人员的故意隐瞒、依赖第三方的报告、不是董事会审议事项等理由都不是独立董事被免除或者减轻责任的法定理由，因为此时的独立董事承担法律责任的依据已经变成定期报告中的虚假陈述了。

（八）隐瞒重大投资或者协议行为

《证券法》自诞生之日起，就一直将上市公司的重大投资行为，重大的购置财产的决定，公司订立重要合同而该合同可能对公司的资产、负债、权益和经营成果产生重要影响，公司发生重大债务和未能清偿到期重大债务的违约情况，公司发生重大亏损或者遭受重大损失等事项列明为重大事件，要求上市公司等信息披露义务人履行对重大事件及时、真实、准确和完整报告与公告的义务，没有依法履行报告和公告义务者将承担《证券法》上的虚假陈述法律责任。虽然《证券法》自制定后历经多次修订和完善，但是上述的几个列明事项都是《证券法》明示的重大事件[①]，并且这些事项中除公司发生重大债务和未能清偿到期重大债务的违约情况这一事项不能归结为重大投资或者协议以外，其他事项都可以归结为重大投资或者协议。

独立董事因为上市公司隐瞒重大投资或者协议而受到行政处罚的典型案例有依据1998年《证券法》予以处罚的天一科技案、依据2005年《证券法》予以处罚的成城股份案和新华都案。

自1999年3月至2004年10月，天一科技通过自营、委托理财等方式将自有资金、募集资金和账外贷款资金投资于二级市场的股票，累计投入5.62亿元，并造成重大投资损失。为掩盖该重大投资及其亏损事项，天一科技采用虚构收入、少转成本和费用等方式实施财务造假，并在相关年度报告中作虚假陈述；天一科技也未依法在临时报告和公告及相关年度报告中披露上述股票投资行为。中国证监会认为天一科技上述信息披露虚假行为违反了1998年《证券法》第59条关于"公司公告的股票或者公司债券的发行和上市文件，必须真实、准确、完整，不得

[①] 1998年《证券法》第62条第2款规定："下列情况为前款所称重大事件：……（二）公司的重大投资行为和重大的购置财产的决定；（三）公司订立重要合同，而该合同可能对公司的资产、负债、权益和经营成果产生重要影响；（四）公司发生重大债务和未能清偿到期重大债务的违约情况；（五）公司发生重大亏损或者遭受超过净资产百分之十以上的重大损失……"2005年《证券法》第67条第2款规定："下列情况为前款所称重大事件：……（二）公司的重大投资行为和重大的购置财产的决定；（三）公司订立重要合同，可能对公司的资产、负债、权益和经营成果产生重要影响；（四）公司发生重大债务和未能清偿到期重大债务的违约情况；（五）公司发生重大亏损或者重大损失……"2019年《证券法》第80条第2款规定："前款所称重大事件包括：……（二）公司的重大投资行为，公司在一年内购买、出售重大资产超过公司资产总额百分之三十，或者公司营业用主要资产的抵押、质押、出售或者报废一次超过该资产的百分之三十；（三）公司订立重要合同、提供重大担保或者从事关联交易，可能对公司的资产、负债、权益和经营成果产生重要影响；（四）公司发生重大债务和未能清偿到期重大债务的违约情况；（五）公司发生重大亏损或者重大损失……"

有虚假记载、误导性陈述或者重大遗漏"的规定、第 60 条关于上市公司半年度报告披露的规定、第 61 条关于上市公司年度报告披露的规定、第 62 条第 1 款关于"发生可能对上市公司股票交易价格产生较大影响、而投资者尚未得知的重大事件时,上市公司应当立即将有关该重大事件的情况向国务院证券监督管理机构和证券交易所提交临时报告,并予公告,说明事件的实质"的规定,以及《公开发行股票公司信息披露的内容与格式准则第 2 号——年度报告的内容与格式》等有关规定,构成了 1998 年《证券法》第 177 条规定的"依照本法规定,经核准上市交易的证券,其发行人未按照有关规定披露信息,或者所披露的信息有虚假记载、误导性陈述或者有重大遗漏"的虚假陈述行为;并认为独立董事是该虚假陈述行为的其他直接责任人员,遂予以警告的行政处罚。

2004 年,成城股份拟作为发起人之一设立安华农业保险股份有限公司(以下简称"安华保险")。2004 年 9 月 24 日,成城股份向安华保险筹备组汇款 100 万元,安华保险将其确认为履约保证金,未确认为实际出资。2004 年 12 月 9 日,成城股份发布公告称:公司日前签署了"安华农业保险股份有限公司发起人协议书",拟出资 5 000 万元,认购安华保险 20%的股权。2004 年 12 月 30 日,安华保险成立。吉林省人民政府《关于同意设立安华农业保险股份有限公司的批复》以及安华保险的设立登记申请材料显示,安华保险的注册资本为 20 000 万元,成城股份认缴 3 000 万元。2005 年,因成城股份一直未履行出资义务,安华保险已足额出资的股东通过股东会决议,中止成城股份的股东资格。2007 年 4 月,成城股份出资 1 000 万元,成为安华保险的股东,后再未实际出资。成城股份自 2004 年至 2012 年的年度报告中一直披露对安华保险投资 5 000 万元,存在虚假记载。另外,成城股份于 2012 年 11 月

15 日发布公告称：与上海中强能源（集团）有限公司（以下简称"上海中强"）签订框架协议，约定合作开发上海康桥地产项目，开发土地位于上海市浦东新区康桥镇御水路 603、605 号。成城股份将以该土地使用权作为出资，作价 32 885 万元，项目资金由上海中强提供，并根据开发进程逐步到位，上海中强全权负责开发建设。上海中强提供的说明称：上海中强在协议签订几天后即要求终止，由于上述土地开发影响自身贷款，曾多次敦促成城股份公告终止合作开发框架协议。双方于 2013 年 7 月 5 日补充签订了上述土地合作开发的终止协议，约定：上海中强在上述协议中的权利和义务从 2013 年 7 月 2 日起终止，其全部权利和义务由深圳市佳誉合丰贸易有限公司（以下简称"深圳佳誉"）接受并承担。成城股份在终止协议上盖章，徐某某作为成城股份法定代表人签字。成城股份未及时公告与上海中强的土地合作开发框架协议终止的情况，直至 2014 年 2 月 20 日才进行公告。中国证监会认为：独立董事是成城股份对安华保险投资虚假记载事项的其他直接责任人员，尽管独立董事没有被列为成城股份未及时披露其与上海中强土地合作开发协议终止事项的违法行为的其他直接责任人员，但是这两个事项都没有在相关年度报告中记载并披露，该行为违反了 2005 年《证券法》第 63 条关于"上市公司依法披露的信息，必须真实、准确、完整，不得有虚假记载、误导性陈述或者重大遗漏"的规定，构成 2005 年《证券法》第 193 条第 1 款规定的信息披露违法行为。

新华都未按规定披露订立重要合同等重大事件主要有两例：第一例是 2012 年 11 月 2 日，泉州新华都与和昌（福建）房地产开发有限公司（以下简称"和昌福建"）签订"租赁补充协议"，约定由泉州新华都在一年内向和昌福建支付定金 5 000 万元，预付租金 5 000 万元，并自

2014年起和昌福建按18%的年利率向泉州新华都支付已预付定金及租金的资金占用费。2012年11月7日，泉州新华都与和昌福建签订了"商品房认购补充协议"，约定泉州新华都在一年内向和昌福建支付认购款1.9亿元，并自2014年起和昌福建以18%的年利率向泉州新华都支付已付认购款的资金占用费。上述"租赁补充协议""商品房认购补充协议"属于重要合同，新华都未按照《公开发行证券的公司信息披露内容与格式准则第2号——年度报告的内容与格式》（2012年修订）第32条、《公开发行证券的公司信息披露内容与格式准则第2号——年度报告的内容与格式》（2014年修订）第32条的规定在2013年、2014年年度报告之"重要事项"中披露，直至2016年3月28日，新华都才以临时公告形式补充披露。第二例是2013年1月，新华都关闭常州奥体店，装修费和固定资产损失金额为2 819.08万元，占2011年度经审计净利润的19.35%；2013年4月，新华都关闭泰州坡子街店，装修费和固定资产损失金额为2 438.26万元，占2012年度经审计净利润的15.28%。对于上述重要事项，新华都未按照《公开发行证券的公司信息披露内容与格式准则第2号——年度报告的内容与格式》（2012年修订）第37条的规定在2013年年度报告之"重要事项"中披露。直至2016年3月28日，新华都才以临时报告形式补充披露。对于新华都的重大事件虚假陈述违法行为，有部分独立董事提出"新华都于2012年11月与和昌福建签订商品房协议，于2013年1月、4月关闭相关门店时，其尚未受聘成为独立董事，相关事项也未提交董事会审议，其不知情，不应承担相应责任"的抗辩理由，但是中国证监会福建证监局认为："虽然新华都与和昌福建签订补充协议以及关闭门店事项都发生在当事人任期之前，但该事项应在新华都2013年、2014年年度报告中披露。当事人在审议新华都 2013 年、2014 年年度报告时，没有对该事项予以关注，并在年度报告上签署了书面确认意见，应当承担相应的法律责任。"

上述三个案例（尤其是新华都案）清楚地反映了监管机构关注重点的规律：独立董事在一般情况下不被列为《证券法》规定的重大事件虚假陈述的其他直接责任人员而受到行政处罚，除非对相关重大事件在相应定期报告中作了虚假陈述，在这种情况下在相应定期报告上签署意见确认定期报告真实、准确和完整的独立董事会受到相应的行政处罚。独立董事因为重大事件没有及时报告或者公告，情节严重而受到行政处罚也是有明确的法律依据的。

（九）定期财务报告延迟披露

自建立独立董事制度以来，在成城股份未按期披露 2013 年年度报告、银基稀碳未按期披露 2016 年年度报告及 2017 年第一季度报告、山东地矿未在法定期限内披露 2017 年年度报告及 2018 年第一季度报告、中毅达未在法定期限内披露 2017 年年度报告及 2018 年第一季度报告，以及华泽钴镍未在法定期限内披露 2017 年年度报告及 2018 年第一季度报告的案件中，相关独立董事均因此而受到处罚。比较典型的案例是成城股份案、华泽钴镍案和中毅达案。

1. 成城股份案

成城股份原定于 2014 年 3 月中旬由大信会计师事务所进场开展 2013 年年度报告审计业务工作，准备与其签订业务约定书。由于成城股份拖欠大信会计师事务所审计费用以及双方对有关审计问题的解释和处理存在分歧等原因，大信会计师事务所未按照成城股份原定计划进场审计。2014 年 4 月 3 日至 4 日，成城股份与亚太（集团）会计师事务所达成一致，由后者对成城股份进行 2013 年年度报告审计，但同时成城股份被告知最少需要 45 天才能出审计报告初稿。随后成城股份履行了变更会计师事务所的董事会和股东会审议程序，并发布了"关于变更会计师事务所的公告"和"关于延期披露 2013 年年度报告和 2014 年一季报的公告"，独立董事在相关议案和公告文件上均签字确认同意。直到 2014 年 6 月 28 日成城股份才披露 2013 年年度报告。

对成城股份未按期披露年度报告的违法行为，一名时任独立董事表示：其曾提出过公司要及时履行年度报告披露义务，其在 2014 年 2 月或 3 月初向财务总监和董事会秘书了解 2013 年年度报告审计的情况时得到的回复是审计工作正在安排。直至成城股份召开董事会会议审议更换会计师事务所的提案时，有关知情人才告知他会计师事务所未入场工作，但是并未告知他更换的原因是拖欠审计费用。在董事会作出更换会计师事务所的决议后，他还向公司提出要及时披露年度报告。所以，作为独立董事他已经履行了监督责任，不应对涉案行为承担责任。另外一名时任独立董事在听证及申辩材料中请求撤销对他的行政处罚，理由如下：第一，2014 年 1 月初，其就向成城股份及董事长提出卸任，并于 2014 年 4 月 28 日卸任。其于 2013 年 5 月 2 日当选成城股份独立董事，至 2014 年 4 月 28 日卸任，任职期间很短。第二，成城股份未能按期披露 2013 年年度报告非其所能控制，其已尽到了充分、必要的注意义务：2014 年 3 月，其向公司及董事长提醒和督促按期披露年度报告。第三，成城股份尚未支付其作为独立董事的报酬，从权利、义务对等角度看，其未享有权利，应相应减免责任、义务。但是中国证监会认为：上市公司的独立董事应当勤勉尽责，关注年度报告的编制情况。成城股份的独立董事未能提出在积极督促成城股份按期披露 2013 年年度报告事项上尽到了必要适当的注意、已切实勤勉尽责的证据。不知悉延期披露年度报告的真实原因、任职时间短、未领取报酬等均非免责的理由。所以中国证监会依据 2005 年《证券法》第 66 条、第 193 条和 2007 年《上市公司信息披露管理办法》第 38 条①、第 58 条第 1 款②的规定，将成城股份时任独立董事认定为信息披露违法行为的其他直接责任人员，给予了相应的行政处罚。

2. 华泽钴镍案

华泽钴镍案是独立董事因上市公司未按期披露定期报告而受到行政处罚比较极端的一个经典案例，极端的表现是独立董事刚上任就出现了上市公司更换会计师事务所而年度报告未按期披露的违法行为，但是独立董事也因此受到了处罚。这反映出监管机构对独立董事该项履职行为的关注重点与勤勉尽责的认定标准。

2018 年 4 月 12 日，华泽钴镍发布"关于预测无法在法定期限内披露定期报告及股票可能被暂停上市的风险提示性公告"，该公告称：华泽钴镍董事会于 2018 年 3 月 14 日审议通过了"关于聘请亚太（集团）会计师事务所（特殊合伙人）为公司 2017 年年度报告审计机构的议案"，且该议案于 2018 年 4 月 4 日经 2018 年第二次临时股东大会审议批准；由于审计费逾期支付等原因，公司确定 2017 年度审计机构较晚，对年度报告可能无法在法定期限内披露进行了特别风险提示。4 月 28

---

① 2007 年《上市公司信息披露管理办法》第 38 条的规定是："上市公司董事、监事、高级管理人员应当勤勉尽责，关注信息披露文件的编制情况，保证定期报告、临时报告在规定期限内披露，配合上市公司及其他信息披露义务人履行信息披露义务。"

② 2007 年《上市公司信息披露管理办法》第 58 条第 1 款的规定是："上市公司董事、监事、高级管理人员应当对公司信息披露的真实性、准确性、完整性、及时性、公平性负责，但有充分证据表明其已履行勤勉尽责义务的除外。"

日，华泽钴镍发布"关于无法在法定期限披露定期报告及公司股票停牌的公告"，该公告称：因公司无法在法定期限内披露2017年年度报告，公司股票将于2017年年度报告披露期限届满后次一交易日（2018年5月2日）起被实施停牌；对暂停上市甚至终止上市等潜在可能进行特别风险提示；延期披露原因为公司无法筹措资金支付审计费、二股东拒绝支援资金、其他股东未对资金支援表达态度等；直至4月25日大股东全额垫付审计费，亚太（集团）会计师事务所才回复拟于5月2日进场，并计划于6月28日出具审计报告。6月29日，华泽钴镍披露2017年年度报告和2018年第一季度报告。针对华泽钴镍上述行为，中国证监会认为华泽钴镍未在2017会计年度结束之日起4个月内披露2017年年度报告，违反了2005年《证券法》第66条的规定，构成2005年《证券法》第193条第1款规定的"未按照规定披露信息"的行为；华泽钴镍未在2018会计年度第三个月结束后的1个月内编制完成并披露2018年第一季度报告，违反了2007年《上市公司信息披露管理办法》第20条第1款的规定，构成2007年《上市公司信息披露管理办法》第61条规定的"信息披露义务人未在规定期限内履行信息披露义务……按照《证券法》第一百九十三条处罚"的行为，遂依据2007年《上市公司信息披露管理办法》第3条①、第38条、第58条第1款的规定，对华泽钴镍时任独立董事作出了警告并处以罚款的行政处罚。

针对该行政处罚，时任独立董事张某伟和武某在预告知和听证阶段提出年度报告未能披露的直接原因在于关联方资金占用导致华泽钴镍无

---

① 2007年《上市公司信息披露管理办法》第3条的规定是："发行人、上市公司的董事、监事、高级管理人员应当忠实、勤勉地履行职责，保证披露信息的真实、准确、完整、及时、公平。"

力支付审计费用,其作为管理层在客观上无法阻止年度报告延期披露的发生;并进一步提出如下申辩意见:第一,其于2018年4月4日才当选为独立董事,年度报告的延期披露在其被选举为独立董事时已为既成事实;第二,其在两份延期披露的定期报告对应期间并未任职,且其直至卸任都未从公司得到报酬;第三,其成为独立董事后,已通过多种方式履行勤勉尽责义务,维护中小股东利益;第四,即使自律监管机构认定其有责任且对其进行通报批评,其行为也不构成违法。因此,二人不应承担责任,中国证监会对其进行行政处罚不符合过罚相当与公平原则,请求不予处罚。

中国证监会经复核后认为:第一,真实、准确、完整、及时地披露信息是上市公司的法定义务,上市公司董事、监事和高级管理人员应当勤勉尽责,保证定期报告在规定期限内披露,当事人所称无法阻止定期报告延期披露的发生不是免责事由,在案证据不足以证明相关当事人已勤勉尽责;第二,虽然张某伟和武某均于2018年4月4日才当选华泽钴镍的独立董事,但并无证据证明二人于4月27日前对定期报告的披露采取积极有效的措施,他们所称延期披露已成定局等并非法定免责事由;第三,张某伟和武某所称4月23日才得知当选独立董事,正是二人不关注公司情况、未勤勉尽责的体现(实际上是4月4日公司临时股东会审议通过而在当天二人被选聘为公司独立董事),他们既违反了自律监管机构的相关规则,也违反了《证券法》的相关规定,自律监管机构的纪律处分不影响中国证监会的行政处罚。所以,中国证监会对华泽钴镍时任独立董事张某伟和武某的申辩意见未予以采纳。

从这个案例中可以看出,独立董事在督促定期报告的编制、审议与披露时,最好留有相应的证据,简单口头询问无法证明达到了勤勉尽责的履职标准。并且独立董事对定期报告按时披露的监督责任与任职时间、任职期间长短等因素均没有直接联系，只要是在法定应当披露定期报告日前担任上市公司的独立董事，如果上市公司未按时披露定期报告，独立董事自身未履行勤勉尽责义务，就面临着被处罚的风险。

3. 中毅达案

中毅达案反映出独立董事在定期报告按期披露的审核和督促方面的履职标准，以及对于上市公司定期报告未按期披露的违规行为独立董事在何种情况下能够被免责。

我们从该公司在不同时间节点发生的事件中可以梳理出其中的脉络：2017年10月，中毅达将年度报告准备工作提上议程，并开始准备编制。11月27日，中毅达董事会决定续聘亚太（集团）会计师事务所为公司2017年年度报告的审计机构，12月13日股东大会通过了该议案。2018年1月17日，中毅达公告收到亚太（集团）会计师事务所函件，后者表示因工作繁忙拟不作为中毅达审计机构。1月19日，中毅达董事会决定变更审计机构为四川华信（集团）会计师事务所（以下简称"华信所"），为审议变更华信所为公司2017年度审计机构的议案，中毅达董事会先后三次召集临时股东大会，终于在3月21日召开的第三次股东大会上通过了更换华信所为2017年度审计机构的议案，随后华信所进场审计。4月23日，华信所将审计报告初稿发给中毅达。4月27日，中毅达召开董事会会议审议2017年年度报告及2018年第一季度报告，当日将定期报告相关议案发送至董事邮箱，董事会八名董事投票，三人同意，三人反对，二人弃权，中毅达2017年年度报告和2018年第一季度报告未获董事会审议通过。独立董事杨某锋在该董事会会议上投的是弃权票，他的弃权理由为"未见相关报告内容，无法发表意见"和"无法对年报等情况作出判断"。5月2日，中毅达发布"关于无法在法定期限内披露定期报告的公告"。8月30日，中毅达披露了2017年年度报告及2018年第一季度报告。

针对中毅达的上述信息披露违法行为，中国证监会认为：中毅达未在2017会计年度结束之日起4个月内披露2017年年度报告，违反了2005年《证券法》第66条的规定，构成2005年《证券法》第193条第1款规定的"未按照规定披露信息"的行为；中毅达未在2018会计年度第三个月结束后的1个月内编制完成并披露2018年第一季度报告，违反了2007年《上市公司信息披露管理办法》第20条第1款的规定，构成2007年《上市公司信息披露管理办法》第61条规定的"信息披露义务人未在规定期限内履行信息披露义务……按照《证券法》第一百九十三条处罚"的行为。时任中毅达独立董事杨某锋在董事会会议上对2017年年度报告及2018年第一季度报告投弃权票，理由为"未见相关报告内容，无法发表意见""无法对年报等情况作出判断"。作为独立董事，杨某锋应当了解并持续关注公司的生产经营情况、财务状况等，主动调查、获取决策所需要的资料，独立履行职责。杨某锋直接以未见相关报告内容为由投弃权票，未采取有效措施积极履行审议定期报告的职责，其投票行为显属未勤勉尽责。依据2007年《上市公司信息披露管理办法》第3条、第38条、第58条第1款的规定，杨某锋应对中毅达未在法定期限内披露2017年年度报告和2018年第一季度报告违法行为承担责任，是其他直接责任人员。最终，杨某锋受到警告并处罚款4万元的行政处罚。

同样在中毅达未按时披露2017年年度报告和2018年第一季度报告的违法案件中，因为独立董事张某不仅对董事会的相关议案投了反对票，而且列明了发对理由，包括实际控制人未核实、违规支付的贸易款无法收回、常年法律顾问服务费异常、对董事提出的问询未回复、放弃子公司控制权未履行批准程序等，所以中国证监会认为独立董事张某已经履行勤勉义务而免予处罚。

从中国证监会因中毅达未按期披露2017年年度报告和2018年第一季度报告违法行为而对独立董事进行处罚来看，独立董事在定期报告披露的审核方面不仅承担被动审核义务，而且还负有积极获取相关审议内容并督促上市公司按期披露定期报告的义务，"未见相关报告内容，无法发表意见""无法对年报等情况作出判断"等均不构成免责的理由。

从上述独立董事因上市公司未按期披露定期报告而受到处罚的案例中可以得出如下结论：第一，按期披露定期报告是定期报告披露期限届满时仍担任独立董事或者虽然已经辞去独立董事职务但是仍然履行独立董事职责的人员绝对的、法定的义务，该义务不因披露的报告期间不在其履职期间或者履职时间短等理由而自然减轻或者免除；第二，独立董事在定期报告按期披露方面的职责不仅包括审核定期报告，而且还包括积极获取审核内容并督促上市公司依法履行按期披露的义务，所以"上市公司及其管理层故意隐瞒""上市公司没有及时安排审议相关定期报告""审计机构耽误时间""不知悉定期报告的内容""无法对定期报告作出判断"等也不构成减轻或者免除责任的理由；第三，独立董事对上市公司定期报告披露义务的督促应当留有相应的证据，足以证明其履行了勤勉尽责的义务，仅仅是口头提醒或者问询不能证明其履行了作为独立董事的勤勉尽责义务。

（十）内幕交易和短线交易

2017年1月9日，中国证监会行政处罚决定书（〔2017〕8号）对宋某内幕交易"国发股份"和短线交易"盛运股份""神雾环保""京能置业"的违法行为作出认定和处罚。其中，短线交易"京能置业""盛运股份""神雾环保"的主要原因是宋某担任这三个上市公司的独立董事。其短线交易的具体违法行为如下所示：

（1）两次短线交易"盛运股份"的股票。2008年6月20日至2014年9月3日，宋某担任"盛运股份"独立董事。2013年7月23日，宋某使用"张某瑶"账户买入"盛运股份"26 200股，成交金额为887 918元；2013年8月5日卖出26 200股，成交金额为943 200元，构成一次短线交易，该次短线交易扣除税费后盈利52 141.46元。2014年6月12日和25日，宋某使用"邢某"账户买入"盛运股份"43 500股，成交金额为682 515元；2014年8月14日，卖出43 600股，成交金额为645 324.1元，又构成一次短线交易，该次短线交易扣除税费后亏损40 375.89元。

（2）一次短线交易"神雾环保"的股票。2008年9月21日至2015年8月18日，宋某担任"神雾环保"独立董事。2015年3月13日，宋某使用"邢某"账户卖出"神雾环保"20 000股，成交金额为416 200元；2015年4月2日买入"神雾环保"2 000股，成交金额为52 354元，2015年4月17日买入20 000股，成交金额为552 600元，构成短线交易，该次短线交易扣除税费后亏损134 199.96元。

（3）两次短线交易"京能置业"的股票。2012年12月6日至案发时，宋某担任"京能置业"独立董事。2014年10月13日、14日、16日，宋某使用"邢某"账户买入"京能置业"65 000股，成交金额为455 291元；2014年11月6日、7日，卖出"京能置业"65 000股，成交金额为411 905元，构成一次短线交易，该次短线交易扣除交易费用后亏损 44 569.67 元。2015 年 4 月 13 日，宋某使用"邢某"账户买入"京能置业"30 000 股，成交金额为 290 400 元；2015 年 4 月 15 日卖出"京能置业"30 000 股，成交金额为 270 601 元，又构成一次短线交易，该次短线交易扣除交易费用后亏损 20 273.89 元。

针对宋某上述短线交易行为，中国证监会认为：宋某在担任"盛运股份""神雾环保""京能置业"独立董事期间，有六个月内买入又卖出、六个月内卖出又买入其所任职上市公司股票的行为，其行为违反 2005 年《证券法》第 47 条第 1 款①的规定，构成了 2005 年《证券法》第 195 条②规定的短线交易行为。中国证监会依据 2005 年《证券法》第 195 条，决定针对宋某的短线交易违法行为作出如下处罚：对宋某两次短线交易"盛运股份"股票的行为，给予警告，并分别处以 10 万元罚款；对宋某短线交易"神雾环保"股票的行为，给予警告，并处以 10 万元罚款；对宋某两次短线交易"京能置业"股票的行为，给予警告，并分别处以 10 万元罚款。综上，对宋某给予警告，合计处以 50 万元罚款。这是对宋某短线交易其担任独立董事的上市公司的股票的一种顶格处罚。

独立董事因短线交易其所任职上市公司的股票而受到行政处罚的还有广东明珠的独立董事周某鸿、旗滨集团的独立董事周某明、中央商场

---

① 2005 年《证券法》第 47 条第 1 款规定："上市公司董事、监事、高级管理人员、持有上市公司股份百分之五以上股份的股东，将其持有的该公司的股票在买入后六个月内卖出，或者在卖出后六个月内又买入，由此所得收益归该公司所有，公司董事会应当收回其所得收益。但是，证券公司因包销购入售后剩余股票而持有百分之五以上股份的，卖出该股票不受六个月时间的限制。"

② 2005 年《证券法》第 195 条规定："上市公司的董事、监事、高级管理人员、持有上市公司股份百分之五以上的股东，违反本法第四十七条的规定买卖本公司股票的，给予警告，可以并处三万元以上十万元以下的罚款。"

的独立董事李某合等。独立董事短线交易其所任职上市公司的股票的，一方面，即使有获利，其所得收益（包括减少的损失）也会依照法律的规定被归入上市公司；另一方面，独立董事会因此受到行政处罚，并且2019年《证券法》第44条的规定扩大了短线交易的主体和对象①，第189条的规定又加重了短线交易的法律责任②，由"可以并处罚款"直接修改为"并处罚款"，罚款的金额也由"三万元以上十万元以下"修改为"十万元以上一百万元以下"。所以，独立董事应当远离短线交易。

除了短线交易，独立董事利用其职务便利从事内幕交易的案例也逐渐增多，其中既有旗滨集团独立董事周某明在上市公司分红决定的消息公开之前利用其控制的证券账户交易旗滨集团股票，南京新百独立董事李某合利用并购重组的内幕消息从事内幕交易，也有易见股份独立董事胡某泄露并传播内幕消息构成内幕交易。对于独立董事参与的这些内幕交易，中国证监会均依据2005年《证券法》第73～76条③和第202

---

① 2019年《证券法》第44条第1款和第2款规定："上市公司、股票在国务院批准的其他全国性证券交易场所交易的公司持有百分之五以上股份的股东、董事、监事、高级管理人员，将其持有的该公司的股票或者其他具有股权性质的证券在买入后六个月内卖出，或者在卖出后六个月内又买入，由此所得收益归公司所有，公司董事会应当收回其所得收益。但是，证券公司因购入包销售后剩余股票而持有百分之五以上股份，以及有国务院证券监督管理机构规定的其他情形的除外。""前款所称董事、监事、高级管理人员、自然人股东持有的股票或者其他具有股权性质的证券，包括其配偶、父母、子女持有的及利用他人账户持有的股票或者其他具有股权性质的证券。"

② 2019年《证券法》第189条规定："上市公司、股票在国务院批准的其他全国性证券交易场所交易的公司的董事、监事、高级管理人员、持有该公司百分之五以上股份的股东，违反本法第四十四条的规定，买卖该公司股票或者其他具有股权性质的证券的，给予警告，并处以十万元以上一百万元以下的罚款。"

③ 2005年《证券法》第73～76条对内幕交易行为及禁止内幕交易作了详细规定。其中，第73条概括地规定了禁止内幕交易："禁止证券交易内幕信息的知情人和非法获取内幕信息的人利用内幕信息从事证券交易活动。"第74条规定了内幕信息知情人包括哪些主体："证券交易内幕信息的知情人包括：（一）发行人的董事、监事、高级管理人员；（二）持有公司百分之五以上股份的股东及其董事、监事、高级管理人员，公司的实际控制人及其董事、监事、高级管理人员；（三）发行人控股的公司及其董事、监事、高级管理人员；（四）由于所任公司职务可以获取公司有关内幕

条[4]的规定给予了行政处罚。2019年《证券法》第50～53条[5]和第191

(接上页)信息的人员；（五）证券监督管理机构工作人员以及由于法定职责对证券发行、交易进行管理的其他人员；（六）保荐人、承销的证券公司、证券交易所、证券登记结算机构、证券服务机构的有关人员；（七）国务院证券监督管理机构规定的其他人。"第75条规定了内幕信息："证券交易活动中，涉及公司的经营、财务或者对该公司证券的市场价格有重大影响的尚未公开的信息，为内幕信息。下列信息皆属内幕信息：（一）本法第六十七条第二款所列重大事件；（二）公司分配股利或者增资的计划；（三）公司股权结构的重大变化；（四）公司债务担保的重大变更；（五）公司营业用主要资产的抵押、出售或者报废一次超过该资产的百分之三十；（六）公司的董事、监事、高级管理人员的行为可能依法承担重大损害赔偿责任；（七）上市公司收购的有关方案；（八）国务院证券监督管理机构认定的对证券交易价格有显著影响的其他重要信息。"第76条规定了内幕交易行为："证券交易内幕信息的知情人和非法获取内幕信息的人，在内幕信息公开前，不得买卖该公司的证券，或者泄露该信息，或者建议他人买卖该证券。持有或者通过协议、其他安排与他人共同持有百分之五以上股份的自然人、法人、其他组织收购上市公司的股份，本法另有规定的，适用其规定。内幕交易行为给投资者造成损失的，行为人应当依法承担赔偿责任。"

④ 2005年《证券法》第202条规定了内幕交易的法律责任："证券交易内幕信息的知情人或者非法获取内幕信息的人，在涉及证券的发行、交易或者其他对证券的价格有重大影响的信息公开前，买卖该证券，或者泄露该信息，或者建议他人买卖该证券的，责令依法处理非法持有的证券，没收违法所得，并处以违法所得一倍以上五倍以下的罚款；没有违法所得或者违法所得不足三万元的，处以三万元以上六十万元以下的罚款。单位从事内幕交易的，还应当对直接负责的主管人员和其他直接责任人员给予警告，并处以三万元以上三十万元以下的罚款。证券监督管理机构工作人员进行内幕交易的，从重处罚。"

⑤ 2019年《证券法》第50条概括地规定了禁止内幕交易："禁止证券交易内幕信息的知情人和非法获取内幕信息的人利用内幕信息从事证券交易活动。"第51条规定了内幕信息知情人的范围："证券交易内幕信息的知情人包括：（一）发行人及其董事、监事、高级管理人员；（二）持有公司百分之五以上股份的股东及其董事、监事、高级管理人员，公司的实际控制人及其董事、监事、高级管理人员；（三）发行人控股或者实际控制的公司及其董事、监事、高级管理人员；（四）由于所任公司职务或者因与公司业务往来可以获取公司有关内幕信息的人员；（五）上市公司收购人或者重大资产交易方及其控股股东、实际控制人、董事、监事和高级管理人员；（六）因职务、工作可以获取内幕信息的证券交易场所、证券公司、证券登记结算机构、证券服务机构的有关人员；（七）因职责、工作可以获取内幕信息的证券监督管理机构工作人员；（八）因法定职责对证券的发行、交易或者对上市公司及其收购、重大资产交易进行管理可以获取内幕信息的有关主管部门、监管机构的工作人员；（九）国务院证券监督管理机构规定的可以获取内幕信息的其他人员。"第52条重新界定了内幕信息："证券交易活动中，涉及发行人的经营、财务或者对该发行人证券的市场价格有重大影响的尚未公开的信息，为内幕信息。本法第八十条第二款、第八十一条第二款所列重大事件属于内幕信息。"第53条是对内幕交易的规定："证券交易内幕信息的知情人和非法获取内幕信息的人，在内幕信息公开前，不得买卖该公司的证券，或者泄露该信息，或者建议他人买卖该证券。持有或者通过协议、其他安排与他人共同持有公司百分之五以上股份的自然人、法人、非法人组织收购上市公司的股份，本法另有规定的，适用其规定。内幕交易行为给投资者造成损失的，应当依法承担赔偿责任。"

条第 1 款①进一步完善了内幕交易的规定，主要是扩大了内幕信息知情人的范围并加重了内幕交易人员的法律责任。不仅如此，内幕交易还是《刑法》第 180 条②规定的独立罪名，符合法定的条件时，内幕交易人员除了要承担《证券法》规定的行政和民事责任，还要承担刑事责任，并且从最高人民检察院和公安部规定的对内幕交易案件的立案追诉标准来看，累计成交金额 50 万元以上、获利或者避免损失 15 万元以上或者多次从事内幕交易的，均会被立案追诉并被追究刑事责任。③ 这个立案追诉的标准很容易达到，所以独立董事不从事内幕交易应该是

---

① 2019 年《证券法》第 191 条第 1 款规定："证券交易内幕信息的知情人或者非法获取内幕信息的人违反本法第五十三条的规定从事内幕交易的，责令依法处理非法持有的证券，没收违法所得，并处以违法所得一倍以上十倍以下的罚款；没有违法所得或者违法所得不足五十万元的，处以五十万元以上五百万元以下的罚款。单位从事内幕交易的，还应当对直接负责的主管人员和其他直接责任人员给予警告，并处以二十万元以上二百万元以下的罚款。国务院证券监督管理机构工作人员从事内幕交易的，从重处罚。"

② 《刑法》第 180 条规定："证券、期货交易内幕信息的知情人员或者非法获取证券、期货交易内幕信息的人员，在涉及证券的发行，证券、期货交易或者其他对证券、期货交易价格有重大影响的信息尚未公开前，买入或者卖出该证券，或者从事与该内幕信息有关的期货交易，或者泄露该信息，或者明示、暗示他人从事上述交易活动，情节严重的，处五年以下有期徒刑或者拘役，并处或者单处违法所得一倍以上五倍以下罚金；情节特别严重的，处五年以上十年以下有期徒刑，并处违法所得一倍以上五倍以下罚金。单位犯前款罪的，对单位判处罚金，并对其直接负责的主管人员和其他直接责任人员，处五年以下有期徒刑或者拘役。内幕信息、知情人员的范围，依照法律、行政法规的规定确定。证券交易所、期货交易所、证券公司、期货经纪公司、基金管理公司、商业银行、保险公司等金融机构的从业人员以及有关监管部门或者行业协会的工作人员，利用因职务便利获取的内幕信息以外的其他未公开的信息，违反规定，从事与该信息相关的证券、期货交易活动，或者明示、暗示他人从事相关交易活动，情节严重的，依照第一款的规定处罚。"

③ 最高人民检察院、公安部《关于公安机关管辖的刑事案件立案追诉标准的规定（二）》第 35 条对内幕交易、泄露内幕信息案的立案追诉标准作了明确规定："证券、期货交易内幕信息的知情人员、单位或者非法获取证券、期货交易内幕信息的人员、单位，在涉及证券的发行，证券、期货交易或者其他对证券、期货交易价格有重大影响的信息尚未公开前，买入或者卖出该证券，或者从事与该内幕信息有关的期货交易，或者泄露该信息，或者明示、暗示他人从事上述交易活动，涉嫌下列情形之一的，应予立案追诉：（一）证券交易成交额累计在五十万元以上的；（二）期货交易占用保证金数额累计在三十万元以上的；（三）获利或者避免损失数额累计在十五万元以上的；（四）多次进行内幕交易、泄露内幕信息的；（五）其他情节严重的情形。"

其职业底线。

三、对独立董事作出行政处罚时从重、从轻和免除处罚的情形与具体案例

独立董事因履职时未勤勉尽责而受到行政处罚的主要法律依据是《行政处罚法》，所以在对独立董事作出行政处罚时能否从重、从轻和免除处罚，主要是看独立董事的行为、性质、情节和危害程度等方面是否满足从重、从轻和免除处罚的规定，这个规定主要是《行政处罚法》第27条的规定。[①] 2021年1月22日第十三届全国人大常委会第二十五次会议通过了新修订的《行政处罚法》，该法第32条[②]和第33条[③]对从轻、减轻和免除行政处罚的情形分别作了规定。比较新旧规定可以看出，2021年《行政处罚法》在从轻和减轻处罚的法定理由中增加了"受他人诱骗实施违法行为"和"主动供述行政机关尚未掌握的违法行为"两个理由，并对免除行政处罚的情形予以具体明确。当然，在法定的处罚幅度范围内受到具体处罚的轻重还受执法环境、对方态度和行为人一贯表现等多种因素的影响，下面笔者就结合对独立董事从重、从轻

[①] 1996年制定，2009年、2017年修正的《行政处罚法》第27条规定："当事人有下列情形之一的，应当依法从轻或者减轻行政处罚：（一）主动消除或者减轻违法行为危害后果的；（二）受他人胁迫有违法行为的；（三）配合行政机关查处违法行为有立功表现的；（四）其他依法从轻或者减轻行政处罚的。违法行为轻微并及时纠正，没有造成危害后果的，不予行政处罚。"

[②] 2021年《行政处罚法》第32条规定："当事人有下列情形之一，应当从轻或者减轻行政处罚：（一）主动消除或者减轻违法行为危害后果的；（二）受他人胁迫或者诱骗实施违法行为的；（三）主动供述行政机关尚未掌握的违法行为的；（四）配合行政机关查处违法行为有立功表现的；（五）法律、法规、规章规定其他应当从轻或者减轻行政处罚的。"

[③] 2021年《行政处罚法》第33条规定："违法行为轻微并及时改正，没有造成危害后果的，不予行政处罚。初次违法且危害后果轻微并及时改正的，可以不予行政处罚。当事人有证据足以证明没有主观过错的，不予行政处罚。法律、行政法规另有规定的，从其规定。对当事人的违法行为依法不予行政处罚的，行政机关应当对当事人进行教育。"

和免除行政处罚的案例来具体分析。

(一) 对独立董事从重处罚的案例及其分析

从重处罚是在对应的应受处罚的幅度范围内给予的较重的处罚。

2005年《证券法》第193条规定的信息披露违法行为的其他直接责任人员承担的行政法律责任是警告并处以3万元以上30万元以下的罚款。因为《证券法》对信息披露违法行为行政处罚只设定了这一个档次的法律责任，受此限制，独立董事信息披露违法行为所受到的行政处罚的轻重，仅有在罚款数额上多与少的区别。独立董事作为上市公司信息披露违法行为的其他直接责任人员，受到的罚款一般在3万元以上5万元以下，受到5万元以上行政处罚的就算是从重处罚了。

自独立董事制度建立以来至2019年《证券法》修订前，独立董事作为上市公司信息披露违法行为的其他直接责任人员受到5万元以上罚款的行政处罚案例主要有：签署金亚科技2014年年度报告的独立董事受到15万元和25万元罚款的处罚，签署佳电股份2013年至2015年年度报告的独立董事因上市公司年度报告财务造假而受到7万元罚款的处罚，签署恒顺众昇2014年年度报告的独立董事受到15万元罚款的处罚，签署联建光电2015年至2017年定期报告的独立董事受到8万元罚款的处罚，签署ST国药2012年和2013年年度报告的独立董事受到10万元罚款的处罚，签署中安消2014年"重大资产出售、发行股份购买资产并募集配套资金暨关联交易报告书"的独立董事受到10万元罚款的处罚，签署慧球科技2014年和2015年年度报告的独立董事受到8万元罚款的处罚，在慧球科技第8届董事会第39次会议上就1001项董事会议案签署同意意见的独立董事受到20万元罚款的处罚，签署凯迪生态 2015 年至 2017 年年度报告的独立董事受到 8 万元罚款的处罚，签署索菱股份 2016 年至 2018 年年度报告的独立董事受到 8 万元罚款的处罚，签署工大高新 2016 年和 2017 年年度报告并对公司大股东非经营性占用资金等事项未及时披露负有责任的独立董事受到 8 万元罚款的处罚，签署辅仁药业 2015 年至 2018 年年度报告的独立董事受到 10 万元罚款的处罚，签署康美药业 2016 年至 2018 年年度报告和 2018 年半年度报告的独立董事根据任职时间和违法次数而分别受到 20 万元和 15 万元罚款的处罚。

从上述独立董事因上市公司信息披露违法行为而受到较重的行政处罚的案例中可以总结出如下相对规律性的结论：首先，在这些受从重处罚的独立董事任职的上市公司中，除慧球科技和恒顺众昇外，其他上市公司均存在着通过虚构收入、违规提前确认收入、违规跨期确认成本等方式实施财务造假的情形，金亚科技甚至通过设置两套账册的方式故意实施财务造假，情节极其恶劣，所以监管机构对其独立董事给予了较重的处罚。

其次，对抗监管是独立董事受从重处罚的又一个因素，典型的案例是金亚科技的独立董事周某超和慧球科技的独立董事受到的查处。这也与《信息披露违法行为行政责任认定规则》第 23 条的规定和强调的重点相符合。[①] 周某超在 2010 年 9 月至 2015 年 12 月期间任金亚科技独立董事，系金亚科技 2014 年年度报告签字独立董事。金亚科技在 2014 年

[①]《信息披露违法行为行政责任认定规则》第 23 条规定："下列情形认定为应当从重处罚情形：（一）不配合证券监管机构监管，或者拒绝、阻碍证券监管机构及其工作人员执法，甚至以暴力、威胁及其他手段干扰执法；（二）在信息披露违法案件中变造、隐瞒、毁灭证据，或者提供伪证，妨碍调查；（三）两次以上违反信息披露规定并受到行政处罚或者证券交易所纪律处分；（四）在信息披露上有不良诚信记录并记入证券期货诚信档案；（五）证监会认定的其他情形。"

的年度报告中存在虚增利润和银行存款等财务造假的违法行为,在该年度报告上签字确认年度报告披露信息真实、准确、完整的独立董事作为该信息披露违法行为的其他直接责任人员,依据2005年《证券法》第193条的规定承担虚假陈述的法律责任。但是,同样是在具有财务造假内容的金亚科技2014年年度报告上签字确认并受到行政处罚的独立董事陈甲和陈乙,受到的是警告并处以15万元罚款的行政处罚,而周某超受到的却是警告并处以25万元罚款的行政处罚。比较对前者作出行政处罚的行政处罚决定书(〔2018〕10号)和对周某超作出行政处罚的行政处罚决定书(〔2018〕44号)的内容,可发现两者对违法事实和处罚依据的认定完全一致,但是后者在引言中写明:"依据《中华人民共和国证券法》的有关规定,我会对金亚科技信息披露违法违规行为进行了立案调查、审理,并依法向当事人告知了作出行政处罚的事实、理由、依据及当事人依法享有的权利。其后,由于无法与当事人取得联系,我会向当事人公告送达了'行政处罚事先告知书'。周某超未按要求在公告发布60日内领取'行政处罚事先告知书',逾期未领取的,视为送达,同时,视为放弃陈述申辩及听证的权利。本案现已调查、审理终结。"其中周某超对抗监管的痕迹很明显。这可能是周某超较其他独立董事受到较重行政处罚的重要原因。因对抗监管而被从重处罚的另外一个典型是慧球科技的独立董事。签署慧球科技2014年年度报告和2015年半年度报告以及临时报告针对实际控制人虚假陈述的独立董事受到较重的行政处罚,与慧球科技第8届董事会第39次会议同意1001项临时议案的事项是紧密相关的。2016年12月31日至2017年1月2日,慧球科技董事会秘书陆某安根据慧球科技实际控制人鲜某的指使,起草了包含《关于公司建立健全员工恋爱审批制度》《关于第一大股东每年捐赠上市公司不少于 100 亿元现金的议案》《关于公司全体员工降薪 300 元的议案》《关于公司全体员工加薪 50 元的议案》《关于公司全体员工加薪 300 元的议案》《关于调整双休日至礼拜四礼拜五的议案》《关于调整双休日至礼拜二礼拜三的议案》《关于公司坚决拥护共产党领导的议案》《关于坚持钓鱼岛主权属于中华人民共和国的议案》等议题的 1001 项董事会议案。2017 年 1 月 3 日，慧球科技以通信方式召开第 8 届董事会第 39 次会议，审议通过了如上 1001 项议案，形成了《慧球科技第 8 届董事会第 39 次会议的决议》，并向上海证券交易所申请披露该决议。在未获准披露董事会决议后，慧球科技将该董事会决议、上海证券交易所问询及监管工作函和《广西慧球科技股份有限公司关于召开 2017 年第一次临时股东大会的通知》，发布在其私自注册的 www.600556.com.cn 网站上，并将照片版的上海证券交易所《关于公司信息披露有关事项的监管工作函》和《广西慧球科技股份有限公司关于召开 2017 年第一次临时股东大会的通知》通过东方财富网"股吧"向公众披露。中国证监会认为：慧球科技董事会审议部分议案的行为违反了《公司法》关于公司守法义务及董事会职权的规定，所披露信息的内容和方式违反了《证券法》和《上市公司信息披露管理办法》的相关规定，构成 2005 年《证券法》第 193 条规定的信息披露违法行为，公司独立董事未勤勉尽责，同意相关董事会决议，未能保证慧球科技所发布信息符合法律规定，是慧球科技信息披露违法行为的其他直接责任人员。鉴于时任独立董事在该信息披露违法行为中严重违背了董事的法定义务，突破了董事的职业底线，中国证监会给予其从重的行政处罚（警告并分别处以 20 万元罚款）。

最后，独立董事因上市公司信息披露违法行为受到从重处罚也受到监管形势与环境的影响。自上市公司独立董事制度建立以来，独立董事因上市公司信息披露违法行为而受到的行政处罚呈现由少到多、由轻及重的趋势，这与监管机构对上市公司监管的政策、形势与重点紧密相关。在2001年至2017年之间，我们鲜见到监管机构因上市公司信息披露违法行为而对独立董事作出处以5万元以上罚款的行政处罚，2017年中国证监会在查处雅百特财务造假的恶性案件后，在总结经验与教训的基础上作出了严查上市公司财务造假、整治市场乱象的决定[①]，此后即重点查处上市公司财务造假的违法犯罪行为，并给予相应公司的信息披露违法行为人（包括独立董事）较之以前的处罚结果较重的行政处罚。2020年4月24日晚间，中国证监会再次就上市公司财务造假违法行为重磅发声，在列举索菱股份、藏格控股、龙力生物、东方金钰四家上市公司财务造假的基础上，总结出上市公司财务造假具有周期长、涉案金额大、手段隐蔽、复杂和系统性造假突出、主观恶性明显等五大特征，进一步重申：上市公司真实、准确、完整、及时地披露信息是证券市场健康有序运行的重要基础。财务造假严重挑战信息披露制度的严肃性，严重毁坏市场诚信基础，严重破坏市场信心，严重损害投资者利益，是证券市场的"毒瘤"，必须坚决予以从严从重打击。在此监管形势和环境的影响下，一方面，查处上市公司财务造假的力度加大了，出现了更多上市公司因财务造假及信息披露违规违法受到查处的案例；另一方面，对财务造假及信息披露违法违规行为主体的处罚力度也加大了，作为信息披露违法行为的其他直接责任人员之一的独立董事，因上

---

① 参见中国证监会：《证监会严查上市公司财务造假 整治市场乱象》，载 www.csrc.gov.cn，2017-12-15。

市公司财务造假等信息披露违法行为受到的处罚也就相对加重了，如金亚科技、凯迪股份、联建光电、ST 国药、索菱股份均有在年度报告中财务造假的情况，在监管机构重点查处财务造假的背景下，其独立董事就受到较重的处罚。此外，证券市场中出现了康得新、康美药业大股东非经营性占用资金的违法行为后，又出现了辅仁药业因大股东非经营性占用资金而公司分红款不能按期支付和信息披露严重失真等案件。面对此类行为中国证监会在加大对大股东非经营性占用资金违法行为和相关信息披露违法违规行为的查处与处罚力度的同时，也加大了对相关上市公司独立董事的处罚力度，康美药业、辅仁药业和工大高新的独立董事被从重处罚均受此因素影响。

独立董事除因为信息披露违法行为而受到从重处罚外，还因为违法交易行为受到从重处罚，典型的案例是宋某短线交易其所任职上市公司的股票案。宋某在担任"盛运股份"、"神雾环保"和"京能置业"独立董事期间两次短线交易"盛运股份"的股票，一次短线交易"神雾环保"的股票，两次短线交易"京能置业"的股票。除于 2013年 7 月 23 日买入"盛运股份" 26 200 股后在 2013 年 8 月 5 日全部卖出的这次短线交易在扣除税费后盈利 52 141.46 元以外，其他四次短线交易均亏损，五次短线交易总体上是亏损的，所以中国证监会在行政处罚决定书（〔2017〕8 号）中依据 2005 年《证券法》第 195 条的规定对宋某两次短线交易"盛运股份"股票的行为，给予警告，并分别处以 10 万元罚款；对宋某短线交易"神雾环保"股票的行为，给予警告，并处以 10 万元罚款；对宋某两次短线交易"京能置业"股票的行为，给予警告，并分别处以 10 万元罚款。综合以上处罚决定，中国证监会对宋某短线交易行为给予警告并合计处以 50 万元罚款的行政处罚。对每次短线交易均按照法律规定顶格处罚，并将五次短线交易的违法行为合并处理，在当时算是顶格的从重处罚了。此外，鉴于宋某进行了多达五次的短线交易并从事了"国发股份"的内幕交易，性质恶劣，中国证监会依据《证券市场禁入规定》（2015 年修订）第 3 条①和第 5 条②的规定对宋某采取 10 年证券市场禁入措施：自中国证监会宣布决定之日起，在禁入期间，宋某不得从事证券业务或者担任上市公司董事、监事、高级管理人员职务。这是更加从重的处罚了。中国证监会在践行"不干预"理念、落实"零容忍"要求过程中持续加大对欺诈发行、财务造假、内幕交易、操纵市场等恶性违法犯罪案件的打击力度，而独立董事内幕交易行为是重点打击的对象，所以一般会受到从重处罚。

（二）对独立董事从轻处罚的案例及其分析

从轻处罚是指在法定处罚种类和幅度内对行为人适用较轻种类或者较小幅度的处罚。从轻处罚主要有法定从轻与酌定从轻两种类型，前者的依据主要是《行政处罚法》（1996 年制定，2009 年、2017 年修正）第 27 条规定的主动消除或者减轻违法行为危害后果的、受他人胁迫有违法行为的、配合行政机关查处违法行为有立功表现的和其他依法从轻

---

① 《证券市场禁入规定》（2015 年修订）第 3 条规定："下列人员违反法律、行政法规或者中国证监会有关规定，情节严重的，中国证监会可以根据情节严重的程度，采取证券市场禁入措施：（一）发行人、上市公司、非上市公众公司的董事、监事、高级管理人员，其他信息披露义务人或者其他信息披露义务人的董事、监事、高级管理人员；（二）……"

② 《证券市场禁入规定》（2015 年修订）第 5 条规定："违反法律、行政法规或者中国证监会有关规定，情节严重的，可以对有关责任人员采取 3 至 5 年的证券市场禁入措施；行为恶劣、严重扰乱证券市场秩序、严重损害投资者利益或者在重大违法活动中起主要作用等情节较为严重的，可以对有关责任人员采取 5 至 10 年的证券市场禁入措施；有下列情形之一的，可以对有关责任人员采取终身的证券市场禁入措施：（一）……"

或者减轻行政处罚的四种情形之一①，这几种从轻或者减轻处罚的情形对以信息披露违法行为而受到行政处罚的独立董事来说缺乏适用的针对性，所以《行政处罚法》规定的从轻或者减轻行政处罚的法定情形在对独立董事追究责任时鲜有直接适用的，实践中往往会依据该法"其他依法从轻或者减轻行政处罚的"规定，对信息披露违法行为依据中国证监会2011年4月29日颁布的《信息披露违法行为行政责任认定规则》第20条②规定的情形考虑从轻或者减轻处罚。在缺乏从轻或者减轻处罚法定情节的情况下，中国证监会有时会考虑独立董事履职中的相关情节和因素，酌定从轻或者减轻处罚，但是酌定从轻或者减轻处罚也得有相应的惯例和依据支持，而不是随意或者率性地从轻或者减轻处罚。

自独立董事制度建立以来，因具有从轻处罚的相关因素和情节，独立董事因履职中的违法违规行为受到从轻处罚的案例较多，典型的如昆明机床案：昆明机床2013年至2015年年度报告通过跨期确认收入、虚计收入和虚增合同价格等三种方式虚增收入，通过少计提辞退福利和高管薪酬的方式虚增利润，披露的存货数据存在虚假记载，属于典型的定期报告财务造假的违法行为。时任独立董事均在这些年度报告上签署了确认报告内容真实、准确和完整的意见，并承诺如果年度报告的内容存

---

① 2021年修订的《行政处罚法》第32条将应当从轻或者减轻处罚的法定情形修改为具有如下情形之一："（一）主动消除或者减轻违法行为危害后果的；（二）受他人胁迫或者诱骗实施违法行为的；（三）主动供述行政机关尚未掌握的违法行为的；（四）配合行政机关查处违法行为有立功表现的；（五）法律、法规、规章规定其他应当从轻或者减轻行政处罚的。"

② 《信息披露违法行为行政责任认定规则》第20条规定："认定从轻或者减轻处罚的考虑情形：（一）未直接参与信息披露违法行为；（二）在信息披露违法行为被发现前，及时主动要求公司采取纠正措施或者向证券监管机构报告；（三）在获悉公司信息披露违法后，向公司有关主管人员或者公司上级主管提出质疑并采取了适当措施；（四）配合证券监管机构调查且有立功表现；（五）受他人胁迫参与信息披露违法行为；（六）其他需要考虑的情形。"

在虚假陈述、重大遗漏和重大误解，独立董事将承担个别和连带的法律责任。中国证监会认为昆明机床的如上行为违反了 2005 年《证券法》第 63 条、第 68 条的规定，构成了该法第 193 条第 1 款规定的违法行为，遂给予包括独立董事在内的其他直接责任人员警告并处以 5 万元罚款的行政处罚（中国证监会行政处罚决定书〔2018〕9 号）。在听证会和陈述、申辩材料中，昆明机床独立董事杨某某提出应当减免其处罚，理由如下：第一，中国证监会违法事实认定不清，不利于对责任人的认定；第二，其对审计机构提出严格要求并进行质询后才签字，注册会计师在执行规范标准框架内也无法识破所揭示的公司系统性做假，更超出独立董事的能力范围；第三，其获悉财务舞弊后即向公司提出辞职请求并要求公司公告其辞职理由，同时向云南证监局相关人员实名举报，属于《信息披露违法行为行政责任认定规则》第 21 条第 3 项规定的情形。中国证监会经复核后认为：第一，中国证监会在昆明机床 2013 年至 2015 年年度报告信息违法行为处罚决定中事实认定清楚、证据充分，对责任人员的认定和划分于法有据，杨某某提出事实认定不清的申辩理由不成立，也未提出相关证据印证，中国证监会对此不予采纳。第二，关于杨某某对审计机构进行质询，要求昆明机床改进成本核算方式等履职情况，中国证监会已在处罚时予以考虑。在此问题上，中国证监会进一步认为，杨某某自 2013 年起连续三年任昆明机床独立董事并担任审计委员会主任委员，其较长的任期、专业的背景与审计委员会主任委员的职务为其发现涉案违法事实提供了极大的便利条件，杨某某本应尽到更高的注意义务，却未能采取更加积极有效的措施履行职责，预防、发现和阻止信息披露违法行为的发生，未达到勤勉尽责的要求，应对昆明机床信息披露违法行为承担一定责任。第三，杨某某在获悉昆明机床存在财务舞弊问题后即辞职并向监管机构报告的情况属实，但其报告行为并非在昆明机床信息披露违法行为发生后及时作出，中国证监会认定的是昆明机床2013年年度报告、2014年年度报告和2015年年度报告信息披露违法，而杨某某向监管机构报告的行为距最后一次信息披露违法行为发生也已一年之久，不符合及时性要求，不构成《信息披露违法行为行政责任认定规则》第21条第3项规定的情形。但其在昆明机床信息披露违法行为被发现前向监管机构报告的行为，可作为从轻情节予以考虑，可对其适当减少罚款金额（其他独立董事受到的是警告并处以5万元罚款的行政处罚，杨某某受到的是警告并处以3万元罚款的行政处罚）。

信息披露违法行为的不可回溯性、危害结果的不可挽救性以及行政责任认定标准的确定性，决定了因信息披露违法行为受到从轻和减轻处罚具有很大的困难，实践中大量的情形是独立董事因为上市公司信息披露违法行为受到处罚时提出的从轻或减轻处罚的申辩没有得到中国证监会和人民法院的支持。因昆明机床2013年至2015年信息披露违法行为受到行政处罚的另一名独立董事唐某某提出其在审议2014年和2015年年度报告时均对财务报表相关问题提出了异议并进行了质询，主张减免处罚，但是中国证监会经复核后认为：唐某某2014年3月即担任昆明机床独立董事，任职时间长，对公司情况较为熟悉，有财务专业和工作背景，对昆明机床财务造假等问题具有发现或采取更加积极有效措施的便利条件，但其连续三年对2013年、2014年、2015年年度报告签署书面确认意见，且在担任独立董事履职期间，虽在有关会议上针对公司财务问题提出过质询意见，但均属一般性询问，并未采取其他进一步积极有效的举措，不能说明其没有过错并已尽忠实、勤勉义务，故对其申辩主张不予采纳。

综合体现从轻或者减轻处罚的主张和否定该主张的是佳电股份案和工大高新案。

佳电股份为了达到重组上市时的业绩承诺,在2013年至2015年的年度报告中通过少结转成本、少计销售费用等方式虚增利润,构成年度报告财务造假和信息披露违法行为,中国证监会依据2005年《证券法》第193条第1款的规定对佳电股份的独立董事作出了警告并处罚款的行政处罚。独立董事孙某某提出减免处罚请求,其理由如下:第一,佳电股份剥夺了三位独立董事的知情权,在被立案调查前,孙某某对该事并不知情;第二,审计机构出具了标准无保留意见的审计结论,形成了误导;第三,孙某某作为工程技术人员,无法判定、无能力识别财务报告有意违规和瞒报行为;第四,孙某某不属于2005年《证券法》第193条规定的"直接负责的主管人员和其他直接责任人员";第五,孙某某做到了勤勉尽责。与此同时,另一名独立董事胡某某也提出减免处罚的主张,其理由如下:第一,"行政处罚事先告知书"并没有述明认定公司行为为虚假信息披露的依据。第二,公司对董事会隐瞒虚增利润事项,财务处理过于专业,胡某某已尽了足够的注意义务。注册会计师的无保留审计结论足以让人产生信任。非财务专业人员不应与财务专业人员承担同样责任。第三,胡某某已尽独立董事忠实、勤勉和注意义务。第四,董事履职时不应适用"过错推定原则"。第五,胡某某非公司信息披露违法行为的直接责任人,即使中国证监会认为胡某某应负间接责任,也不应当按2005年《证券法》第193条的规定进行处罚。中国证监会经复核后均未采纳如上申辩意见,其理由在于:第一,上市公司依法披露的信息,必须真实、准确、完整,不得有虚假记载、误导性陈述或者重大遗漏，全体董事、监事和高级管理人员应勤勉尽责，对上市公司依法披露信息的真实性、准确性、完整性、及时性、公平性负责。依据相关法律法规的规定，作为独立董事，孙某某、胡某某应当了解并持续关注上市公司的生产经营情况、财务状况和已经发生或者即将发生的重大事件及其影响，应当主动调查、获取决策所需要的资料，积极问询，提出质疑，提供建议，不知情、不了解、未参与不能成为免责事由。相反，在正常履职的情况下，不知情、不了解、未参与恰恰是其未勤勉尽责的证明。第二，作为上市公司独立董事，孙某某、胡某某应当具备与职责相匹配的专业知识和专业水平，独立发表专业意见和作出专业判断，即使借鉴其他机构或者个人的专业意见，也要独立承担责任。不能以其他机构或者个人未发现、未指出为由，请求免除其主动调查、了解并持续关注公司情况，确保公司所披露信息真实、准确、完整的义务。发生信息披露违法时，其他主体是否发现、是否指出错误、是否存在过错、是否被追究责任，均不能决定是否免除独立董事的责任。第三，中国证监会对责任人员的认定和划分于法有据，并已综合考虑任职的年限、岗位职责，结合履职和勤勉尽责情况，借鉴以往处罚的案例，明确区分了直接负责的主管人员和其他直接责任人员，来认定责任和确定处罚幅度。第四，个别人刻意造假并隐瞒实情、非财务专业人员等申辩意见均非法定减轻或者免予处罚的事由，且中国证监会认定责任和确定处罚幅度时，已经充分考虑相关情况，对各责任人员的认定量罚适当。

工大高新在2016年和2017年年度报告中未披露关联方非经营性占用资金、对外担保、公司存在重大诉讼和仲裁、子公司股权被冻结、重大债务未清偿等事项，构成2005年《证券法》规定的信息披露违法行为，中国证监会黑龙江证监局在立案调查后对包括独立董事在内的信息披露责任主体给予了行政处罚,其中对独立董事给予的是警告并处以8万元罚款的处罚。该行政处罚预告知后,工大高新的独立董事提出了减免处罚的主张,其理由归纳起来主要有以下几个方面:第一,其作为外部独立董事,有别于公司内部管理人员,在定期报告上签字是信赖会计师事务所的专业审计意见;第二,其任职时间较短,不了解情况;第三,对需要签字的内容,其本人事先并不知晓、不知情;第四,其本人长期从事文化工作,不懂财务知识和证券知识,分析研判年报数据的能力欠缺;第五,其作为工大高新独立董事从没有参与过公司任何重大事项研究和决策,对所发生事项不知情;第六,其多次向公司提出辞职申请,均被驳回;第七,其生活困难,无力缴纳罚款。针对如上申辩理由,中国证监会黑龙江证监局经复核后认为:独立董事应当从保护中小股东的权益出发,关注上市公司内部控制,充分了解公司经营运作情况,不能仅以相信和依靠专业机构的意见、任职时间短、不了解情况、能力不足、生活困难等理由作为减免处罚的依据。

从佳电股份和工大高新等的独立董事因信息披露违法行为而受到处罚时申请减免处罚的实践来看,独立董事提出的未参与、不知情、上市公司及其管理层故意隐瞒、基于对审计等专业机构意见的信任、专业能力不足、任职时间短或者任职期限与报告期限不一致、尚未领取津贴、责罚不一致、已经问询或者提过异议但缺乏书面证据、生活困难等理由,均因为不是从轻或者减轻处罚的法定理由,一般不被监管机构在作出行政处罚决定时采纳。而独立董事积极配合监管机构查处案件并有立功情节,或者积极配合上市公司或者监管机构消除影响或减小损害的,监管机构可以依法或者酌情给予从轻处罚。典型的案例如三圣股份案。

2018年5月14日至9月30日,三圣股份经由供应商向关联方提供资金，存在控股股东及其关联方对上市公司非经营性占用资金的问题，但是三圣股份在 2018 年半年度报告和第三季度报告中未依法及时履行信息披露义务，并对该事项的披露存在虚假记载和重大遗漏。此外，三圣股份 2018 年半年度报告和第三季度财务报告存在虚假记载，通过虚增预付账款等方式分别虚增净利润 258.40 万元和 574.62 万元。针对三圣股份上述信息披露违法行为，中国证监会重庆证监局依据 2005 年《证券法》的规定对包括独立董事在内的信息披露义务人作出行政处罚。三圣股份的独立董事在接到行政处罚预告通知书后提出减免处罚的请求，其中：钱某某提出，"本人任职独立董事以来恪尽职守，勤勉尽责，发挥专业特长，独立客观行使表决权。审定 2018 年半年度报告和第三季度报告时对重大事项进行问询，对于预付款大幅增加的问题基于专业背景作出独立判断。发现公司预付款异常时，配合监管调查取证，督促公司回复监管问询函及关注函，并就相关事项发表独立意见"；苑某某提出，"公司在信息披露方面的违法行为被故意隐瞒的情况下，作为法律专业背景的当事人无法推断财务报表是否存在虚假记载情况，不属于其他直接责任人员范畴。对 2018 年半年度报告和 2018 年第三季度报告进行了必要关注，获悉公司存在资金占用情况后，向公司了解情况，采取补救措施督促公司尽快协调关联方归还占用资金等"。中国证监会重庆证监局依据 2005 年《证券法》第 68 条和 2017 年修正的《行政处罚法》第 27 条的规定认为：上市公司独立董事应当保证上市公司所披露信息真实、准确、完整，应具备与职责相匹配的专业知识和水平，主动调查并获取决策所需资料，独立发表专业判断。上述两名独立董事的申辩理由不属于法定免责事由，故对其申辩意见不予采纳。但是考虑到独立董事对三圣股份 2018 年半年度报告和第三季度报告中的事项进行了必要的关注，同时在知悉公司存在资金占用情况后积极采取补救措施，决定酌情对其从轻处罚。

独立董事在交易性违法案件中配合监管机构调查或者主动接受处罚的，往往会受到从轻处罚，典型的案例是旗滨集团案。2014年12月31日至2016年4月8日期间，周某明担任旗滨集团独立董事。2015年8月21日上午9点，旗滨集团召开董事会、监事会，审议通过"公司2015年半年度利润分配预案"议案，周某明在董事会上知悉旗滨集团2015年半年度利润分配方案后，于该信息公开前，买入旗滨集团股票31 700股，买入资金为284 238.00元，违法所得为48 674.10元。依据2005年《证券法》第75条第2款第2项的规定，旗滨集团2015年半年度利润分配事项属于法定内幕信息，周某明系上述内幕信息的知情人，其于2015年8月21日买入旗滨集团股票的行为，违反了2005年《证券法》第73条的规定，构成了该法第202条规定的内幕交易行为。同时，周某明身为旗滨集团的独立董事，在其任期内，于2015年8月18日至2016年1月5日不到6个月的期间内，控制"谢某滢"账户多次交易旗滨集团股票，获利49 251.43元。该行为违反了2005年《证券法》第47条的规定，构成了该法第195条规定的短线交易行为。依据2005年《证券法》第202条关于对内幕交易"没收违法所得，并处以违法所得一倍以上五倍以下的罚款；没有违法所得或者违法所得不足三万元的，处以三万元以上六十万元以下的罚款"的处罚规定，中国证监会湖南证监局对周某明内幕交易的处罚结果——没收违法所得48 674.10元，并处罚款48 674.10元，是最轻的处罚。依据2005年《证券法》第195条对短线交易行为人"给予警告，可以并处三万元以上十万元以下的罚款"的规定，中国证监会湖南证监局对周某明短线交易的处罚结果——警告并处罚款3万元,也是比照最轻的处罚标准给予的处罚。周某明为何得到从轻的处罚呢?《潇湘晨报》中"面对调查,周某明很配合"①的解释已经很能说明问题了。

(三)对独立董事免除处罚的案例及其分析

独立董事所任职上市公司因信息披露违法而遭受处罚,而独立董事免予处罚,主要原因是有充分的证据证明其已经履行勤勉义务。典型案例是南京中北案和博腾股份案。

南京中北在2003年和2004年的年度报告中隐瞒银行借款、应付票据未付、对关联方担保和关联方非经营性占用资金,涉及金额巨大。该信息披露违法行为违反了1998年《证券法》第61条的规定,构成了该法第177条第1款规定的信息披露违法行为。中国证监会在调查、审核的基础上,对相关信息披露违法行为人给予了行政处罚,但是对在通过南京中北2003年年度报告和2004年年度报告的董事会决议上签字的时任独立董事均作出了免予处罚的决定。中国证监会在行政处罚决定中将免予处罚的原因解释如下:第一,从三位独立董事多年的履职记录看,他们能够较好地参加董事会、审查议案材料、审慎发表意见、进行独立判断,曾经否决了经营层提出的不成熟的投资决策,并针对南京中北的公司治理和内控做了一些督促工作;第二,在发现南京中北存在巨额资金外流并损失的情况后,他们立即责成董事会质询管理层人员,督促董事会聘请江苏省外的会计师事务所对南京中北的贷款资金流向进行专项审计并就南京中北自查发现的问题立即向全体股东公开通告,同时及时向监管机构举报;第三,他们积极主动地督促公司追讨外流资金并进行

---

① 陈海钧:《旗滨集团原独董内幕交易被查》,载《潇湘晨报》,2016-10-17。

内部整改。这是根据独立董事事前、事中和事后的具体表现而作出的综合判断。

南京中北案是在上市公司独立董事制度刚刚建立，《证券法》和《行政处罚法》颁布、实施不久，其他配套法规尚不完备的背景下发生的案件，但是对该案件的调查和处理坚守了证券市场公开、公平与公正的原则，也体现出监管机构判断独立董事是否履行勤勉尽责义务的标准与制度设计的智慧，为此后对独立董事免予处罚提供了可资参考、借鉴的"惯例"。博腾股份相关独立董事免予行政处罚也基本上是基于这个"惯例"。

2018年4月至2019年4月间，在博腾股份实际控制人的指使及组织下，博腾股份以预付款、备用金等形式通过供应商和公司员工向实际控制人的关联方提供资金，存在控股股东及其关联方非经营性占用资金的问题，虽然在2019年4月底前上述关联方非经营性占用的资金及利息已归还，但是博腾股份在2018年半年度报告和第三季度报告中对该事项的记载存在重大遗漏，并对因相关资金占用引起的预付款和利润数据存在虚假记载。中国证监会重庆证监局依据2005年《证券法》第63条、第67条和第193条第1款的规定对上市公司和包括独立董事在内的其他信息披露义务人作出了行政处罚。该公司独立董事、审计委员会主任委员郭某清在接到行政处罚预告通知书后请求免予行政处罚，其理由是"作为公司审计委员会召集人，本人通过电子邮件及短信要求公司内审部门关注关联交易和非经营性资金占用风险；在审议公司三季报议案时，要求公司注意合规经营；在知悉公司的违法行为后，督促公司完善内部治理，加强资金占用审计，尽到了独立董事应尽的职责"。针对独立董事郭某清的该申辩意见，中国证监会重庆证监局经复核后认为，独立董事郭某清在审议博腾股份2018年第三季度报告事项时给予了必要的关注，同时在知悉公司存在资金占用情况后积极采取补救措施，履行了独立董事职责，故对其申辩意见予以采纳，免除对他的行政处罚。

2017年修正的《行政处罚法》第27条第2款规定"违法行为轻微并及时纠正，没有造成危害后果的，不予行政处罚"[①]。可见它规定了免予行政处罚的条件，但是《行政处罚法》该条关于免予处罚的规定对主要信息披露违法行为的适用性不强。《信息披露违法行为行政责任认定规则》第21条规定，认定为不予行政处罚的考虑情形主要有如下几项：（1）当事人对认定的信息披露违法事项提出具体异议记载于董事会、监事会、公司办公会会议记录等，并在上述会议中投反对票的；（2）当事人在信息披露违法事实所涉及期间，由于不可抗力、失去人身自由等无法正常履行职责的；（3）对公司信息披露违法行为不负有主要责任的人员在公司信息披露违法行为发生后及时向公司和证券交易所、证券监管机构报告的；（4）其他需要考虑的情形。同时，《信息披露违法行为行政责任认定规则》第22条中明确，任何下列情形，不得单独作为不予处罚情形认定：（1）不直接从事经营管理；（2）能力不足、无相关职业背景；（3）任职时间短、不了解情况；（4）相信专业机构或者专业人员出具的意见和报告；（5）受到股东、实际控制人控制或者其他外部干预。正反两方面的规定为独立董事履行职责提供了可供遵循的参考标准。对于《信息披露违法行为行政责任认定规则》第21条关于

---

① 2021年《行政处罚法》第33条将2017年修正的《行政处罚法》关于免予行政处罚的规定，由一款的规定修改成一个法律条文，具体规定是："违法行为轻微并及时改正，没有造成危害后果的，不予行政处罚。初次违法且危害后果轻微并及时改正的，可以不予行政处罚。当事人有证据足以证明没有主观过错的，不予行政处罚。法律、行政法规另有规定的，从其规定。对当事人的违法行为依法不予行政处罚的，行政机关应当对当事人进行教育。"

"当事人对认定的信息披露违法事项提出具体异议记载于董事会、监事会、公司办公会会议记录等，并在上述会议中投反对票的"和"对公司信息披露违法行为不负有主要责任的人员在公司信息披露违法行为发生后及时向公司和证券交易所、证券监管机构报告的"，均可以免除处罚的规定，中国证监会在处罚信息披露违法行为的实践中是从宽掌握的。不过，值得注意的是：就此处"当事人对认定的信息披露违法事项提出具体异议记载于董事会、监事会、公司办公会会议记录等，并在上述会议中投反对票的"中的"提出具体异议并投反对票"而言，其提出异议的事项和理由必须很明确才能表明其已尽勤勉义务而免予处罚，仅概括性地投反对票不能自然免除其责任。例如，中毅达董事会否决了2017年年度报告的披露，2017年年度报告未能在2018年4月30日前披露，其中的一名独立董事以未见年度报告、不能发表意见为由投了弃权票，中国证监会以未采取积极有效的措施履行审议定期报告的职责，其投票行为显属未勤勉尽责为由而处罚了该名独立董事。但是对于详细披露了2017年年度报告信息披露存在的问题并投了反对票和弃权票的独立董事，中国证监会认为其已尽勤勉义务而免予处罚。

在2019年《证券法》刚实施的时候，个别独立董事对《证券法》第82条第4款关于"董事、监事和高级管理人员无法保证证券发行文件和定期报告内容的真实性、准确性、完整性或者有异议的，应当在书面确认意见中发表意见并陈述理由，发行人应当披露。发行人不予披露的，董事、监事和高级管理人员可以直接申请披露"的规定有误解，所以对年度报告披露投赞成票，但是不保证年度报告信息披露的真实、准确和完整（例如ST康得2018年年度报告、ST秋林2018年年度报告和ST兆新2019年年度报告）。该行为因为与《证券法》要求的上市公司及其董事、监事、高级管理人员对上市公司定期报告的披露确保其真实、准确与完整的法定义务相悖，所以不被中国证监会和证券交易所等监管机构认可和接受。面对这种情况，独立董事应当继续履行职责，在合理的期限内应确保相关信息得到真实、准确和完整的披露。独立董事如果认为凭借自己的专业能力不足以对此作出正确判断，那么他可以依法行使独立董事的特别职权——独立聘请中介机构对异议事项进行审计和审查，然后再据此作出判断和决定，或者在督促上市公司确认或者纠正该异议或者违法事项的基础上向监管机构报告。这样，才能达到法律法规规定的独立董事勤勉义务的履行标准，具备免予行政处罚的条件。

第二节　对独立董事实施的纪律处分

一、独立董事受到纪律处分的总体状况

上市公司独立董事的履职行为违反《公司法》《证券法》等法律、行政法规以及中国证监会的相关规则（部门规章）的，可能会基于相关法律、法规和规章的规定而受到行政处罚。独立董事的相关行为触犯《刑法》，构成犯罪（典型的是内幕交易犯罪）的，将会基于《刑法》的规定承担刑事责任。除此之外，独立董事履行职责的相关行为违反证券交易所等的自律规则的，自律性组织将依据相关自律规则的规定给予独立董事纪律处分。自律性组织对独立董事的相关行为给予纪律处分，在维护证券市场秩序、保护投资者合法权益的同时，也从另外一方面反映出自律性监管机构重点关注的独立董事履职行为的内容与方向。这对于

独立董事理解自己的职责、规避履职风险、正当履职有很大的帮助。

上市公司独立董事需要遵守的自律规则主要是证券交易所的股票上市规则。股票上市规则对信息披露的基本原则和一般规定，董事、监事和高级管理人员的声明与承诺，定期报告和临时报告，三会的决议，应当披露的交易、重大事项，停复牌与退市及风险提示，日常监管和违反规则的处理等内容，作了详细的规定，独立董事违反股票上市规则或者向证券交易所作出的承诺的，证券交易所将依据股票上市规则中的相关规定对其作出通报批评，公开谴责，公开认定其不适合担任上市公司董事、监事和高级管理人员（以下简称"公开认定"）或者收取惩罚性违约金（适用于违反承诺）的惩戒决定。证券交易所给予独立董事的前述惩戒在性质上都属于纪律处分，但是这四种纪律处分对独立董事的个人利益的影响程度差别很大：通报批评和收取惩罚性违约金不会立即影响到独立董事的职业前途[1]，而公开谴责和公开认定则导致受此纪律处分的人员丧失了继续担任上市公司董事、监事和高级管理人员（包括独立董事）的资格。即使是通报批评这种暂时不会导致独立董事丧失职业资格的纪律处分，也会因为上市公司的信息披露和纪律处分的公开性特征而对独立董事的个人声誉带来负面影响，所以独立董事也会因为珍惜自己的声誉而高度关注纪律处分和职责履行的正确性。而证券交易所为了

---

[1] 《上交所独立董事备案及培训工作指引》第13条规定：独立董事候选人应无处于被证券交易所公开认定为不适合担任上市公司董事的期间和近三年曾被证券交易所公开谴责或两次以上通报批评等不良记录。《深交所独立董事备案指引》第8条规定：独立董事候选人应无被证券交易所公开认定不适合担任上市公司董事、监事和高级管理人员及最近36个月内受到证券交易所公开谴责或者三次以上通报批评等不良记录。虽然两个证券交易所规定的独立董事候选人无最近三年受到证券交易所通报批评的次数有差异，但是均规定通报批评是一个具有延缓性质的惩戒，不会导致受处分者立即丧失继续任职的资格。公开谴责和公开认定则导致受处分者丧失了继续担任上市公司董事、监事和高级管理人员（包括独立董事）的资格。

增强纪律处分的公平性，提高处分的准确度，规范纪律处分的实施，完善自律管理，制定了"纪律处分和监管措施实施办法"，对纪律处分的适用对象、种类、适用标准、实施程序作了明确规定，让纪律处分的作出、实施和程序均有章可循。

虽然行政处罚与纪律处分在实施主体、标准、对象与程序等方面具有很大的差异，但是纪律处分的实施办法中明确规定：行政处罚决定书、行政监管措施决定书或者司法裁判文书……中对相关事实情况作出认定的，证券交易所可以据此认定监管对象的违规事实，并实施相应的纪律处分或者监管措施。证券交易所认定违规事实所依据的有关法律文书被依法撤销或者变更，或者证券交易所认定的违规事实与有关法律文书存在实质差异的，监管对象可以向证券交易所申请撤销或者变更作出的纪律处分或者监管措施，证券交易所按该纪律处分或者监管措施作出时的相应程序处理。① 正是纪律处分与行政处罚的这种高效衔接和及时回应，导致自 2001 年上市公司建立独立董事制度以来，针对上市公司独立董事的纪律处分主要是回应对信息披露违法违规的行政处罚而作出的，其所涉及的情形包括重大事件遗漏或误导、定期报告财务造假、定期或临时报告存在重大遗漏、财务报告等定期报告延迟披露以及违规交易等。对于少数轻微的信息披露和违规交易违法案件，中国证监会认为其不符合立案调查的条件或者立案调查后认为其危害不大而免予行政处罚。但是，这些行为违反了股票上市规则等自律规则，因而受到纪律处分。当然，这种案件只占同类型案件中极少的一部分。此外，还有一类案件，其中相关行为没有违反法律和法规的规定，但是违反了股票上市

---

① 参见《上海证券交易所纪律处分和监管措施实施办法》（2019 年修订）第 26 条的规定。

规则等自律规则，所涉独立董事因此受到纪律处分。其所涉及的情形包括业绩预告违规、公司财务报告被审计机构出具否定意见或无法表示意见、独立董事违反承诺、独立董事对重大事项未能审慎决策，以及延迟或违规调整分配这5项。为了避免与监管机构重点关注的另一类行为——违法违规行为（包括免予处罚的违法行为）重复，下文重点研究分析仅仅违反自律规则而受到纪律处分的案件。

二、独立董事受到纪律处分的情形与典型案例分析

（一）未如实申报或者披露履职信息

隐瞒任职或者履职信息而受到纪律处分的情形主要包括没有参加独立董事任职资格培训而声称其具有独立董事任职资格、隐瞒缺乏独立性的信息和隐瞒丧失独立董事任职条件的信息等。自独立董事制度建立以来因如上情形而受到纪律处分的情况均发生过。

虽然《指导意见》规定独立董事应当参加中国证监会或者其授权机构组织的培训，但是实践中独立董事任职资格是中国证监会授权证券交易所通过培训而授予的。证券交易所关于独立董事备案与培训的自律规则一方面严格要求独立董事候选人根据中国证监会《上市公司高级管理人员培训工作指引》及相关规定取得独立董事资格证书；另一方面也规定独立董事候选人在提名时未取得独立董事资格证书的，可以先担任上市公司独立董事，只是在被提名担任上市公司独立董事的同时书面承诺参加最近一期独立董事任职资格培训，并取得独立董事资格证书。也正是因为有这个例外性的规定，所以"独立董事候选人声明"就设置了两种不同的声明模式——已取得独立董事资格证书和承诺参加最近一期独立董事任职资格培训而取得独立董事资格证书。也有独立董事候选人在

填写"独立董事候选人声明"时因失误而导致乌龙事件发生，进而导致受到纪律处分。2013年2月21日，东方铁塔披露了"独立董事候选人声明"，田某某作为东方铁塔第五届董事会独立董事候选人，在"独立董事候选人声明"中声明已经按照中国证监会《上市公司高级管理人员培训工作指引》的规定取得独立董事资格证书，但事实上田某某并没有取得独立董事资格证书。深圳证券交易所认为田某某未能履行恪尽职守、诚信勤勉义务，披露的"独立董事候选人声明"相关内容与事实不符，违反了《深圳证券交易所股票上市规则》（2012年修订）第2.2条、第3.1.5条、第3.1.6条，《深圳证券交易所中小企业板上市公司规范运作指引》（2010年）第3.2.2条和《深圳证券交易所独立董事备案办法》（2011年修订）第5条的规定，所以深圳证券交易所在2013年5月20日基于田某某的上述违规事实和情节，依据《深圳证券交易所股票上市规则》（2012年修订）第17.2条和第17.3条的规定，决定给予田某某通报批评的纪律处分，将该纪律处分决定记入上市公司诚信档案，并向社会公布。随着该案例发生后工作流程逐渐完善，这种因失误而受到纪律处分的概率变得很小了，但是，该案例为其他独立董事的任职与履职提供了可资吸取的教训。

因隐瞒独立董事独立性信息而受到纪律处分通常也发生在独立董事候选人申报履历和承诺相关事项环节。2012年5月28日，由亚盛集团控股股东甘肃省农垦集团提名，经亚盛集团第五届董事会第五十七次会议与2011年度股东大会审议通过，李某某当选为亚盛集团独立董事。在李某某当选独立董事前，其配偶已在亚盛集团的控股股东农垦集团任职，其本人不具备独立性，不符合《指导意见》和上海证券交易所有关独立董事任职条件的规定。但李某某未将上述事实如实报告，其所填报的"独立董事履历表"和"独立董事声明与承诺"均显示其配偶无工作单位。至 2017 年 5 月 4 日李某某辞去独立董事时，其配偶仍在农垦集团任职。在李某某任职期间，其本人也未主动报告相关违规事实。上海证券交易所认为：李某某填报的独立董事任职履历与声明等相关文件与事实明显不符，存在虚假记载；李某某在不具备独立性的情况下仍然长期担任公司独立董事，且在任职期间未主动报告相关违规事实，也未对相关违规事实予以整改纠正，直至辞职。李某某的行为违反了其依据《指导意见》等规定作出的承诺，上海证券交易所遂依据其股票上市规则的相关规定对李某某作出通报批评的纪律处分决定，并将此记入上市公司诚信档案，向社会公布。独立董事未如实披露影响其独立性的相关信息不能不说其存在隐瞒的主观故意，而这也给以后的履职和职业经历留下相应的隐患，一旦真相被披露，将会成为被放大的新闻，其本人也将声名狼藉。

2019 年 10 月 14 日，深圳证券交易所针对景嘉微独立董事张某作出通报批评的纪律处分决定。深圳证券交易所查明如下事实：2015 年 10 月 22 日，因天目药业信息披露违反证券法律法规，张某作为天目药业时任独立董事被中国证监会浙江证监局作出给予警告的行政处罚。在前述行政处罚决定作出时，张某还担任永清环保第三届董事会独立董事，其向证券交易所提交并披露的"董事声明及承诺书"中声明其"不存在曾违反《证券法》等证券法律、行政法规受到行政处罚的情形"，但未在前述声明事项发生变化之日起五个交易日内向证券交易所和公司董事会提交有关资料。之后，张某分别于 2017 年 3 月 29 日、2018 年 2 月 23 日被提名担任景嘉微第二届、第三届董事会独立董事，于 2017 年 8 月 9 日被提名担任永清环保第四届董事会独立董事，但是在其通过景嘉微、永清环保披露的"独立董事候选人声明"以及向证券交易所提交的"上市公司独立董事履历表"中，均未如实披露曾受到中国证监会浙江证监局行政处罚的事实。在当选景嘉微第二届、第三届董事会独立董事，永清环保第四届董事会独立董事后，其在向证券交易所提交并公开披露的"董事声明及承诺书"中声明"不存在曾违反《证券法》等证券法律、行政法规受到行政处罚的情形"，与事实不符。此外，张某在被提名担任爱尔眼科第二届董事会独立董事，永清环保第三届、第四届董事会独立董事，景嘉微第二届、第三届董事会独立董事时，在其向证券交易所提交的"上市公司独立董事履历表"中，民族、教育背景、工作经历、兼职单位和董事经历等部分存在多处与事实不符和遗漏的情形。深圳证券交易所认为：张某的上述行为违反了《深圳证券交易所创业板股票上市规则》（2014年修订）第1.4条[①]、第2.1条[②]、第3.1.3条[③]、第3.1.4条[④]，《深圳证券交易所创业板上市公司规范运作指引》

[①]《深圳证券交易所创业板股票上市规则》（2014年修订）第1.4条的规定是："创业板上市公司（以下简称'上市公司'）及其董事、监事、高级管理人员、股东、实际控制人、收购人等自然人、机构及其相关人员，以及保荐机构及其保荐代表人、证券服务机构及其相关人员应当遵守法律、行政法规、部门规章、规范性文件、本规则和本所发布的细则、指引、通知、办法、备忘录等相关规定（以下简称'本所其他相关规定'），诚实守信，勤勉尽责。"

[②]《深圳证券交易所创业板股票上市规则》（2014年修订）第2.1条的内容是："上市公司及相关信息披露义务人应当根据法律、行政法规、部门规章、规范性文件、本规则以及本所其他相关规定，及时、公平地披露所有对公司股票及其衍生品种交易价格可能产生较大影响的信息（以下简称'重大信息'），并保证所披露的信息真实、准确、完整，不得有虚假记载、误导性陈述或者重大遗漏。"

[③]《深圳证券交易所创业板股票上市规则》（2014年修订）第3.1.3条的内容是："上市公司董事、监事和高级管理人员应当保证《董事（监事、高级管理人员）声明及承诺书》中声明事项的真实、准确、完整，不存在虚假记载、误导性陈述或者重大遗漏。"

[④]《深圳证券交易所创业板股票上市规则》（2014年修订）第3.1.4条的内容是："上市公司董事、监事和高级管理人员在任职（含续任）期间声明事项发生变化的，应当自该等事项发生变化之日起五个交易日内向本所和公司董事会提交有关该等事项的最新资料。"

(2015年修订)第3.2.7条①,《深圳证券交易所独立董事备案办法》(2011年修订)第3条、第7条,《深圳证券交易所独立董事备案办法》(2017年修订)第3条、第8条②的规定。深圳证券交易所根据张某的上述违规事实及情节,依据《深圳证券交易所创业板股票上市规则》的相关规定对张某作出通报批评的处分决定。

从如上三个独立董事因未如实申报、更新和披露其个人信息而受到纪律处分的案例可以总结出这样几点可以吸取的教训:第一,认真填写独立董事候选人履历表,避免遗漏或者出现其他差错;不能存在隐瞒相关信息而不会被发现的侥幸心理,因为上市公司的独立董事已成为公众人物,所有与其任职相关的信息,尤其是任职资格与独立董事方面的信息,均会被公开而接受社会的监督。第二,密切关注独立董事曾公开作出的承诺的内容,"诺而有信"是对上市公司董事、监事、高级管理人员最基本的要求,违背或者没有履行相关承诺将会受到相应的处罚。第三,珍惜独立董事的履职经历,做一个合格的上市公司独立董事。如果

---

① 《深圳证券交易所创业板上市公司规范运作指引》(2015年修订)第3.2.7条的内容是:"独立董事任职资格应当符合有关法律、行政法规、部门规章、规范性文件、《创业板股票上市规则》、本指引和本所其他相关规定等。"

② 《深圳证券交易所独立董事备案办法》(2017年修订)的第3条和第8条,分别规定:"上市公司及独立董事候选人和提名人应当保证所披露和报送材料的一致性,同时保证相关材料内容真实、准确、完整且没有虚假记载、误导性陈述或重大遗漏。""独立董事候选人应无下列不良记录:(一)被中国证监会采取证券市场禁入措施,期限尚未届满的;(二)被证券交易所公开认定不适合担任上市公司董事、监事和高级管理人员,期限尚未届满的;(三)最近三十六个月内因证券期货违法犯罪,受到中国证监会行政处罚或者司法机关刑事处罚的;(四)因涉嫌证券期货违法犯罪,被中国证监会立案调查或者司法机关立案侦查,尚未有明确结论意见的;(五)最近三十六个月内受到证券交易所公开谴责或三次以上通报批评的;(六)作为失信惩戒对象等被国家发改委等部委认定限制担任上市公司董事职务的;(七)在过往任职独立董事期间因连续三次未亲自出席董事会会议或者因连续两次未能亲自出席也不委托其他董事出席董事会会议被董事会提请股东大会予以撤换,未满十二个月的;(八)本所认定的其他情形"。

在以往的履职过程中因业务上的疏忽或者精力不济而不幸受到行政处罚或者纪律处分，丧失了继续担任上市公司独立董事的资格，则应及时挽救该损失，暂时退出这个职业，然后总结经验与教训，在增强了履职技能、提高了履职水平后符合担任独立董事的条件时，再回到该职业。

（二）业绩预告违规

《上海证券交易所股票上市规则》第11.3.1～11.3.4条[①]对上市公司发布业绩预告的条件、豁免披露业绩预告和业绩预告的更正公告及其文稿情况作了明确规定。遗憾的是，针对《上海证券交易所股票上市规则》第11.3.1条规定的净利润为负值、净利润与上年同期相比上升或者下降50%以上和实现扭亏为盈的三种情形均有相应的典型案例。

上市公司因业绩预告不谨慎、不准确，数据误差较大而导致审计委员会主任委员（独立董事）受到纪律处分的典型案例是匹凸匹案。2016年1

[①]《上海证券交易所股票上市规则》第11.3.1条规定："上市公司预计年度经营业绩将出现下列情形之一的，应当在会计年度结束后一个月内进行业绩预告，预计中期和第三季度业绩将出现下列情形之一的，可以进行业绩预告：（一）净利润为负值；（二）净利润与上年同期相比上升或者下降50%以上；（三）实现扭亏为盈。"第11.3.2条规定："上市公司出现第11.3.1条第（二）项情形，且以每股收益作为比较基数较小的，经本所同意可以豁免进行业绩预告：（一）上一年年度报告每股收益绝对值低于或等于0.05元；（二）上一期半年度报告每股收益绝对值低于或等于0.03元；（三）上一期年初至第三季度报告期末每股收益绝对值低于或等于0.04元。"第11.3.3条规定："上市公司披露业绩预告后，又预计本期业绩与已披露的业绩预告情况差异较大的，应当及时刊登业绩预告更正公告。业绩预告更正公告应当包括以下内容：（一）预计的本期业绩情况；（二）预计的本期业绩与已披露的业绩预告存在的差异及造成差异的原因；（三）董事会的致歉说明和对公司内部责任人的认定情况；（四）关于公司股票可能被实施或者撤销风险警示、终止上市的说明（如适用）。根据注册会计师预审计结果进行业绩预告更正的，还应当说明公司与注册会计师是否存在分歧及分歧所在。"第11.3.4条规定："上市公司披露业绩预告或者业绩预告更正公告，应当向本所提交下列文件：（一）公告文稿；（二）董事会的有关说明；（三）注册会计师对公司作出业绩预告或者更正其业绩预告的依据及过程是否适当和审慎的意见（如适用）；（四）本所要求的其他文件。"

月22日，匹凸匹金融信息服务（上海）股份有限公司（以下简称"匹凸匹公司"）披露2015年度业绩预亏公告，称：预计2015年度经营业绩将出现亏损，实现归属于上市公司股东的净利润约－2 000万元。3月1日，匹凸匹公司披露的年度报告显示，该公司2015年度归属于上市公司股东的净利润为－10 242万元。该公司前期预告的2015年度业绩与实际业绩差异巨大，亏损幅度超出预告业绩的412％。上海证券交易所认为：匹凸匹公司业绩预告不谨慎、不准确的行为，可能对投资者产生误导，也未及时予以更正，违反了《上海证券交易所股票上市规则》第2.1条[①]、第2.6条[②]和第11.3.3条等有关规定，情节较为严重。上市公司及其相关信息披露义务人在匹凸匹公司业绩预告不谨慎和不准确的违纪行为中未尽到谨慎勤勉义务，违反了《上海证券交易所股票上市规则》第2.2条[③]、第3.1.4条[④]、第

[①]《上海证券交易所股票上市规则》第2.1条规定的内容是："上市公司和相关信息披露义务人应当根据法律、行政法规、部门规章、其他规范性文件、本规则以及本所其他规定，及时、公平地披露信息，并保证所披露信息的真实、准确、完整。"

[②]《上海证券交易所股票上市规则》第2.6条规定的内容是："上市公司和相关信息披露义务人披露信息，应当客观，不得夸大其辞，不得有误导性陈述。披露预测性信息及其他涉及公司未来经营和财务状况等信息，应当合理、谨慎、客观。"

[③]《上海证券交易所股票上市规则》第2.2条规定的内容是："上市公司董事、监事、高级管理人员应当保证公司及时、公平地披露信息，以及信息披露内容的真实、准确、完整，没有虚假记载、误导性陈述或者重大遗漏。不能保证公告内容真实、准确、完整的，应当在公告中作出相应声明并说明理由。"

[④]《上海证券交易所股票上市规则》第3.1.4条规定的内容是："董事、监事和高级管理人员应当履行以下职责，并在《董事（监事、高级管理人员）声明及承诺书》中作出承诺：（一）遵守并促使本公司遵守法律、行政法规、部门规章等，履行忠实义务和勤勉义务；（二）遵守并促使本公司遵守本规则及本所其他规定，接受本所监管；（三）遵守并促使本公司遵守《公司章程》；（四）本所认为应当履行的其他职责和应当作出的其他承诺。监事还应当承诺监督董事和高级管理人员遵守其承诺。高级管理人员还应当承诺，及时向董事会报告公司经营或者财务等方面出现的可能对公司股票及其衍生品种交易价格产生较大影响的事项。"

3.1.5条[①]、第3.2.2条[②]的规定，以及在"董事（监事、高级管理人员）声明及承诺书"中作出的承诺。上海证券交易所根据《上海证券交易所股票上市规则》和《上海证券交易所纪律处分和监管措施实施办法》的有关规定给予匹凸匹公司及时任董事长兼董事会秘书（代行）、总经理、独立董事兼董事会审计委员会主任委员、财务总监通报批评的纪律处分。曾因业绩预告不谨慎、不准确，业绩预告数据出现重大差错（一般以业绩预告数据基数的20%为标准）并未及时更正[③]而导致上市公司及其董事长、总经理、财务负责人、董事会秘书和董事会审计委员会主任委员（独立董事）受到纪律处分的上市公司还有ST椰岛、ST蓝科、鞍重股份、莲花健康、山煤国际、航天通信等。

上市公司业绩预告扭亏为盈，但是经审计后披露的盈利数却是亏损，或者业绩预告的是盈利/亏损而经审计后披露的经营业绩数据是亏损/盈利等，从而造成业绩预告与实际经营业绩发生性质上错误的典型

[①] 《上海证券交易所股票上市规则》第3.1.5条规定的内容是："董事每届任期不得超过3年，任期届满可连选连任。董事由股东大会选举和更换，并可在任期届满前由股东大会解除其职务。董事应当履行的忠实义务和勤勉义务包括以下内容：（一）原则上应当亲自出席董事会会议，以合理的谨慎态度勤勉行事，并对所议事项发表明确意见；因故不能亲自出席董事会会议，应当审慎地选择受托人；（二）认真阅读公司各项商务、财务会计报告和公共传媒有关公司的重大报道，及时了解并持续关注公司业务经营管理状况和公司已经发生的或者可能发生的重大事项及其影响，及向董事会报告公司经营活动中存在的问题，不得以不直接从事经营管理或者不知悉有关问题和情况为由推卸责任；（三）《证券法》《公司法》有关规定和社会公认的其他忠实义务和勤勉义务。"

[②] 《上海证券交易所股票上市规则》第3.2.2条是有关上市公司董事会秘书职责的规定，对于公司业绩预告的差错，除董事（包括独立董事）受处分外，上市公司董事会秘书也会受到处分。受研究对象所限，本书省略该内容。

[③] 诸多上市公司在披露年度报告之前发现其数据与业绩预告中的数据出现重大差异（超过20%）或者性质发生变化时会依据《股票上市规则》发布业绩预告的更正公告，但是《股票上市规则》规定的"及时"是指该事项发生后的2个工作日，所以此时的更正公告已不属于及时更正的范畴了，仍被视为未及时更正而应该基于《股票上市规则》受到纪律处分的违规行为。

案例是 ST 大控案。2017 年 1 月 26 日，大连大福控股股份有限公司（以下简称"ST 大控"）披露 2016 年度业绩预盈公告，预计 2016 年度经营业绩将实现扭亏为盈，实现归属于上市公司股东的净利润为 500 万元左右。2017 年 4 月 28 日，ST 大控披露业绩预告的更正公告，预计 2016 年度实现归属于上市公司股东的净利润为－9 800 万元左右。2017 年 4 月 29 日，公司披露的 2016 年年度报告称，公司 2016 年度归属于上市公司股东的净利润为－9 846.45 万元。此时，业绩预告中的扭亏为盈出现了性质上变化的结果（亏损）。因此上海证券交易所于 2017 年 9 月 5 日依据《上海证券交易所股票上市规则》的相关规定作出纪律处分决定（〔2017〕43 号），除给予公司的董事长、总经理、财务负责人和董事会秘书纪律处分外，还给予董事会审计委员会召集人（独立董事）通报批评的纪律处分。业绩预告出现性质上变化的重大差错导致上市公司及其董事长、总经理、财务负责人、董事会秘书和董事会审计委员会主任委员（独立董事）受到纪律处分的上市公司还有华电重工、江西长运、海航科技、人民同泰等。

上市公司净利润为负值，但是上市公司未按照规定披露业绩预告或者所披露的业绩预告存在重大差错，导致独立董事受到纪律处分的典型案例是 ST 正源案。2015 年 9 月 11 日，因违反环境保护法规，ST 正源受到四川省成都市环保局行政处罚。根据财政部、国家税务总局《关于印发〈资源综合利用产品和劳务增值税优惠目录〉的通知》（财税〔2015〕78 号）的相关规定，因违反税收、环境保护的法律法规受到行政处罚（警告或单次 1 万元以下罚款除外）的，自处罚决定下达的次月起的 36 个月（即 2015 年 10 月至 2018 年 9 月）内，ST 正源无法享受增值税即征即退的优惠政策。上述行政处罚对公司经营业绩有重大影响，但是公司未在受到行政处罚后及时披露上述处罚事项，经监管机构问询后才于2018年5月9日核实并披露相关情况。其间，在不符合退税条件且长期未收到相关退税款的情况下，ST正源自行计算并确认相关退税营业外收入，导致公司2015年年度报告、2016年年度报告、2017年第一季度报告、2017年半年度报告、2017年第三季度报告出现重大会计差错，对相应期间的资产负债表、利润表有关科目造成重大影响，也导致相关财务信息披露不真实、不准确，包括业绩预告不及时、不准确。ST正源业绩预告不及时和不准确的具体情况如下：2018年4月4日起，ST正源停牌核查2017年年度报告中存在的有关重大事项。2018年4月11日，ST正源经核实后披露了2017年年度报告，经审计的归属于上市公司股东的净利润为－4 560 963.57元。同日，公司才披露2017年度业绩预亏公告，显示公司2017年度经营业绩预计出现亏损，实现归属于上市公司股东的净利润为－456.10万元。这比《上海证券交易所股票上市规则》第11.3.1条要求的上市公司预计年度净利润为负时应该在会计年度结束后一个月内进行业绩预告的时间晚了一年零三个多月，信息披露严重滞后。此外，2017年7月15日，该公司披露2017年半年度业绩预告，预计2017年上半年实现归属于上市公司股东的净利润为100万～105万元，与上年同期相比实现扭亏为盈。2018年4月11日，该公司披露会计差错更正公告，将2017年上半年归属于上市公司股东的净利润实际调整为－5 594 415.87元。虽然半年度业绩预告属于《上海证券交易所股票上市规则》规定的上市公司自愿信息披露的范围，但是ST正源主动发布的2017年半年度业绩预告与该公司实际业绩情况存在盈亏方向性的变化，违反了《上海证券交易所股票上市规则》的规定，也可能对投资者造成重大误导，所以上海证券交易所依据《上海证券交易所股票上市规则》的相关规定作出纪律处分决定（〔2019〕13号），给予ST正源及其时任董事长、总经理、财务负责人、董事会秘书和审计委员会主任委员不同内容的纪律处分。未按规定披露业绩预告（应该披露业绩预告而没有披露业绩预告）或者披露的业绩预告误差较大而导致上市公司及其董事长、总经理、财务负责人、董事会秘书和董事会审计委员会主任（独立董事）受到纪律处分的上市公司还有智慧能源、同方股份等。

因上市公司信息披露违规而给予独立董事纪律处分的所有情形中有且仅有在上市公司业绩预告违规这一种情形下对独立董事是分别处分的，并且在这种情形下仅处分董事会审计委员会主任委员这一名独立董事。这种规则和结果需要担任董事会审计委员会主任委员的会计专家独立董事引起高度重视，在履职时谨慎、准确、合规地作出上市公司的业绩预告。

（三）违规交易

关于独立董事因为内幕交易、短线交易而受到行政处罚的案例与具体分析，本章上一节中已经作过介绍，此处不赘述。除禁止内幕交易和短线交易以外，法律、法规和中国证监会颁布的部门规章与业务规则中关于上市公司董事、监事和高级管理人员增减持本公司股份的限制性规定以及《上海证券交易所股票上市规则》，对董事参与上市公司证券交易也有约束力，独立董事作为公司董事违反该规则而从事证券交易，将会受到证券交易所的纪律处分，所涉交易中常见的就是"窗口期"违规交易和短线交易，有时这两种违规行为交织在一起。

"窗口期"违规交易首先是一种违法行为。《上市公司董事、监事和高级管理人员所持本公司股份及其变动管理规则》第 13 条①、第 16 条②和《证券法》③ 分别对特定限制期限（简称"窗口期"）内证券交易行为的禁止以及其法律责任作了明确的规定。这些规定禁止上市公司董事在特定的时期买卖其所任职上市公司的股票，并规定了在"窗口期"从事违规交易时的法律责任。虽然自独立董事制度建立以来，证券市场尚未发生独立董事因从事"窗口期"违规交易而受到行政处罚的案例，但却发生过数起独立董事或者独立董事的配偶因从事"窗口期"违规交易而受到纪律处分的案例，典型的案例有新潮能源杜某因"窗口期"违规交易被上海证券交易所监管关注案和晨光生物周某生因配偶参与"窗口期"违规交易被深圳证券交易所出具监管函案。

2018 年 8 月 2 日，新潮能源的独立董事杜某通过上海证券交易所

---

① 《上市公司董事、监事和高级管理人员所持本公司股份及其变动管理规则》第 13 条的规定是："上市公司董事、监事和高级管理人员在下列期间不得买卖本公司股票：（一）上市公司定期报告公告前 30 日内；（二）上市公司业绩预告、业绩快报公告前 10 日内；（三）自可能对本公司股票交易价格产生重大影响的重大事项发生之日或在决策过程中，至依法披露后 2 个交易日内；（四）证券交易所规定的其他期间。"

② 《上市公司董事、监事和高级管理人员所持本公司股份及其变动管理规则》第 16 条的规定是："上市公司董事、监事和高级管理人员买卖本公司股票违反本规则，中国证监会依照《证券法》的有关规定予以处罚。"

③ 2005 年《证券法》第 204 条规定："违反法律规定，在限制转让期限内买卖证券的，责令改正，给予警告，并处以买卖证券等值以下的罚款。对直接负责的主管人员和其他直接责任人员给予警告，并处以三万元以上三十万元以下的罚款。" 2019 年《证券法》第 36 条和第 186 条对限制转让期限内转让股票的行为和责任分别作了明确的规定。第 36 条规定："依法发行的证券，《中华人民共和国公司法》和其他法律对其转让期限有限制性规定的，在限定的期限内不得转让。上市公司持有百分之五以上股份的股东、实际控制人、董事、监事、高级管理人员，以及其他持有发行人首次公开发行前发行的股份或者上市公司向特定对象发行的股份的股东，转让其持有的本公司股份的，不得违反法律、行政法规和国务院证券监督管理机构关于持有期限、卖出时间、卖出数量、卖出方式、信息披露等规定，并应当遵守证券交易所的业务规则。"第 186 条又规定："违反本法第三十六条的规定，在限制转让期限内转让证券，或者转让股票不符合法律、行政法规和国务院证券监督管理机构规定的，责令改正，给予警告，没收违法所得，并处以买卖证券等值以下的罚款。"

集中竞价交易系统买入新潮能源股票1.57万股，成交均价为2.18元/股，成交金额约为3.42万元。8月10日，新潮能源披露2018年半年度报告。杜某作为公司独立董事，在定期报告披露前30日买入公司股票的行为，已构成定期报告"窗口期"买卖公司股票的违规行为。上海证券交易所指出：杜某上述行为违反了《上市公司董事、监事和高级管理人员所持本公司股份及其变动管理规则》（2015年修订）第13条、《上海证券交易所股票上市规则》（2018年修订）第1.4条、第3.1.7条[①]等有关规定，也违反了其在"董事声明及承诺书"中作出的承诺。同时，考虑到杜某公开承诺本次违规买入的1.57万股公司股票，在其担任独立董事的任期内不进行减持交易，在任期届满并依法合规减持后，所得收益（如有）自愿全部上缴公司，可以酌情从轻处理。鉴于上述违规事实和情节，根据有关规定，上海证券交易所决定对杜某予以监管关注。

2018年4月10日，晨光生物的独立董事周某生的配偶李某买入晨光生物股票11 600股，涉及金额为135 952元。晨光生物于4月24日披露2018年第一季度报告。于是，上述行为构成定期报告期前30日内买卖上市公司股票的违规交易行为，同时该行为也违反了《深圳证券交易所创业板上市公司规范运作指引》第3.8.17条[②]的规定。深圳证券交易所决

[①] 《上海证券交易所股票上市规则》（2018年修订）第3.1.7条的规定内容是："董事、监事、高级管理人员和上市公司股东买卖公司股票应当遵守《公司法》、《证券法》、中国证监会和本所相关规定及公司章程。董事、监事和高级管理人员自公司股票上市之日起一年内和离职后半年内，不得转让其所持本公司股份；任职期间拟买卖本公司股票应当根据相关规定提前报本所备案；所持公司股份发生变动的，应当及时向公司报告并由公司在本所网站公告。"

[②] 《深圳证券交易所创业板上市公司规范运作指引》（2015年修订）第3.8.17条规定："上市公司董事、监事、高级管理人员、证券事务代表及前述人员的配偶在下列期间不得存在买卖本公司股票及其衍生品种的行为：（一）公司定期报告公告前三十日内，因特殊原因推迟定期报告公告日期的，自原预约公告日前三十日起算，至公告前一日；（二）公司业绩预告、业绩快报公告前十日内；（三）自可能对本公司股票及其衍生品种交易价格产生较大影响的重大事件发生之日或者进入决策程序之日，至依法披露后二个交易日内；（四）中国证监会及本所规定的其他期间。上市公司董事、监事、高级管理人员及证券事务代表应当督促其配偶遵守前款规定，并承担相应责任。"

定对周某生采取出具监管函的监管措施。

　　因为违规交易而受到纪律处分的独立董事更多实施的是短线交易及与其交织在一起的"窗口期"违规交易，典型的案例如引力传媒时任独立董事崔某某案和基蛋生物时任独立董事何某某案。

　　2015年10月9日至2016年4月6日期间，引力传媒时任独立董事崔某某频繁买卖公司股票，共涉及买入操作17笔，合计买入12 300股，卖出操作9笔，合计卖出13 700股。崔某某在6个月内买入股票又将其卖出，违反了2005年《证券法》第47条的规定，构成短线交易。同时，崔某某的减持行为不符合中国证监会发布的《中国证券监督管理委员会公告〔2015〕18号——上市公司大股东及董事、监事、高级管理人员6个月不得减持》第1条关于"从即日起6个月内，上市公司控股股东和持股5%以上股东（以下并称大股东）及董事、监事、高级管理人员不得通过二级市场减持本公司股份"的要求。此外，引力传媒于2016年3月31日披露2015年年度报告，其独立董事崔某某的前述部分买卖公司股票的行为发生在公司年度报告披露前30天内，违反了《上市公司董事、监事和高级管理人员所持本公司股份及其变动规则》第11条[1]、第13条的规定，构成在定期报告"窗口期"违规买卖公司股票的行为。不仅如此，引力传媒独立董事崔某某的如上买卖引力传媒股票的行为还违反了《上海证券交易所股票上市规则》（2014年修订）第

---

[1] 《上市公司董事、监事和高级管理人员所持本公司股份及其变动规则》第11条的规定是："上市公司董事、监事和高级管理人员所持本公司股份发生变动的，应当自该事实发生之日起2个交易日内，向上市公司报告并由上市公司在证券交易所网站进行公告。公告内容包括：（一）上年末所持本公司股份数量；（二）上年末至本次变动前每次股份变动的日期、数量、价格；（三）本次变动前持股数量；（四）本次股份变动的日期、数量、价格；（五）变动后的持股数量；（六）证券交易所要求披露的其他事项。"

1.4 条、第 3.1.6 条①的规定，未及时报备和披露，也违反了其在"董事（监事、高级管理人员）声明及承诺书"中作出的承诺。虽然，因崔某某短线交易的成交数量不大，且已将所得收益主动上缴公司，违法行为较为轻微并及时纠正，中国证监会北京证监局依据《行政处罚法》（2009 年修正）第 27 条有关规定决定对其仅仅采取出具警示函的监督管理措施，并记入证券期货市场诚信档案，免予行政处罚，但是上海证券交易所考虑到其行为违反多项法律规范和自律规则的规定，鉴于其违规事实和情节，依据《上海证券交易所股票上市规则》第 17.3 条和《上海证券交易所纪律处分和监管措施实施办法》的有关规定，给予崔某某公开谴责的纪律处分。

基蛋生物时任独立董事何某某通过集中竞价交易的方式，于 2017 年 7 月 25 日买入公司股票 2 300 股，并于 7 月 26 日全部卖出；其后于 8 月 4 日买入公司股票 2 000 股，并于 8 月 22 日全部卖出，获得收益共计 17 469 元（未扣除税费），何某某已按相关要求将全部收益上缴公司。虽然中国证监会江苏证监局认为何某某的短线交易买卖股票成交数量不大，且已将所得收益主动上缴公司并通过公司公告披露了相关交易行为，违法行为轻微并及时纠正，依据 2005 年《证券法》第 195 条和《行政处罚法》（2009 年修正）第 27 条的规定免予行政处罚，仅仅做出对其出具警示函并计入证券期货市场诚信档案的决定，但是上海证券交

---

① 《上海证券交易所股票上市规则》（2014 年修订）第 3.1.6 条的规定是："董事、监事、高级管理人员和上市公司股东买卖公司股票应当遵守《公司法》、《证券法》、中国证监会和本所相关规定及公司章程。董事、监事和高级管理人员自公司股票上市之日起一年内和离职后半年内，不得转让其所持本公司股份；任职期间拟买卖本公司股票应当根据相关规定提前报本所备案；所持本公司股份发生变动的，应当及时向公司报告并由公司在本所网站公告。"

易所认为：作为公司独立董事，何某某的如上证券交易行为不仅违反了短线交易的相关规定，而且违反了《公司法》关于董事在任职期间每年转让股份不得超过其所持本公司股份总数25％的规定。同时，基蛋生物于2017年8月30日披露半年度报告，何某某于8月4日、22日买卖公司股票共计4 000股，构成在"窗口期"买卖公司股票。此外，何某某两次通过证券交易所集中竞价交易方式减持公司股份共计4 300股，未按规定在15个交易日前预先披露减持计划，直至2017年9月14日才就前述股份买卖情况履行信息披露义务。何某某多次违规买卖其任职独立董事的上市公司股票，违反了《证券法》《公司法》《上市公司董事、监事和高级管理人员所持本公司股份及其变动规则》《上海证券交易所股票上市规则》的相关规定。基于其上述违规事实和情节，上海证券交易所依据《上海证券交易所股票上市规则》第17.3条和《上海证券交易所纪律处分和监管措施实施办法》的有关规定，给予其通报批评的纪律处分。

从如上的上市公司独立董事买卖其任职上市公司的股票而受到纪律处分的案例中可以看出，独立董事买卖其任职的上市公司的股票，即使没有构成内幕交易犯罪或者因违反关于短线交易、内幕交易、"窗口期"违规交易的规定而受到行政处罚，也容易因为违反有关法律法规和自律规则规定的上市公司董事减持其持有上市公司股份的比例、事先报备与披露的规则和禁止"窗口期"买卖股票的规定而受到纪律处分。这些规则往往是非证券专业人士容易忽略的，需要独立董事高度重视和警惕，远离自己所任职的上市公司股份的证券交易：自己不买卖其任职上市公司的股票，也不允许一致行动人（尤其是配偶）参与买卖其任职上市公司的股票，更不建议或者推荐其他人买卖其任职上市公司的股票。

三、受纪律处分的类型、影响处分轻重的因素和对处分的挽救措施

（一）独立董事所受纪律处分的类型

《上海证券交易所纪律处分和监管措施实施办法》（2019年修订）第 8 条综合规定了通报批评（在一定范围内在中国证监会指定媒体上或者通过其他公开方式对监管对象进行批评），公开谴责（在中国证监会指定媒体上或者通过其他公开方式对监管对象进行谴责），公开认定不适合担任上市公司董事、监事、高级管理人员或者信息披露境内代表（在中国证监会指定媒体上或者通过其他公开方式，认定相关人员 3 年以上不适合担任上市公司董事、监事、高级管理人员或者境外发行人信息披露境内代表，以下简称"公开认定"），建议法院更换上市公司破产管理人或管理人成员，暂不接受发行人提交的发行上市申请文件，暂不接受控股股东、实际控制人及其控制的其他发行人提交的发行上市申请文件，暂不接受保荐人、承销商、证券服务机构提交的文件，暂停或者限制交易权限，取消交易参与人资格，取消会员资格，限制投资者账户交易，要求会员拒绝接受投资者"港股通"交易委托，认定为不合格投资者，收取惩罚性违约金等多种类型的纪律处分。结合《上海证券交易所股票上市规则》的相关规定和制度实践，针对独立董事适用的纪律处分主要有公开谴责、公开认定和通报批评这三种类型。

公开谴责、公开认定和通报批评这三种纪律处分对独立董事个人职业的影响程度差别很大。沪深证券交易所对独立董事备案与审核的相关规则均要求上市公司独立董事候选人不在公开认定的期限内、最近三年未受到证券交易所公开谴责的纪律处分或者最近三年内受到通报批评的次数不得超过两次（上海证券交易所）或者三次（深圳证券交易所）。

例如,《深圳证券交易所上市公司信息披露指引第 8 号——独立董事备案》第 8 条规定,独立董事候选人不得有最近 36 个月内受到证券交易所公开谴责或三次以上通报批评,被证券交易所公开认定不适合担任上市公司董事、监事和高级管理人员,期限尚未届满的情形。同时该指引第 13 条又明确规定,独立董事在任职后出现不符合该指引规定的独立董事任职资格情形之一的,应当自出现该情形之日起一个月内辞去独立董事职务;未按要求辞职的,上市公司董事会应当在一个月期限到期后及时召开董事会,审议提请股东大会撤换该名独立董事事项并在两个月内完成独立董事补选工作。从这些规定可以看出,公开谴责和公开认定的纪律处分会直接导致相关独立董事不仅不能继续担任所任职上市公司的独立董事,而且也不能继续担任其他上市公司独立董事,更加不能成为其他上市公司独立董事候选人。而通报批评的纪律处分却不会产生导致相关人士被迫立即辞去独立董事职务的结果,而是有一个 3 年内受到通报批评次数的缓冲。

(二)纪律处分决定的适用标准和影响轻重程度的主要因素

虽然针对独立董事的违法违规履职行为可能作出的公开谴责、公开认定和通报批评的纪律处分对独立董事个人的负面影响程度有较大的差别,但是哪怕是影响程度最小的通报批评也会对独立董事个人的声誉和职业生涯带来负面评价,所以各种纪律处分都会受到各方,尤其是独立董事的广泛关注和反响。不仅如此,受到证券交易所纪律处分的独立董事往往会用尽一切办法去为自己开脱。这就要求作出纪律处分的自律监管机构对纪律处分的适用对象、标准和从轻从重处理的考虑因素作出明确的规定,给予严格的程序保障,并让纪律处分的依据和结果公开和透明,接受社会监督。下文仅以上海证券交易所制定的纪律处分相关制度及其实施情况为例，结合其中的具体规定对给予独立董事纪律处分的标准、程序和从轻从重处理时需考虑的情节因素予以说明。

为了规范对上市公司、会员公司及其他市场参与者的纪律处分，确保纪律处分工作的公平、公正和透明，上海证券交易所于2008年7月1日颁布并实施了《上海证券交易所纪律处分实施细则》（以下简称《纪律处分实施细则》）。《纪律处分实施细则》分总则、纪律处分委员会、纪律处分程序和附则四章，共30条，主要对纪律处分实施的程序和纪律处分委员会作了明确规定，改变了业务部门实施纪律处分的随意性和不公平状况，让纪律处分实施独立于业务部门对违规主体的立案调查，在权力制衡和程序保障方面迈出了具有科学性的一大步。但是，《纪律处分实施细则》没有明确纪律处分的类型、适用对象、适用标准，所规定的纪律处分实施程序也不太完善，所以2013年6月20日上海证券交易所颁布了《上海证券交易所纪律处分和监管措施实施办法》（以下简称《纪律处分和监管措施实施办法》）。该办法分总则、纪律处分和监管措施的种类、纪律处分和监管措施的适用标准、纪律处分的实施程序、监管措施的实施程序、其他事项和附则七章，共94条，自2013年7月1日起实施。2008年7月1日颁布并实施的《纪律处分实施细则》同时废止。《纪律处分和监管措施实施办法》除增加监管措施的适用标准和实施程序的内容外，也明确了纪律处分的类型和适用标准，完善了纪律处分的实施程序，让纪律处分更加法治化、公开化、公平化和科学化。《纪律处分和监管措施实施办法》颁布实施后，上海证券交易所根据监管对象的变化、纪律处分和监管措施种类的增加以及制度实施中的问题，先后于2018年3月23日和2019年10月11日对其作了修订。修订后的《纪律处分和监管措施实施办法》对经常适用于独立董事的公开谴责、公开认定和通报批评的适用标准、从轻从重处理的考量因素、实施程序和救济途径均有明确的规定。

《纪律处分和监管措施实施办法》第 3 条和第 4 条原则性地规定：实施纪律处分和监管措施，应当遵循依规、公正、及时的原则，应当以事实为依据，与违规行为的性质、情节以及危害程度相适应。这为纪律处分的适用和实施提供了可遵循的基本原则。

《纪律处分和监管措施实施办法》第 13 条至第 16 条规定了适用纪律处分时考量的主要因素：适用纪律处分，应当综合考量监管对象违规行为的主观因素、客观因素和具体情节等因素。适用纪律处分时考量的主观因素包括：（1）监管对象的主观状态是否存在过错，过错是故意还是过失；（2）监管对象为单位的，该单位是否存在内部人共同故意，或者是否仅系相关个人行为造成单位违规；（3）违规行为发生后，监管对象是否继续掩饰、隐瞒，是否采取适当的补救、改正措施；（4）违规行为发生后，监管对象是否及时向交易所或者交易所监管部门报告，在调查中是否积极配合，是否干扰、阻碍调查的进行；（5）其他需要考量的主观因素。适用纪律处分时考量的客观因素包括：（1）违规行为所涉及的相关金额的大小、占相关财务数据的比重；（2）违规的次数、持续时间的长短；（3）违规行为对证券交易价格和投资者投资决策的影响程度；（4）违规行为对上市公司的证券发行上市、风险警示、暂停上市、恢复上市、终止上市、重新上市、重大资产重组、权益变动、要约收购豁免、股权激励计划等事项或者条件的影响程度；（5）违规行为给投资者、上市公司造成损失的大小，违规当事人从中获取利益的大小；（6）违规行为对证券市场和证券监管造成的影响程度；（7）违规行为被相关行政机关、司法机关查处的情况；（8）其他需要考量的客观因素。区分监管对象的责任大小时，考量的具体情节包括：（1）在违规行为发生过程中所起的作用。在违规事项中所起的是主要作用还是次要作用，是主动参加还是被动参加，是直接参与还是间接参与。（2）知情程度和态度。监管对象对于违规事项及其内容是否知情或者应当知情，是否反映、报告，是否采取措施有效避免或者减少损害后果，是否放任违规行为发生。（3）职务、具体职责及履职情况。认定的违规事项是否与责任人员的职务、具体职责存在直接关系，责任人员是否忠实、勤勉履行职责，有无懈怠、放弃履行职责，是否履行职责预防、发现和阻止违规行为发生。（4）专业背景和技能。是否存在责任人员对于与其专业背景或者技能有关的违规事项应当发现而未予指出的情况。（5）其他需要考量的情节。

《纪律处分和监管措施实施办法》第17条[①]和第18条[②]对纪律处分从重、从轻、减轻或者免除的情形作了规定，这是独立董事答辩或者申辩时能够成功减轻其责任的主要理由。《纪律处分和监管措施实施办法》颁布实施后，纪律处分的法定性、公正性和公开性决定了缺乏法定理由或者缺乏相应证据证明有法定从轻、减轻或者免除处分的理由的申辩都

[①]《纪律处分和监管措施实施办法》第17条规定："监管对象存在下列情形之一的，本所可以对其从重实施纪律处分或者监管措施：（一）最近12个月内曾被中国证监会行政处罚或者实施行政监管措施；（二）最近12个月内曾被本所实施纪律处分或者监管措施；（三）违规行为导致证券或者证券衍生品种交易发生异常波动或者非正常停牌，情节严重；（四）拒不配合本所采取相关措施；（五）本所认定的其他情形。"

[②]《纪律处分和监管措施实施办法》第18条规定："监管对象存在下列情形之一的，本所可以对其从轻、减轻实施纪律处分或者监管措施：（一）违规行为未对市场造成实际影响，或已经采取有效措施消除不良影响；（二）在违规行为被发现前，积极主动采取或要求公司采取纠正措施，并向本所或者证券监管机构报告；（三）在违规行为所涉期间，由于不可抗力、失去人身自由等无法正常履行职责；（四）积极配合本所采取相关措施；（五）本所认定的其他情形。"

是无效的。这也正是《纪律处分和监管措施实施办法》的核心价值。

不仅如此,《纪律处分和监管措施实施办法》还对公开谴责①和公开认定②的适用标准作了明确规定,对纪律处分实施主体的自由裁量权作了严格限制,这就更加确保纪律处分的公平与公正。

---

① 《纪律处分和监管措施实施办法》第20条明确了公开谴责的适用条件:"出现下列违规情形之一的,本所可以对相关监管对象予以公开谴责:(一)上市公司未在法定期限内披露定期报告;(二)上市公司财务会计报告明显违反会计准则、制度或者相关信息披露规范性规定,被会计师事务所出具非标准无保留意见的审计报告;(三)上市公司财务会计报告存在重要的前期差错或者虚假记载,影响重大的,或者被监管部门责令改正但未在规定期限内改正;(四)上市公司信息披露违规行为涉及的重大交易(包括收购、出售资产、对外提供担保、关联交易等事项)金额达到需提交股东大会审议的标准,且情节严重,市场影响恶劣;(五)上市公司未按照规定披露业绩预告或者披露的业绩预告、业绩快报与实际披露的财务数据存在重大差异,且相关数据对公司股票被实施风险警示、暂停上市或者终止上市等事项或者条件具有重大影响;(六)监管对象的违规行为对上市公司的证券发行上市、风险警示、暂停上市、恢复上市、终止上市、重新上市、重大资产重组、权益变动、要约收购豁免、股权激励计划等事项或者条件具有重大影响;(七)上市公司违反规定使用募集资金的金额巨大,且情节严重,市场影响恶劣;(八)上市公司控股股东、实际控制人等关联人严重违反诚信义务,通过资金占用、违规担保、资产交易等手段侵害上市公司利益,且情节严重,市场影响恶劣;(九)监管对象未履行或未及时、充分履行所作出的重大承诺,情节严重,造成市场或者投资者重大反响;(十)监管对象违规买卖上市公司股份或者违反中国证监会《上市公司收购管理办法》规定的信息披露义务,涉及上市公司控制权变化;(十一)最近3年内,上市公司或者境外发行人董事长、总经理在公司信息披露制度建设等方面严重失职,导致公司董事会秘书、信息披露境内代表或财务总监因信息披露违规而离职或被要求更换的次数合计达到2次以上(含2次);(十二)上市公司信息披露不真实、不准确、不完整,可能对投资者决策产生重大误导,情节严重;(十三)上市公司在规范运作、公司治理、内部控制等方面存在重大缺陷或者未能得到有效执行,情节严重;(十四)上市公司董事、监事、高级管理人员违反忠实义务,严重侵害上市公司利益,情节严重;(十五)上市公司董事、监事、高级管理人员、境外发行人信息披露境内代表违反勤勉义务,造成公司信息披露重大违规、公司治理结构发生重大缺陷或者其他重大损失;(十六)其他情节严重、影响恶劣的违规行为。"

② 《纪律处分和监管措施实施办法》第21条规定了公开认定的适用条件:"本办法第二条第二款第一项、第二项规定的监管对象相关人员出现下列情形之一的,本所可以公开认定其不适合担任上市公司董事、监事、高级管理人员或者境外发行人信息披露境内代表等相应职务:(一)监管对象出现前条违规情形之一,相关人员对监管对象的违规负有主要责任;(二)上市公司董事、监事、高级管理人员、境外发行人信息披露境内代表出现前条第十四项、第十五项规定的违反忠实、勤勉义务情形,情节严重。"此处的第2条第2款第1项、第2项的规定中与独立董事相关的表述就是"上市公司的董事"(包括独立董事)。

(三) 独立董事收到纪律处分意向书时的挽救措施

独立董事在因履职行为违反证券交易所的相关规定而收到纪律处分意向书时，按照《纪律处分和监管措施实施办法》的规定进行申辩、答辩是一条比较有效的挽救措施。

《纪律处分和监管措施实施办法》规定：在一般情况下，证券交易所的监管部门认为应对监管对象实施纪律处分的，应当以部门名义向监管对象发送纪律处分意向书。纪律处分意向书应当向监管对象说明违规事实、拟实施的纪律处分及简要理由，要求其在5个交易日内予以书面答复。监管对象应当自收到纪律处分意向书后5个交易日内，书面回复是否接受证券交易所将实施的纪律处分，对将实施的纪律处分有异议的，应当书面说明理由。这就给了监管对象进行申辩和解释的渠道与机会。监管对象应认真结合自己履职行为及相应证据和《纪律处分和监管措施实施办法》中有关减免处分相关情节的具体规定准备书面答辩或者申请听证。如果不作书面回复与答辩，或者书面回复与答辩中缺乏减免处分的法定情节和理由，证券交易所会将其视为无异议或者异议不成立。

当然，为了确保纪律处分的合规与公平，不管监管对象对纪律处分意向书是否予以书面回复与答辩，证券交易所业务监管部门都应当及时向纪律处分工作小组提交书面的纪律处分建议书及相关材料，由纪律处分工作小组对业务监管部门提交的纪律处分建议书及相关材料进行形式审核，接纳提交完备的材料，并及时安排召开纪律处分审核会议，对纪律处分决定予以审核。拟受处分对象没有依照规定对纪律处分认真作出书面回复或者答辩的，将被视为缺乏减免处分的情节和理由，失去了挽救的机会。

第三节　司法机关在相关案件中关注的独立董事履职行为

中国的证券市场正由新兴市场转轨为服务多元化、运行法治化、机制市场化、视野国际化的市场，在法治化市场建设加紧推进的今天，独立董事可能因其履职行为违法而承担行政法律责任、民事责任和刑事责任。涉及这三种责任的案件的法律依据和审理重点各不相同，下文分别分析和介绍。

一、行政诉讼案件中受关注的独立董事履职行为

独立董事不服监管机构针对其信息披露违法行为作出的行政处罚决定而将监管机构诉至法院的案例中，上海家化案、前锋股份案、文峰股份案、佳电股份案等均具有代表性，这些案件中诉辩双方针锋相对的争论和人民法院在判决中的认定不仅进一步明确了独立董事的忠实与勤勉义务的边界和内涵，而且也呈现出司法机关所关注的独立董事履职行为的重点。

虽然上海家化案中的关联关系和关联交易、前锋股份案中的重大诉讼和对外担保、文峰股份案中的股权代持事项内容不同，但是这三个案件存在着诉辩双方共同关注的一些共性问题：独立董事没有参与公司的经营管理，对公司的关联关系和关联交易、重大诉讼和对外担保、股权代持还是正常的股权协议转让等事项不知情，也未参与信息披露违法行为；这些事项都不是董事会审议范围内的事项，上市公司及相关人员没

有主动向独立董事汇报或者提及这些事项,甚至有故意隐瞒的倾向;关于这些事项的确在公司的年度报告和半年度报告中存在遗漏和虚假披露的情况,但是这些独立董事是依据审计机构对年度报告和半年度报告的审计结论和报告而签署同意的;独立董事均已参加上市公司的董事会等相关会议,在每次会议中均尽职审查了相关文件,已尽到忠实与勤勉义务。所以各独立董事均主张自己应该基于如上情况而免责。但是人民法院在审理这些案件时均基于如下理由驳回了相关独立董事的诉讼请求:第一,虽然独立董事没有直接参与公司的经营,但是按照《指导意见》的规定,上市公司的独立董事应当具有上市公司运作的基本知识,熟悉相关法律、行政法规、规章及规则,充分了解所任职上市公司的经营情况,不知情、不了解、未参与不能成为免责的理由,反而是未勤勉尽责的证明。第二,按照《指导意见》第1条第2项的规定,独立董事应当独立履行职责,不受上市公司主要股东、实际控制人或者其他与上市公司存在利害关系的单位或个人的影响,所以上市公司独立董事应当积极主动了解并持续关注上市公司治理、经营和发展等方面的状况,上市公司的管理层或相关部门没有向董事会报告这项事项,甚至有所隐瞒,或者所涉事项不是董事会审议的范围,等等,均不是上市公司定期报告有虚假记载时独立董事免受处罚的法定理由,相反却是独立董事未勤勉尽责的具体表现。第三,审计机构应当对审计报告文件的真实性、准确性和合规性负责,否则将承担审计责任。但是,会计师的审计责任与董事会的会计责任是独立的,会计师的审计不能替代董事的忠实与勤勉义务,独立董事不能以信赖为由替代忠实与勤勉义务的履行。

人民法院在审理独立董事因其信息披露违法行为而受到行政处罚所提起的行政诉讼案件的过程中也逐步总结出其对独立董事履职行为以及

其承担行政责任的关注点。在这方面，佳电股份独立董事胡某某诉中国证监会行政诉讼案因为不仅在程序上比较完整地经历了行政复议和行政诉讼一审、二审，而且相关该判决，尤其是二审判决，对独立董事的制度功能定位、独立董事勤勉义务履行的认定标准和独立董事勤勉义务履行的证明责任分配等问题作了清晰的回答，从而从司法审查的角度为监管机构处罚独立董事信息披露违法行为提供了一个具体的评价与监督的标准。

2011年4月24日，阿城继电器股份有限公司（以下简称"阿继电器"）与佳木斯电机厂（以下简称"佳电厂"）、北京建龙重工集团有限公司（以下简称"建龙集团"）、上海钧能实业有限公司（以下简称"钧能实业"）签署了"阿城继电器股份有限公司重大资产置换及发行股份购买资产协议"，阿继电器以全部资产及负债与佳电厂持有的佳木斯电机股份有限公司（以下简称"佳电公司"）股权进行等值置换，同时向佳电厂、建龙集团、钧能实业（以下合称"原股东"）非公开发行股份，购买其持有的佳电公司股权。交易完成后，阿继电器更名为佳电股份，佳电公司成为上市公司的全资子公司。为了以一个更高的价格出售佳电公司，原股东与阿继电器签署"阿城继电器股份有限公司重大资产重组之盈利预测补偿协议"和"阿城继电器股份有限公司重大资产重组之盈利预测补偿协议之补充协议"两份具有业绩对赌性质的协议。原股东在协议中承诺：佳电公司在2011至2014年度实际净利润不低于预测水平，否则原股东以本次交易中各方认购的股份总数为上限向阿继电器进行补偿。为保证业绩承诺的完成，佳电股份通过少结转佳电公司的主营业务成本、少计销售费用等方式，在2013年和2014年的年度报告中分别虚增利润1.58亿元、0.40亿元，分别占当期披露利润总额的

82.58%、446.15%，占当期净利润的 93.48%、706.86%。2015 年，佳电公司将前期调节的利润从 2015 年 1 月开始逐月分期消化，直至全部转回，恢复真实的财务状况。独立董事胡某某在佳电股份 2013 年至 2015 年的年度报告上均签署同意，并承诺确保信息披露真实、准确与完整。中国证监会认为：佳电股份调增 2013 年度和 2014 年度利润、调减 2015 年度利润的行为，违反了 2005 年《证券法》第 63 条关于"上市公司依法披露的信息，必须真实、准确、完整，不得有虚假记载"的规定，构成该法第 193 条第 1 款规定的信息披露违法行为，胡某某作为该信息披露违法行为的其他直接责任人员，应承担相应的行政责任。遂于 2017 年 12 月 1 日作出行政处罚决定书（〔2017〕97 号），给予佳电股份时任独立董事胡某某警告并处以 7 万元罚款的处罚。

独立董事胡某某在收到"行政处罚事先告知书"后即在听证及申辩材料中提出：第一，"事先告知书"并没有述明认定公司行为为虚假信息披露的依据。第二，公司对董事会隐瞒虚增利润事项，财务处理过于专业，其已尽了足够的注意义务。注册会计师的无保留审计结论足以让人产生信任。非财务专业人员不应与财务专业人员承担同样责任。第三，其已尽独立董事忠实、勤勉和注意义务。第四，对董事履职不应适用"过错推定原则"。第五，其非公司信息披露虚假的直接责任人，即使中国证监会认为其应负间接责任，也不应当按 2005 年《证券法》第 193 条的规定进行处罚。对此申辩意见，中国证监会经复核后认为：第一，上市公司依法披露的信息，必须真实、准确、完整，不得有虚假记载、误导性陈述或者重大遗漏，全体董事、监事和高级管理人员应勤勉尽责，对上市公司依法披露信息的真实性、准确性、完整性、及时性、公平性负责。依据相关法律法规的规定，公司的独立董事应当了解并持续关注上市公司的生产经营情况、财务状况和已经发生或者即将发生的重大事件及其影响,应当主动调查、获取决策所需要的资料,积极问询,提出质疑,提供建议,不知情、不了解、未参与不能成为免责事由。相反,在正常履职的情况下,不知情、不了解、未参与恰恰是其未勤勉尽责的证明。第二,上市公司独立董事应当具备与职责相匹配的专业知识和专业水平,独立发表专业意见和专业判断,即使借鉴其他机构或者个人的专业意见,独立董事也要独立承担责任。不能以其他机构或者个人未发现、未指出为由,请求免除其主动调查、了解并持续关注公司情况,确保公司所披露信息真实、准确、完整的义务。发生信息披露违法时,其他主体是否发现、是否指出错误、是否存在过错、是否被追究责任,均不能决定是否免除独立董事的责任。第三,中国证监会对佳电股份信息披露违法行为责任人员的认定和划分于法有据,并已综合考虑岗位职责与履职和勤勉尽责情况,借鉴以往处罚的案例,明确区分了直接负责的主管人员和其他直接责任人员,来认定责任和确定处罚幅度。第四,任职期间未获劳动报酬、履职时间短、个别人刻意造假并隐瞒实情、非财务专业人员等申辩意见均非法定减轻、免予处罚的事由,且中国证监会在认定责任和确定处罚幅度时,已经充分考虑相关情况,对各责任人员的认定量罚适当。所以,中国证监会对胡某某的上述申辩意见未予采纳。不过,中国证监会对独立董事胡某某等责任人的信息披露违法行为的认定和针对申辩意见的答复反映出中国证监会作为监管机构对独立董事信息披露履职行为关注的重点。

中国证监会对佳电股份信息披露违法行为的行政处罚作出后,胡某某不服该行政处罚决定,向中国证监会申请行政复议。2018年5月18日,中国证监会作出"行政复议决定书"(〔2018〕49号),依据《行政复议法》（2017年修正）第28条第1款第1项①的规定，决定维持中国证监会对胡某某作出的行政处罚决定（行政复议中的主张和理由与行政处罚事先告知书中的理由差异不大，此处不赘述）。胡某某不服上述行政处罚决定和行政复议决定，诉至法院，请求撤销行政处罚决定和行政复议决定。北京市第一中级人民法院于2018年9月25日作出（2018）京01行初875号判决，驳回胡某某的诉讼请求。胡某某不服一审判决，提起上诉，诉称：一审判决回避了董事尽到适度的勤勉义务后能否发现公司虚增利润这一关键问题；对董事履职不应适用过错推定的原则来追责；其非公司负责人和财务、审计专业岗位人员，不属于直接负责的主管人员和其他直接责任人员，不应承担相关行政责任。请求撤销一审判决，发回重审或者改判，撤销中国证监会作出的行政处罚。中国证监会作为被上诉人在二审中辩称：第一，佳电股份的行为违反了2005年《证券法》第63条的规定，被诉处罚决定认定胡某某为佳电股份信息披露违法行为的其他直接责任人员，事实清楚，证据充分；第二，上市公司的董事、监事和高级管理人员对信息披露的真实性、准确性和完整性负有法定责任，即董事对上市公司信息披露违法行为，除非能够提供证据证明自身已勤勉尽责，否则即应承担相应的法律责任；第三，胡某某未履行勤勉尽责义务，其提出的各项主张均非免责事由。所以，请求法院维持一审判决，驳回胡某某的诉讼请求。

二审法院北京市高级人民法院经审理后认为：第一，根据《公司法》《证券法》等相关法律的规定，上市公司董事、监事、高级管理人

---

① 《行政复议法》（2017年修正）第28条第1款第1项规定，"具体行政行为认定事实清楚，证据确凿，适用依据正确，程序合法，内容适当的，决定维持"。

员对公司负有忠实与勤勉义务，一旦公司存在信息披露违法行为，上述人员即使并未组织、策划、主动参与、积极实施违法行为，因其所负有的勤勉义务及保证责任，除非能够证明其已经履行勤勉尽责义务，否则就应当作为信息披露违法行为的其他直接责任人员承担相应的行政责任。胡某某作为佳电股份的独立董事，在佳电股份存在财务数据虚假记载的情况下，仍然在相关董事会决议上投赞成票并签名确认"保证年度报告内容真实、准确、完整"，表明其实际参与了上市公司信息披露的过程，故其应属于2005年《证券法》第193条第1款规定的其他直接责任人员的范畴。胡某某主张需要具备主观方面的明知及客观方面的主动参与，并起到重要作用，才符合"其他直接责任人员"构成的诉讼理由，缺乏法律依据，法院不予以支持。第二，根据《指导意见》对独立董事的界定和功能定位，在认定上市公司独立董事勤勉义务履行的问题上，一方面应当考虑独立董事不在公司担任董事以外的其他职务、不直接参与公司具体经营的客观实际情况；另一方面亦应关注独立董事在公司治理结构中所具有的独立履行职责、独立客观判断，不受上市公司主要股东、管理层及利害关系人影响的特性。在有限与有为的尺度中，准确界定上市公司独立董事的勤勉义务，即上市公司独立董事应当善意、审慎、合理地履行职责，尽到如同普通谨慎的人在管理其类似个人商业事务的情形下所应有的同等程度的勤勉和注意。而用于判断该勤勉义务履行的客观外化标准就被转化为有充分证据证明独立董事已经履行勤勉尽责义务，此亦为在公司存在信息披露违法行为的前提下独立董事免责的事由。第三，胡某某主张对董事履职不应适用过错推定的归责原则及相应的证明责任分配规则，中国证监会应当对其作出的被诉行政处罚决定承担举证责任，但其提供的证据不足以证明胡某某未履行勤勉尽责义务。对此，法院认为行政责任的承担及相应的证明责任分配不同于民事责任的举证责任分配规则。根据《行政诉讼法》的相关规定，被告（行政机关）对其作出的具体行政行为负有举证责任。据此，中国证监会对其作出的针对胡某某的行政处罚决定负有全面的举证责任，既有义务收集胡某某应当承担相应行政责任的证据，也有义务收集减轻、免除处罚的相应证据。因胡某某未履行勤勉尽责义务这一证明对象系属否定性事实，故中国证监会在行政程序中经主动调查收集并要求胡某某提供能够证明其履行勤勉尽责义务的相关证据后发现胡某某提供的现有证据并不足以证明其已经履行勤勉尽责义务，中国证监会在此基础上作出相应的认定，并无不当。在行政诉讼程序中，因已经履行勤勉尽责义务系属信息披露违法行为责任人员的免责事由，根据《行政诉讼法》规定的举证责任分配的一般规则，减免行政责任之要件事实，应由行政相对人（本案中即胡某某）承担举证证明责任，故一审法院认定胡某某没有充分证据表明其已经履行勤勉尽责义务，不无不当。第四，胡某某以其不具有相关财务会计专业背景、无法发现公司虚增利润的违法情形、信赖注册会计师无保留审计结论等理由，主张其已经履行了勤勉尽责义务。对此，法院认为：独立董事应当能够充分了解公司治理的基本原则、上市公司运作的法律框架、上市公司信息披露和关联交易监管等具体规则，具备内控与风险防范意识以及基本的财务报表阅读和理解能力，亦应充分了解所任职公司的经营状况，如此才能基于自己的独立判断尽职履责，发挥独立董事在上市公司治理中的作用，符合独立董事制度设计的初衷。不直接参与经营管理、无相关职业背景、信赖专业机构出具的专业意见等，均不足以表明独立董事已经履行了勤勉尽责义务，也不是《行政处罚法》规定的法定减免处罚的理由，仅为判断信息披露违法行为责任人员之责任大小时需要考量的因素。况且，虽然胡某某不具有相关财务会计专业背景，但是这不影响其对于专业财务会计报告通过仔细研究、提出询问、质疑、保留意见等形式尽到勤勉尽责的履职义务，并对认真审查的过程举证证明。虽然胡某某主张信赖注册会计师无保留意见的审计结论，但是该信赖应以其履行勤勉义务并认真研究审核为基础，也就是说合理地信赖，而非以信赖代替勤勉尽责义务的履行。此外，独立董事勤勉尽责义务的履行具有过程性特征，要求独立董事在任职期间了解并持续关注公司生产经营状况、财务状况，主动调查并获取决策所需的资料，积极问询、提出质询、提供建议，达到能够独立作出判断的程度，而非以能否发现公司违法行为的结果作为判断其能否履行勤勉义务的标准。基于以上判断，北京市高级人民法院于2019年2月19日作出（2018）京行终6567号判决，驳回上诉，维持一审判决。

上述判决在总结以往相同案件判决经验的基础上，一是明确了上市公司独立董事的制度功能定位，即借助董事会的独立性发挥监督者的作用，避免在股权集中情况下的控股股东滥权和股权分散情况下的内部人控制以及监事会失效等治理失效现象。二是明确了独立董事勤勉义务履行的认定标准，由理论上的上市公司独立董事应当善意、审慎、合理地履行职责，尽到如同普通谨慎的人在管理其类似个人商业事务的情形下所应有的同等程度的勤勉和注意①，转化为"有充分证据证明独立董事已经履行勤勉尽责义务"的客观外化标准。并且这个标准对独立董事的专业背景是有一定的考量的，即：作为专家的独立董事对其"专家化部分"的问题负有高于一般标准的注意义务，必须经过尽职调查，相信并

---

① 参见施天涛：《公司法论》，3版，415页，北京，法律出版社，2014。

且有合理理由相信相关内容是真实、准确、完整的，方可免责；非专家的独立董事对于公司事务中的"专家化部分"的问题负有相对较低的注意义务，但绝不可以采取一种事不关己的姿态，否则法律上规定的独立董事勤勉义务将形同具文；非专家的独立董事需要以一系列积极的行为表明自身履行了勤勉尽责义务，但并不将是否发现公司违法行为的结果作为判断其是否履行勤勉义务的标准。三是明确了独立董事在相关行政诉讼案件中就其已履行勤勉义务承担举证证明的责任。这也是贯彻执行最高人民法院《关于审理证券行政处罚案件证据若干问题的座谈会纪要》第4条"关于上市公司信息披露违法责任人的证明问题"中被处罚行政行为相对人"应当提供其对该信息披露行为已尽忠实、勤勉义务等证据"之规定的体现。

自独立董事制度建立以来，除因独立董事信息披露违法行为受到行政处罚引起行政诉讼案件外，尚未出现因独立董事在履职过程中从事短线交易、内幕交易等违法行为受到行政处罚而提起行政诉讼的案件。

二、可能引起民事纠纷的独立董事履职行为

自独立董事制度建立以来，虽然还没有发生过独立董事的履职行为引起民事诉讼的案例，但是依《证券法》的规定独立董事会因为如下事项而承担民事责任。

（一）因短线交易其任职的上市公司的股票而获利

2019年《证券法》第44条[①]沿袭并进一步完善了2005年《证券法》

[①] 2019年《证券法》第44条的规定是："上市公司、股票在国务院批准的其他全国性证券交易场所交易的公司持有百分之五以上股份的股东、董事、监事、高级管理人员，将其持有的该公司的股票或者其他具有股权性质的证券在买入后六个月内卖出，或者在卖出后六个月内又买入，由此所得收益归该公司所有，公司董事会应当收回其所得收益。但是，证券公司因购入包销售后

第47条有关上市公司大股东和董事、监事、高级管理人员短线交易的法律责任的规定，进一步明确了上市公司大股东、董事、监事、高级管理人员及其近亲属短线交易其持股或者任职的上市公司的股票所应承担的民事责任及救济中小股东的路径，同时在该法第189条的规定中强化了短线交易人员的行政责任。

依据《证券法》的如上规定并结合实践中独立董事因有意无意参与短线交易而受到行政处罚或者纪律处分的情况，独立董事短线交易其任职的上市公司的股票所获得的收益（或者避免的损失）将归上市公司所有，上市公司享有该收益的归入权，上市公司董事会履行归入短线交易收益的职权。公司董事会不按照规定行使归入权的，按照穷尽内部救济手段的原则股东首先有权要求董事会在30日内执行，公司董事会经股东催促后仍没有履行行使归入权职责的，股东有权为了公司的利益以自己的名义直接向人民法院提起诉讼，这样，独立董事就会因为短线交易其任职的上市公司的股票而成为股东派生性民事诉讼的被告。

为什么在实践中有的独立董事因短线交易其任职的上市公司的股票而受到行政处罚或者纪律处分，却没有发生由董事会不行使归入权引发的派生性民事诉讼呢？笔者经调查研究发现，导致这种现象发生的原因有二：一方面是已发生的独立董事短线交易其任职的上市公司的股票的，以遭受损失者居多，鲜有从中获利的；另一方面是个别短线交易其

（接上页）剩余股票而持有百分之五以上股份，以及有国务院证券监督管理机构规定的其他情形的除外。前款所称董事、监事、高级管理人员、自然人股东持有的股票或者其他具有股权性质的证券，包括其配偶、父母、子女持有的及利用他人账户持有的股票或者其他具有股权性质的证券。公司董事会不按照第一款规定执行的，股东有权要求董事会在三十日内执行。公司董事会未在上述期限内执行的，股东有权为了公司的利益以自己的名义直接向人民法院提起诉讼。公司董事会不按照第一款的规定执行的，负有责任的董事依法承担连带责任。"

任职的上市公司的股票的独立董事在受到调查后即主动将其收益交还给上市公司，以求获得宽大处理。

（二）虚假陈述侵权行为

上市公司虚假陈述引起的民事侵权诉讼是投资者保护必不可少的机制，但是在我国建立证券市场以后的很长时间里，该诉讼机制很不健全，或者法院立案难[1]，或者诉讼成本高昂、程序烦琐，投资者普遍存在着"搭便车"的心理[2]，导致实践中投资者维权的案例比较少。这种状况在中国共产党十八届四中全会后实施的司法改革中逐步得到了改变。

2014年10月23日，中国共产党第十八届中央委员会第四次全体会议通过的《中共中央关于全面推进依法治国若干重大问题的决定》提出"优化司法职权配置。健全公安机关、检察机关、审判机关、司法行政机关各司其职，侦查权、检察权、审判权、执行权相互配合、相互制

---

[1] 2002年1月15日，最高人民法院发布的《最高人民法院关于受理证券市场因虚假陈述引发的民事侵权纠纷案件有关问题的通知》第2条规定，"人民法院受理的虚假陈述民事赔偿案件，其虚假陈述行为，须经中国证券监督管理委员会及其派出机构调查并作出生效处罚决定。当事人依据查处结果作为提起民事诉讼事实依据的，人民法院方予依法受理"。2003年1月9日，最高人民法院发布的《最高人民法院关于审理证券市场因虚假陈述引发的民事赔偿案件的若干规定》第6条规定，"投资人以自己受到虚假陈述侵害为由，依据有关机关的行政处罚决定或者人民法院的刑事裁判文书，对虚假陈述行为人提起的民事赔偿诉讼，符合民事诉讼法第一百零八条规定的，人民法院应当受理。投资人提起虚假陈述证券民事赔偿诉讼，除提交行政处罚决定或者公告，或者人民法院的刑事裁判文书以外，还须提交以下证据：（一）自然人、法人或者其他组织的身份证明文件，不能提供原件的，应当提交经公证证明的复印件；（二）进行交易的凭证等投资损失证据材料"。最高人民法院对上市公司虚假陈述引发的民事侵权纠纷案件的受理都设置了有关机关认定存在虚假陈述（违规或者犯罪）的前置程序，让该类案件的立案变得很困难。

[2] 2003年1月9日，最高人民法院发布的《最高人民法院关于审理证券市场因虚假陈述引发的民事赔偿案件的若干规定》将虚假陈述案件当作单独或者共同诉讼的普通民事案件对待，排斥集体诉讼与代表人诉讼的方式，将案件原则上归集由上市公司所在地的中级人民法院管辖。然而中小投资者持有的股份数额较少，力量薄弱，面对的却是一个个具有强大资源调配能力的上市公司，所以通过诉讼的方式挽回的损失和为之付出的成本与精力不相匹配。这在一定程度上催生了投资者"搭便车"的维权心理。

约的体制机制"。2015年4月1日，中央全面深化改革领导小组第十一次会议审议通过了《关于人民法院推行立案登记制改革的意见》。2015年4月13日，最高人民法院根据中央的决策部署发布了《最高人民法院关于人民法院登记立案若干问题的规定》，明确规定人民法院对依法应该受理的一审民事起诉实行立案登记制。2015年12月24日，最高人民法院发布的《最高人民法院关于当前商事审判工作中若干具体问题》明确规定，"因虚假陈述、内幕交易和市场操纵行为引发的民事赔偿案件，立案受理时不再以监管部门的行政处罚和生效的刑事判决认定为前置条件"。由此，上市公司虚假陈述引起的民事侵权纠纷立案难的问题得到了初步解决。

随着证券市场的发展与改革，与之配套的证券纠纷案件的审判机制与制度安排也有了巨大的改革和完善，上市公司虚假陈述引起的民事侵权案件审理的诸多改革效果尤为突出。2019年《证券法》第85条[1]修改并完善了2005年《证券法》第69条[2]关于上市公司因虚假陈述引起的侵权损害赔偿责任的具体规定。比较新旧法律文本的规定，我们可

---

[1] 2019年《证券法》第85条规定："信息披露义务人未按照规定披露信息，或者公告的证券发行文件、定期报告、临时报告及其他信息披露资料存在虚假记载、误导性陈述或者重大遗漏，致使投资者在证券交易中遭受损失的，信息披露义务人应当承担赔偿责任；发行人的控股股东、实际控制人、董事、监事、高级管理人员和其他直接责任人员以及保荐人、承销的证券公司及其直接责任人员，应当与发行人承担连带赔偿责任，但是能够证明自己没有过错的除外。"

[2] 2005年《证券法》第69条规定："发行人、上市公司公告的招股说明书、公司债券募集办法、财务会计报告、上市报告文件、年度报告、中期报告、临时报告以及其他信息披露资料，有虚假记载、误导性陈述或者重大遗漏，致使投资者在证券交易中遭受损失的，发行人、上市公司应当承担赔偿责任；发行人、上市公司的董事、监事、高级管理人员和其他直接责任人员以及保荐人、承销的证券公司，应当与发行人承担连带赔偿责任，但是能够证明自己没有过错的除外；发行人、上市公司的控股股东、实际控制人有过错的，应当与发行人、上市公司承担连带赔偿责任。"

以看出，2019年《证券法》不仅增加了信息披露义务人未按规定披露信息也承担赔偿责任的情形，而且增加了发行人的控股股东、实际控制人和承销商的直接责任人员也承担连带赔偿责任的规定，此外，还将发行人的控股股东和实际控制人的赔偿责任由过错责任转变为过错推定责任。

不仅如此，除在上市公司虚假陈述引起的民事侵权案件的实体权利义务分配上作了优化以外，案件审理机制上也有创新，从而逐步解决了该类案件的"审理难"的问题。2019年《证券法》第95条[①]在《民事诉讼法》规定的集体诉讼和代表人诉讼的基础上，结合中证中小投资者服务中心有限责任公司[②]等的基础性制度改革的实践，增加了上市公

[①] 2019年《证券法》第95条规定："投资者提起虚假陈述等证券民事赔偿诉讼时，诉讼标的是同一种类，且当事人一方人数众多的，可以依法推选代表人进行诉讼。对按照前款规定提起的诉讼，可能存在有相同诉讼请求的其他众多投资者的，人民法院可以发出公告，说明该诉讼请求的案件情况，通知投资者在一定期间向人民法院登记。人民法院作出的判决、裁定，对参加登记的投资者发生效力。投资者保护机构受五十名以上投资者委托，可以作为代表人参加诉讼，并为经证券登记结算机构确认的权利人依照前款规定向人民法院登记，但投资者明确表示不愿意参加该诉讼的除外。"

[②] 虽然2020年7月31日中国证监会发布的《关于做好投资者保护机构参加证券纠纷特别代表人诉讼相关工作的通知》明确投资者保护机构是指中证中小投资者服务中心有限责任公司和中国证券投资者保护基金有限责任公司，但是在实践中证券纠纷特别代表人诉讼中的投资者保护机构主要指的是前者。中证中小投资者服务中心有限责任公司（简称"投服中心"）是2014年12月成立的证券金融类公益机构，归中国证监会直接管理。投服中心的主要职责包括：面向投资者开展公益性宣传和教育；公益性持有证券等品种，以股东身份或证券持有人身份行权；受投资者委托，提供调解等纠纷解决服务；为投资者提供公益性诉讼支持及其相关工作；中国投资者网站的建设、管理和运行维护；调查、监测投资者意愿和诉求，开展战略研究与规划；代表投资者，向政府部门、监管机构反映诉求；中国证监会委托的其他业务。投服中心是2019年《证券法》第95条规定的投资者保护机构，并被该法赋予特别代表人的法定职责。为了履行该项法定职责，投服中心一方面已通过持股行权的方式取得沪深上市公司100股股份，成为上市公司的股东，派代表出席股东大会，行使股东权利，督促上市公司规范运作；另一方面在上市公司虚假陈述民事侵权诉讼方面，招募了公益律师，已在多起案件中公开征集受损投资者特别代表权委托，并制定了《中证中小投资者服务中心特别代表人诉讼业务规则（试行）》，规范、高效地推动了特别代表人诉讼业务。

司虚假陈述民事侵权案件的特别代表人诉讼制度,减少了中小投资者维权的成本,也通过"明示退出,默示加入"的规则提高了中小投资者通过民事诉讼维权的便利度。为了使《证券法》和《民事诉讼法》规定的集体诉讼和代表人诉讼制度在证券行业有效实施,进一步完善符合中国国情、具有中国特色的证券集体诉讼制度,最高人民法院于2020年7月31日发布并实施了《关于证券纠纷代表人诉讼若干问题的规定》,对起诉时当事人人数确定的普通代表人诉讼、起诉时当事人人数不确定的普通代表人诉讼、投资者保护机构代表中小投资者的特别代表人诉讼这三类代表人诉讼的诉讼程序启动条件、代表人的条件与职责、审理与判决、执行与分配等作出了细致的安排,并运用现代信息技术手段提升了代表人诉讼的起诉、公告与送达、审判和执行的效率,解决了上市公司虚假陈述民事侵权纠纷中投资者分散与信息不对称的问题;还通过代表人诉讼的诉讼费用承担与处理等制度安排,减少了投资者的维权成本,为诉讼程序的顺畅运行提供了制度保障。

《证券法》和《民事诉讼法》对证券集体诉讼和特别代表人诉讼制度的完善,便利了中小投资者通过特别代表人诉讼的方式维护其合法权利,也加大了证券违法犯罪行为的成本。2019年《证券法》改革了虚假信息披露责任追究和承担的机制,增加了未尽勤勉义务的独立董事因承担虚假陈述民事侵权连带责任而被追诉的风险。在2019年《证券法》生效之前发生的亚星化学独立董事因虚假陈述与投资者损失不存在因果关系而免除责任的案件(以下简称"亚星化学案")和海润光伏独立董事在存在虚假陈述侵权的前提下承担有限补充责任的案件(以下简称"海润光伏案"),与在2019年《证券法》生效之后发生的康美药业虚假陈述民事侵权赔偿之诉(以下简称"康美药业案"),分别是特别代表人诉讼制度建立前后的经典案例，从这几个案例中可以看出独立董事在上市公司虚假陈述引起的民事侵权赔偿诉讼中的风险大小及应对策略。

1. 亚星化学案

2012年6月18日，亚星化学发布被中国证监会给予行政处罚的公告。该行政处罚决定书认定亚星化学与其控股股东存在大额直接非经营性资金占用和对外担保未披露，从而导致公司信息披露存在虚假记载的违法行为。中国证监会根据上述事实给予亚星化学和相关董事警告并处以罚款的行政处罚。2013年2月7日，亚星化学再次发布被中国证监会给予行政处罚的公告。该行政处罚决定书认定亚星化学未按规定披露关联方关系、关联交易、与控股股东之间的非经营性资金往来和2011年上半年未入账的财务费用，构成2005年《证券法》第193条规定的信息披露违法行为。中国证监会根据上述事实和规定，给予亚星化学和其董事、监事、高级管理人员等违法信息披露责任人警告和罚款的行政处罚。这两项行政处罚决定书认定的虚假陈述实施日是2009年1月16日，揭露日是2010年11月16日。投资者陈某某于2011年7月28日购入亚星化学股票120 200股，并一直持有该股票。后陈某某以亚星化学虚假陈述侵权为由向法院诉请亚星化学赔偿其损失，并由独立董事陈某承担连带赔偿责任。法院经审理认为：2005年《证券法》第63条规定，发行人、上市公司依法披露的信息，必须真实、准确，不得有虚假记载、误导性陈述或者重大遗漏。自2009年1月16日起，亚星化学因涉嫌大额直接非经营性资金往来未入账，间接非经营性资金往来未入账，未及时披露重大担保事项，未按规定披露关联方关系、关联交易，未按规定披露与控股股东亚星集团公司的非经营性资金往来，未及时入账财务费用等事由，被中国证监会认定为虚假陈述行为，并受到了相应的行政处罚，其应对虚假陈述给投资人造成的损失承担赔偿责任。陈某系亚星化学的独立董事，没有证据证明其对亚星化学的虚假陈述无过错，故陈某应对亚星化学的虚假陈述承担连带赔偿责任。但是，根据中国证监会对亚星化学的两次信息披露违法行为的行政处罚认定的事实，可以认定自2009年1月起，亚星化学涉嫌多事由虚假陈述行为，虚假陈述是持续进行的，二者系一个整体，不可分割。陈某某仅依据第二次行政处罚对亚星化学提起诉讼，实际上主观上割裂了两次行政处罚的内在联系，人为地将两次行政处罚分割为互相独立的两次事件，与事实不符。亚星化学分别于2010年11月16日、2011年11月4日两次发布公告，揭露了其因虚假陈述被监管机构立案调查的事实，亦系对其实施的虚假陈述行为连续的揭露，且揭露的内容中大额直接非经营性资金往来未入账、间接非经营性资金往来未入账、与亚星集团公司非经营性资金往来、未及时入账财务费用等被中国证监会认定为虚假陈述而使其受到处罚。故对虚假陈述最早的揭露日应被认定为2010年11月16日。2011年7月28日，陈某某购入亚星化学股票时，中国证监会尚未对亚星化学是否构成虚假陈述进行最后认定，但陈某某此时应知道亚星化学因虚假陈述已被监管机构立案调查，陈某某作为理性投资者，在获悉亚星化学因涉嫌虚假陈述被监管机构立案调查之后买入该公司的股票，其行为要么属于应当预见亚星化学涉嫌存在的虚假信息披露行为可能被定性为虚假陈述行为的结果会给自己带来投资风险而没有预见，要么属于已经预见亚星化学涉嫌存在的虚假信息披露行为可能被定性为虚假陈述行为的结果会给自己带来投资风险，但抱有不必然给自己带来投资风险之侥幸心理，显属缺乏足够的证券市场风险防范意识。在此情况下，陈某某诉求之经济损失，属证券市场中正常的投资交易风险，不应归责于亚星化学的虚假陈述行为。法院依据《最高人民法院关于审理证券市场因虚假陈述引发的民事赔偿案件的若干规定》第19条第2项关于在虚假陈述揭露日或者更正日及以后进行投资的，应当认定虚假陈述与损害结果之间不存在因果关系的规定，认定陈某某的投资损失与亚星化学的虚假陈述行为之间不存在因果关系，独立董事不承担该项虚假陈述民事侵权的连带责任。

亚星化学案发生在集体诉讼和特别代表人诉讼制度建立之前，反映了立案难和胜诉示范效应不明显的情况下的一个漏洞：法院巧妙地通过对两次虚假陈述所受处罚的关联性的确认，将虚假陈述揭露日认定为陈某某购买该上市公司股票日之前的2010年11月16日，从而成功地阻断了因果关系。虚假陈述违法行为与损害结果之间缺乏因果关系，上市公司就不承担虚假陈述所引起的侵权责任，上市公司的独立董事也就自然不再承担连带责任。该案中亚星化学的虚假陈述实施日（2009年1月16日）与其揭露日（2010年11月16日）之间时间相隔很长，在这期间购买其股票并持有（或者卖出）而受到损失的投资者一定不是少数，只是因为当时民事起诉的受理是以虚假陈述被确认为前提条件的，加上分散的投资者没有特别代表人牵头组织，存在"搭便车"心理的投资者或者受到陈某某败诉的影响，或者没有搭上便车，或者认为采用这种维权方式容易失败，而没有对亚星化学提起诉讼，亚星化学时任的董事、监事、高级管理人员也因此躲过了以公司全部财产不足以赔偿后须承担无限连带责任这一劫。不过，法院在以公司全部财产不足以赔偿之后让独立董事承担有限补充赔偿责任的判决也会让上市公司独立董事心存侥幸，海润光伏案就是一个典型。

2. 海润光伏案

2015年1月22日，海润光伏前三大股东江阴市九润管业有限公司（以下简称"九润管业"）、杨某进和江苏紫金电子集团有限公司（以下简称"紫金电子"）共同向公司董事会提交了一份"关于2014年利润分配及资本公积转增股本预案的提议"（以下简称"分配提案"）。"分配提案"中载明："基于公司未来发展需要并结合海润光伏公司2014年实际经营状况，为了积极回报股东，与所有股东分享海润光伏公司未来发展的经营成果，在符合利润分配原则、保证正常经营和长远发展的前提下，提议以海润光伏公司2014年12月31日股本股为基数，以资本公积金向全体股东每10股转增20股。"次日，海润光伏公告了"2014年度利润分配预案预披露公告"（以下简称"分配预告"）。此后在审议"分配提案"时，公司董事会一致认为"分配提案"充分考虑了对广大投资者的合理投资回报，与公司实际情况相匹配，符合公司发展规划，符合有关法律法规以及公司章程和分配政策的规定，具备合法性、合规性、合理性。公司9名董事均签署了书面确认文件，并承诺在董事会审议上述议案时投赞成票。按照海润光伏公司章程和分红规划的规定，公司发放股票股利的前提条件是公司经营情况良好，而且应同时满足现金分红的条件，即"公司合并报表该年度或半年度实现的归属于母公司股东的净利润为正值；母公司累计可供分配利润为正值"。但在2015年1月31日，海润光伏董事会又发布"2014年度业绩预亏公告"，其中载明："经财务部门初步测算，预计2014年度实现归属于上市公司股东的净利润为-8亿元左右。"这种互相矛盾的信息披露公告立即引起监管机构的注意。2015年2月，中国证监会对海润光伏涉嫌信息披露违法问题立案调查。2015年4月，上海证券交易所在对海润光伏信息披露违法问题调查审核后认为：独立董事金某某、洪某某、徐某某在不知悉海润光伏2014年实际经营业绩的情况下，也以"公司前三名股东对该利润分配的提议充分考虑了对广大投资者的合理投资回报，与公司实际情况相匹配"为由，同意该利润分配提议，并承诺在公司召开董事会会议审议该利润分配议案时投赞成票。该信息披露的内容与数日后公司公告的业绩预亏情况明显不符，可能对投资者的判断产生重大影响。鉴于公司董事（包括独立董事）未勤勉尽责的情况，上海证券交易所给予其通报批评的纪律处分。2015年10月22日，中国证监会江苏证监局认定海润光伏2015年1月23日披露的"分配预告"和"分配提案"存在误导性陈述：海润光伏及其前三大股东于2015年1月23日，即在法定业绩预告截止期前的敏感时点，采用模糊的语言，对2014年经营状况进行描述，并作为高比例转增提议的理由，而资本市场上业绩良好才会高转增的惯性思维，足以使投资者对该公司2014年经营业绩产生错误判断，从而影响其投资决策。同时"分配预告"称"利润分配预案符合公司章程、分红规划中分配政策的规定"，而事实上，海润光伏合并报表该年度实现的归属于母公司股东的净利润以及母公司累计可供分配利润均为负值。因此该分配预案实际上并不符合公司章程和分红规划中相关分配政策的规定。上述信息披露内容与实际情况存在较大差异，给投资者造成了利润为正、公司经营状况良好的错误判断，客观上对投资者造成了误导。所以，中国证监会江苏证监局依据2005年《证券法》第193条的规定，分别对海润光伏、紫金电子、杨某进、九润管业、曹某、任某东给予警告，并处以罚款等行政处罚，但是对公司的独立董事免予行政处罚。

海润光伏信息披露违法行为被上海证券交易所和中国证监会依法认

定后，投资者唐某某向法院起诉金某某等三名海润光伏的独立董事，主张独立董事应当承担其投资海润光伏的股票而受到的侵权损害的赔偿责任。法院经审理后认为：金某某等三人作为公司独立董事应对海润光伏虚假陈述给投资者造成的损失承担赔偿责任。但是证券侵权责任的判定应当兼顾保护投资者合法权益与公平课予加害人责任的平衡。在确定独立董事承担侵权赔偿责任的方式和数额时，不仅要分析虚假陈述行为对唐某某造成的投资损失的大小，还要考虑独立董事在上述虚假陈述行为中的过错状态与过错程度，使责任与过错相适应，以保障证券市场的健康发展。根据本案查明的事实，金某某等三名独立董事在未知悉公司实际经营的情况下，同意公司的利润分配提议，未尽勤勉尽责义务，但无证据证明上述三名独立董事有主动虚假陈述行为或明知有虚假信息仍审议通过的情形。2005年《证券法》第69条规定的上市公司董事对上市公司的虚假陈述侵权行为承担连带赔偿责任，适用范围是董事对上市公司虚假陈述存有主观故意的场合。而对于本案中独立董事在履职中未保持必要的职业审慎与海润光伏虚假陈述侵权行为相竞合的情形，人民法院宜按照过错与责任相适应的公平原则，依独立董事过失大小确定其对唐某某的损失承担补充赔偿责任。考虑到金某某等三人系独立董事，不参与公司日常经营管理，不执行具体业务，只是通过参加董事会讨论决定各项决议来履行职务，其未采取必要、合理的调查方法来避免不实报告的产生，虽然存有过失，但该种过失是一种轻微过失。最终法院综合考量身份角色、知情程度和主观态度、职责相关性、专业知识背景等因素，酌定金某某等三人对唐某某的损失承担10%的补充赔偿责任。

显然，法院将独立董事对海润光伏虚假陈述承担侵权责任的归责原则由过错推定原则改成了公平责任原则。可能法官是从三名独立董事免予行政处罚、仅仅受到纪律处分这个角度考虑的。这种情况在2019年《证券法》实施后的首例依特别代表人诉讼制度审理的案件——康美药业案中是不可想象的,这也体现出不管是法律规定还是司法实践都有逐步加大独立董事勤勉尽责义务法律责任的趋势,需要引起独立董事的格外注意。

3. 康美药业案

2020年12月31日,广州市中级人民法院受理了顾某骏、刘某君等11名原告共同起诉康美药业及马某田等董事、监事、高级管理人员证券虚假陈述责任纠纷一案。顾某骏、刘某君被11名原告共同推选为拟任代表人,同时代表具有相同种类诉讼请求并申请加入本案诉讼的其他投资者,提起普通代表人诉讼。2021年2月10日,广州市中级人民法院经审查决定适用普通代表人诉讼程序审理本案,确定了本案权利人的范围。2021年3月26日,广州市中级人民法院发出了《普通代表人诉讼权利登记公告》。原告诉称:根据中国证监会对康美药业及马某田等人、对广东正中珠江会计师事务所及杨某蔚等人的处罚决定,康美药业在2016年和2017年年度报告、2018年半年度报告中存在虚假陈述行为,广东正中珠江会计师事务所在对康美药业2016年等年度财务报表审计过程中未勤勉尽责,所出具的审计报告存在虚假记载。因此,他们应对虚假陈述造成的股市投资者的损失承担赔偿责任。请求以康美药业公告2016年年度报告的公告日2017年4月20日为虚假陈述实施日,以网络媒体披露康美药业虚假陈述的日期2018年10月16日为揭露日,以康美药业流通股票累计换手率达100%的日期2018年12月4日为基准日,判令马某田、许某瑾赔偿投资者的投资损失,其他被告承担连带责任。从被告所列的名单来看，有 4 名康美药业的独立董事被起诉，因为康美药业已严重资不抵债，所以他们如果被判承担连带赔偿责任的话，无疑将面临巨大的风险。依 2019 年《证券法》和《关于证券纠纷代表人诉讼若干问题的规定》等的规定，独立董事承担这种无限连带责任的可能性更大了。2021 年 4 月 16 日，康美药业关注到广州市中级人民法院公告公示中心发布的"权利登记公告"。根据"权利登记公告"，2021 年 4 月 8 日，中证中小投资者服务中心有限责任公司称接受了黄某香等 56 名权利人的特别授权，向广州市中级人民法院申请作为代表人参加诉讼。依据 2019 年《证券法》第 95 条第 3 款和最高人民法院《关于证券纠纷代表人诉讼若干问题的规定》第 32 条第 1 款的规定，经最高人民法院指定，广州市中级人民法院将适用特别代表人诉讼程序审理本案。适用特别代表人诉讼程序后不仅有专门的机构代表投资者维护其合法权利，而且相关制度安排，如证券交易所的纪律处分被视为侵权行为成立的初步证据、可以不预交案件受理费、申请财产保全时人民法院可以不要求提供担保、通过信息技术手段起诉与送达相关文书等等，都对投资者维权非常有利和便捷。这也就从另外一个方面扩大了独立董事的职业风险。

如果严格贯彻执行 2019 年《证券法》第 85 条的规定，对独立董事不加限制地追究连带赔偿责任，可能会造成独立董事承担的风险与其从该职务中获得的收益之间的失衡，这不仅会让该项法律制度的内容失去基本的公平正义，而且也会迫使一部分独立董事选择用脚投票，离开这个行业。长此以往，我国的独立董事制度建设将缺乏必要的人力资源。所以，一方面，需要对独立董事承担的民事侵权责任设定一定的限制（例如，赔偿额度以独立董事任职期间取得的津贴总额为限），实现有限度的补充责任,而不是无限连带责任;另一方面,上市公司要适应修订后的《证券法》的变化,提高独立董事的津贴水平,对冲其新增的职业风险,或者上市公司要为独立董事购买责任保险,以减轻独立董事的职业新风险。

三、可能触犯刑事法律的独立董事履职行为

上市公司独立董事在履职的过程中未尽勤勉尽责义务或者违规从事证券交易,违反自律性交易规则的会受到纪律处分,违反证券监管法律规定的可能会受到行政处罚,在如上两种情形下给上市公司的投资者造成损失的,还可能会承担侵权民事赔偿责任。不仅如此,独立董事在履职过程中积极参与涉及信息披露的违法行为,或者违规从事证券交易,情节严重的,还会触犯刑事法律的规定,承担相应的刑事责任。

上市公司独立董事履职中面临的刑事法律风险主要是违规披露、不披露重要信息罪和欺诈发行证券罪。

《刑法》第 161 条规定了违规披露、不披露重要信息罪的犯罪构成及法定刑。[①] 最高人民检察院、公安部于 2010 年 5 月 7 日发布的《关于公安机关管辖的刑事案件立案追诉标准的规定(二)》第 6 条将违规披

---

① 《刑法》第 161 条规定:"依法负有信息披露义务的公司、企业向股东和社会公众提供虚假的或者隐瞒重要事实的财务会计报告,或者对依法应当披露的其他重要信息不按照规定披露,严重损害股东或者其他人利益,或者有其他严重情节的,对其直接负责的主管人员和其他直接责任人员,处五年以下有期徒刑或者拘役,并处或者单处罚金;情节特别严重的,处五年以上十年以下有期徒刑,并处罚金。前款规定的公司、企业的控股股东、实际控制人实施或者组织、指使实施前款行为的,或者隐瞒相关事项导致前款规定的情形发生的,依照前款的规定处罚。犯前款罪的控股股东、实际控制人是单位的,对单位判处罚金,并对其直接负责的主管人员和其他直接责任人员,依照第一款的规定处罚。"

露、不披露重要信息案的立案追诉标准予以了明确。① 从这个立案追诉标准来看，达到这个标准并构成犯罪的可能性是比较大的。但在实践中，司法机关适用该罪名的对象主要还是具有主观故意并积极实施犯罪行为的执行董事和高级管理人员。自上市公司独立董事制度建立以来，尚未发生独立董事涉嫌触犯该罪名、被立案追诉的案件，主要是因为独立董事的独立地位和职责降低了其积极主动实施该犯罪行为并具有主观故意的可能性。但是这并不意味着独立董事一定不会面临该法律风险。独立董事如果对违规披露信息存在主观故意，积极为违规披露信息的相关主体出谋划策，或者共同实施该行为，构成共同犯罪，就会被追究刑事责任。

独立董事需要防范的另一个刑事犯罪是欺诈发行证券罪。《刑法》第 160 条规定了该罪的犯罪构成及法定刑。② 最高人民检察院、公安部《关于公安机关管辖的刑事案件立案追诉标准的规定（二）》第 5 条明

---

① 《关于公安机关管辖的刑事案件立案追诉标准的规定（二）》第 6 条规定："依法负有信息披露义务的公司、企业向股东和社会公众提供虚假的或者隐瞒重要事实的财务会计报告，或者对依法应当披露的其他重要信息不按照规定披露，涉嫌下列情形之一的，应予立案追诉：（一）造成股东、债权人或者其他人直接经济损失数额累计在五十万元以上的；（二）虚增或者虚减资产达到当期披露的资产总额百分之三十以上的；（三）虚增或者虚减利润达到当期披露的利润总额百分之三十以上的；（四）未按照规定披露的重大诉讼、仲裁、担保、关联交易或者其他重大事项所涉及的数额或者连续十二个月的累计数额占净资产百分之五十以上的；（五）致使公司发行的股票、公司债券或者国务院依法认定的其他证券被终止上市交易或者多次被暂停上市交易的；（六）致使不符合发行条件的公司、企业骗取发行核准并且上市交易的；（七）在公司财务会计报告中将亏损披露为盈利，或者将盈利披露为亏损的；（八）多次提供虚假的或者隐瞒重要事实的财务会计报告，或者多次对依法应当披露的其他重要信息不按照规定披露的；（九）其他严重损害股东、债权人或者其他人利益，或者有其他严重情节的情形。"

② 《刑法》第 160 条规定："在招股说明书、认股书、公司、企业债券募集办法等发行文件中隐瞒重要事实或者编造重大虚假内容，发行股票或者公司、企业债券、存托凭证或者国务院依法认定的其他证券，数额巨大、后果严重或者有其他严重情节的，处五年以下有期徒刑或者拘役，并处或者单处罚金；数额特别巨大、后果特别严重或者有其他特别严重情节的，处五年以上有期

确了欺诈发行证券案的立案追诉标准。[3]同样是因为该罪的主观构成要件是故意,过失不构成该罪,所以担任拟上市公司的独立董事者,要防范积极主动参与欺诈发行证券的犯罪行为并构成共同犯罪的情况发生。

第四节 社会关注的独立董事行为

在公开透明的证券市场,上市公司独立董事通过公开信息披露而成为社会公众人物。社会公众人物自然会受到社会公众的关注,甚至其相关资讯和行为会被公共媒体进一步挖掘和传播。这一点需要引起独立董事的高度重视。

一、公共媒体的独立董事"画像"

2018年1月15日,《南方周末》《财经》等诸多媒体发表或转载了一篇《A股104位最忙独董画像》的文章,文章开篇便这样写道:"如果同时在5家公司兼职,是一种怎样的体验?A股市场就存在这样的群

徒刑,并处罚金。控股股东、实际控制人组织、指使实施前款行为的,处五年以下有期徒刑或者拘役,并处或者单处非法募集资金金额百分之二十以上一倍以下罚金;数额特别巨大、后果特别严重或者有其他特别严重情节的,处五年以上有期徒刑,并处非法募集资金金额百分之二十以上一倍以下罚金。单位犯前两款罪的,对单位判处非法募集资金金额百分之二十以上一倍以下罚金,并对其直接负责的主管人员和其他直接责任人员,依照第一款的规定处罚。"

[3] 《关于公安机关管辖的刑事案件立案追诉标准的规定(二)》第5条规定:"在招股说明书、认股书、公司、企业债券募集办法中隐瞒重要事实或者编造重大虚假内容,发行股票或者公司、企业债券,涉嫌下列情形之一的,应予立案追诉:(一)发行数额在五百万元以上的;(二)伪造、变造国家机关公文、有效证明文件或者相关凭证、单据的;(三)利用募集的资金进行违法活动的;(四)转移或者隐瞒所募集资金的;(五)其他后果严重或者有其他严重情节的情形。"

体。据 21 数据新闻实验室统计，截至 1 月 14 日，在 7 000 多位 A 股上市公司独董中，一共有 104 位独董触及监管红线，同时身兼 5 家上市公司独董。他们究竟有着怎样的特征，能够吸引到如此多的上市公司青睐？身兼多家公司独董，他们又能拿到多少年薪呢？下面，我们从性别、年龄、学历、毕业学校、职业背景、流动性、年薪等 7 个角度带你速览这 104 位'最忙独董'的画像。"这篇文章将同时身兼 5 家上市公司独立董事者称为"最忙独董"，对其个人信息做了深度挖掘和统计，在进一步宣传"最忙独董"、提升其专业度和知名度的同时，也让这些"最忙独董"给市场留下一个踩监管底线的印象。

无独有偶，2020 年 5 月 23 日，《证券市场红周刊》上刊登了惠凯的文章《"花瓶"独董画像》。该文章研究分析了目前上市公司独立董事的提名和薪酬与独立性、独立董事兼职多家上市公司后履职的深度与专业度、独立董事履职风险与收益的匹配度等关系，认为身份和利益不独立的独立董事、同时兼任多家上市公司独立董事的独立董事都有可能沦为"花瓶"独立董事，并对"花瓶"独立董事的行为模式和机制问题做了描述和分析。

二、独立董事受到行政处罚、纪律处分和接受监管调查的信息

为了建立一个公开、透明的证券市场，中国证监会会将其作出的行政处罚决定在其网站中予以公告。《证券法》将上市公司的董事、监事和高级管理人员涉嫌犯罪被依法采取强制措施的情形列为重大事件，要求上市公司及时予以公告。《上海证券交易所股票上市规则》将上市公司"董事、监事、高级管理人员因涉嫌违法违纪被有权机关调查或采取强制措施，或者受到重大行政、刑事处罚"列为其他重大风险事件，要求上市公司及时向证券交易所报告并披露。虽然证券交易所对上市公司及其董事、监事和高级管理人员作出的纪律处分和监管措施不需要上市公司公告，但是该纪律处分和监管措施会在证券交易所的公开披露平台予以披露。这样，在独立董事被公告受到行政处罚、纪律处分和接受监管调查后，相关媒体会进一步深入挖掘、分析该独立董事受到行政处罚、纪律处分或者接受监管调查的原因，以及历史上是否曾犯过同样或者类似的错误、是否还存在其他不当行为等信息，使独立董事受到行政处罚、纪律处分和接受监管调查的事项被进一步关注。

独立董事即使不是因为履职行为受到行政处罚、纪律处分或者接受监管调查，但是因为其上市公司独立董事的身份，甚至曾经担任过上市公司的独立董事，也会受到社会的广泛关注。例如，2020年4月9日晚，某省某市公安局某分局官方微博发布通报称："2019年4月8日，一女子到我局报案称，其三年多来被'养父'鲍某某多次性侵，我局于次日立案，并商请检察机关提前介入。经侦查，综合各种证据，认为鲍某某不构成犯罪，遂于2019年4月26日决定撤销此案，并通知了当事人。后根据当事人及其律师提供的一些新的线索，我局于2019年10月9日决定再次立案，并在本地及其他涉案地做了大量调查取证工作。目前侦查工作仍在进行中。我局将严格依法办案，切实维护当事人合法权益。"由于鲍某某是上市公司的独立董事，该信息受到广泛关注。2020年4月10日，《财新》杂志即对该事件及鲍某某的身份和其他经历作了深度跟踪报道。

三、与独立董事身份和地位不相符的言行

独立董事在公开场合的一言一行都备受关注，与其身份、地位不相

符的"离奇"言行自能引起公共媒体和自媒体的关注。例如，2018年4月8日，一名知名的上市公司独立董事在其个人微博上发表了一篇针对该上市公司个别大股东增持该公司股份而引起的控制权之争的文章，指责该大股东以通过资产管理计划融来的资金购买该上市公司的股票，目的是夺取该上市公司的控制权，而放任这种行为将会引起"颜色革命"，所以建议监管机构对其融资和持股的行为予以查处，并将其持有的股票予以没收上缴国库，或者交给社保基金。此言一出，引起舆论一片哗然，公众开始质疑：发表该言论是不是独立董事的职责所在，与独立董事的忠实义务是否有冲突？是否对存在同样问题的其他股东也一样进行了质疑？发表该言论是出于公心还是一己之利？在该言论发表前是否充分调查核实过相关情况？如该言论违背基本事实，引起股价下跌，该独立董事应不应该承担相应的侵权责任？2019年2月11日，这名独立董事又公开称其任职上市公司的董事长是其"闺蜜"。这又引起了社会公众对"闺蜜"是不是《指导意见》第3条所规定的中国证监会认定的其他不具有独立性的情形的怀疑，甚至有专业人士直接指出"大张旗鼓地高谈闺蜜，则有公开挑战上市公司治理准则和法律之嫌"。

所以，独立董事作为公众人物，既要珍惜自己的身份和地位，又要谨言慎行，还要使自己的言行与独立董事的身份和地位保持一致。能否实现这一平衡，实际上也考验着独立董事的专业水平和执业艺术。

第五章

适应未来发展趋势的独立董事履职行为

独立董事制度在中国是个舶来品，是法律移植的产物。中国之所以引入上市公司独立董事制度，一方面是因为证券市场发展中上市公司治理结构完善和制度安排的需要，另一方面是因为西方成熟证券市场的实践证明了独立董事制度的价值。在经历了证券市场的快速发展之后，独立董事制度在其发源地西方证券市场得到新的发展与完善，与此同时，在中国证券市场的实践中也逐步暴露出其中的制度/机制缺陷，中国证券监管机构也在总结经验与教训的基础上逐步完善该项制度，这些都代表着独立董事制度的未来发展趋势。制度的完善也对独立董事的履职行为提出了新的要求，独立董事的履职要符合新的发展趋势，满足逐步完善的制度的新要求。

第一节　西方成熟市场独立董事制度的发展与完善

一、美国独立董事制度的起源与发展

美国是上市公司独立董事制度的发源地，在美国，独立董事制度的诞生、发展以及其具体的制度安排都与董事会的结构和功能定位紧密相关。第二次世界大战以后，美国董事会的功能定位经历了建议型董事会、监督型董事会和独立型董事会三个不同的发展阶段，随之而来的是董事会的结构中独立董事的占比逐步提高。在这三个不同的发展阶段，对独立董事的独立性标准和职责要求也各不相同，制度安排均与其发展背景相一致，且都是公司治理发展历史选择的产物。

第二次世界大战后至1976年，美国处于建议型董事会的发展阶段。在第二次世界大战结束后的很长一个时期，美国为了兼顾整个经济的快速发展和恢复，追求经济发展的效率和速度，在公司的治理结构上选择了管理层主义，倡导利益相关者的模式，兼顾员工、客户和债权人等利益相关者的利益。在此治理结构之下，公司经理等管理团队除了经营管理企业，还要考虑如何平衡和分配企业的各种资源，最终形成了建议型董事会的治理结构，即公司经理等管理层提名利益相关者组成董事会去解决比较复杂的问题，并听取董事会的建议，而不是由董事会来选择和监督管理层。董事会在一定程度上是经理层职能的延伸，董事会扮演顾问的角色。

建议型董事会在美国上市公司股权分散又缺乏监事会等监督机制的背景下很容易导致管理层因失去监督而舞弊或者欺诈的情况发生。在

20世纪70年代发生的宾夕法尼亚州中央铁路公司破产案（破产之前两年，公司仍然发放超过1亿美元的分红）和水门事件（不少上市公司在大选过程中进行过非法捐赠）的推动下，学者和监管机构开始反思建议型董事会的失职问题及其解决办法。1971年，迈尔斯·梅斯（Myles Mace）发表的《公司董事：神话与现实》（Directors：Myth and Reality）一文中就指出："建议型董事会一般是不会去反对管理层的，整个董事会和管理层之间达成了比较好的默契，建议型董事会更有可能倾向于保护公司舞弊或者欺诈行为，最终可能导致更大的问题。"建议型董事会自身存在的弊端促使其向监督型董事会转变。

1976年纽约证券交易所的上市规则要求上市公司成立一个由独立董事组成的审计委员会，由其对上市公司的会计信息和外部审计机构进行把关。1978年9月，商业圆桌会议①正式采纳了监督型董事会的提法，将其视为使企业社会责任与营利性要求相联系的重要机制。监督型董事会与建议型董事会相比，一方面是制度性地吸纳了独立董事这个新型的要素，另一方面是强化了董事会的监督职责和责任。最初独立董事的独立性标准是比较模糊的，只要该名董事不是管理层的成员，就可以被视为独立董事。在该标准下，上市公司的服务机构、重要客户等均不丧失独立性，直到监管机构发现独立董事不独立的缺陷之后，才强调并进一步强化独立董事的独立性。例如《公司董事指南》就将在公司曾经任职的高级管理人员和雇员都视为执行董事而不是独立董事。1976年纽约证券交易所要求设立的审计委员会成员中的独立董事必须独立于管

---

① 商业圆桌会议是一个由美国一流企业的首席执行官组成的协会，是公认的美国商业公司事务方面的权威，长期致力于公司治理的研究，是公司治理最佳实践的倡导者。

理层，但是允许为公司提高融资、承销等专业服务的人员在审计委员会任职，除非他们被证明可能存在干涉审计委员会成员履职的情况。经历公司治理的历次改革后，独立董事的独立性标准被纽约证券交易所相对明确地确定为：独立董事必须与公司没有重大关联关系，包括不得在与公司存在重大关系的组织中担任合伙人、股东或者高级管理人员。当然，纽约证券交易所上市规则还设置了详细的排除规则以及安全港规则，用来界定原公司雇员、家族关系、咨询关系以及慈善关系等丧失独立性的情形。监督型董事会的治理机制改革选择了独立董事制度，并且独立董事的独立性标准也是逐步完善和明确的，从这个意义上也可以说是监督型董事会建立了独立董事制度的雏形。

20世纪80年代美国杠杆收购浪潮让美国上市公司董事会的成分和结构发生了改变，逐步转型为形式上独立董事占多数的更加独立的董事会，即独立型董事会。司法实践对独立董事制度给予了其独立性导致其行为具有公正性这种评价。美国特拉华州法院认为，在上市公司的派生性诉讼和对公司的反收购措施的司法审查中，如果由独立董事组成的"特别委员会"证明公司的相关行为是符合公司最佳利益的，可以视情况驳回派生性诉讼的请求或者确认该反收购措施的合法性，但是必须证明这一委员会组成的独立性。有了这种司法实践的引导，在经历杠杆并购和恶意收购的浪潮后，为了让司法认可的独立董事对要约价格和反收购策略与措施的独立性评估能成为抵挡来自控制权市场的威胁的重要武器，上市公司董事会的结构已经在形式上由内部董事占多数转变为独立董事占多数，设置了提名委员会和薪酬委员会，并且增加了独立董事在各专门委员会中的席位。公司管理层主动让渡一部分自主权，并强调董事会成员中独立董事成员的比例和董事会的独立性。虽然这样做的根本目的是抵挡恶意收购，但在形式上管理层还是强调这样做的目的或者是通过引入反收购的防御措施来提高上市公司的股票价格，或者是避免机构投资者的杠杆收购投机行为，从而从根本上维护股东利益最大化。这种做法，也让股东利益最大化的理念得到普遍接受，股东利益最大化成了衡量管理层业绩的重要指标。为了缓解股东利益最大化与管理层绩效的冲突，减少代理成本，在公司治理机制上通过股票期权、任期制和防御收购的金色降落伞计划等方式建立起股东与管理层利益捆绑的激励与约束机制。但是这种名不副实的所谓治理机制上的创新，注定了它将逐步被异化。

21世纪初，美国安然和世通公司财务欺诈与内部控制失效的丑闻（以下简称"安然和世通事件"）实际上是在股东利益最大化名义下独立型董事会模式失效的集中爆发，这也给上市公司独立董事的角色和董事独立性的标准带来了新的挑战。股东利益最大化名义下的独立型董事会模式，主要是通过上市公司与管理层之间建立以股票市场为基础的期权合约，来影响管理层的薪酬和任期，但是期权本身的不平衡性使管理层有更强的冲动进行财务操纵，主要是通过虚增收入和利润来刺激股票及期权的上涨，从而让管理层获得高额的薪酬和回报。这时候，董事会的独立性被薪酬激励机制大大削弱了，对董事独立性的界定已经不足以抗衡管理层为了获取更高薪酬在股票期权等激励机制上所作出的创新。安然和世通事件引发了美国对董事会独立性的反思，其中既有强调董事会独立性的意见，也有强化会计师事务所等中介机构的责任的呼声。纽约证券交易所最终选择了通过强化对董事独立性的要求来应对类似安然和世通事件的财务欺诈危机，要求审计委员会和薪酬委员会的组成人员必须全部是合格的独立董事，并设计了提名委员会在涉及股东与管理层利益的特定交易（如管理层收购、派生性诉讼和反收购措施的适用等）时成立主要由独立董事组成的特别委员会对该交易进行审查的制度。提名委员会的制度设计是美国董事会中心主义的典型表现，审计委员会聘任公司外部审计机构的做法就是这种专门委员会机制的派生产物。另外，纽约证券交易所为了强化董事的独立性还开创了"内部会议"的机制，要求上市公司必须定期召开只有独立董事而无执行董事和管理层参加的"内部会议"，主持该"内部会议"的独立董事被称为"首席董事"。首席董事对美国的公司治理机制有很大的帮助，特别是在CEO存在一定的履职问题或者受到挑战时，首席董事可以较好地领导公司管理层渡过危机。商业圆桌会议进一步强调董事会的独立性，并要求董事会重点关注上市公司的财务报告和信息披露的真实性与准确性。《萨班斯法案》在建立严惩"首恶"制度，特别是针对公司高级管理人员财务欺诈规定了严厉的刑事责任的同时，也建立了科学的内部控制制度，对审计师等中介机构及其人员提出了新的责任、义务和监管要求。美国联邦证券法和证券交易所上市规则对董事会的独立性也作出了新规定，特别是新增加了审计委员会监督公司与会计师之间的关系以及公司内部控制和财务报告披露质量的要求，公司董事会需要进一步听取律师对公司管理层遵守联邦证券法和相关信义义务的意见，而不是像以往一样单纯建立绩效考核机制或者仅仅对绩效考核实施监督。这样，在安然和世通事件以后，美国证券监管的相关法规将董事会更明确地定位为监督以公司的财务报告为基础的内部控制和信息披露，这也反过来进一步要求董事会提高独立性和对财务的专业判断能力。

  从美国独立董事制度发展和演变的过程中，我们可以得出这样几点结论：第一，美国的独立董事制度是在法律制度和经济环境不断变化的背景下逐步形成并随之而完善的，董事会结构中独立董事比例和地位的提高是在董事会中心主义的影响下，以 CEO 为主导的董事会与股东之间在抗衡过程中妥协的结果，也是经济发展与法治实践的历史选择；第二，美国在上市公司中开创的独立董事制度是一个包括独立董事的独立性标准、各专门委员会的设置与功能、内部会议与首席董事等完整的体系，是其他国家或者地区设置独立董事制度的蓝本；第三，美国开创的独立董事制度是在上市公司股权分散并缺乏监事会等监督机制的治理环境下产生的，是在对反收购策略的运用、股权激励措施被异化和频繁出现财务欺诈等的应对与反思中逐步完善的，所以独立董事制度并没有一个"放之四海而皆准"的绝对标准和模式，在各国制度环境和治理实践中成长并逐步完善的独立董事制度才是科学而有效的符合本国发展的制度。

二、英国独立董事制度的创新与发展

在同属于英美法系国家的英国，其独立董事制度与美国的相比，具有如下差别：

首先，在法源上不同。美国主要通过强制性的法律对包括独立董事制度在内的公司治理机制予以规范，这些规则主要是美国联邦证券法下的证券监督管理规则和各州的公司法。而英国的公司法仅规定了单层董事会的基本构造，关于公司治理机制的规则是通过一系列治理准则而逐步形成的，而这些治理准则是在 1992 年的《凯德伯瑞报告》（Cadbury Report）、1995 年的《格林伯瑞报告》（Greenbury Report）、1998 年的《汉普尔报告》（Hampel Report）、2003 年的《黑格斯报告》（Higgs Report）等公司治理研究报告的基础上逐步形成的。2006 年，英国以这些公司治理研究报告为基础修订公司治理准则，形成了《联合准则》

(Combined Code),《联合准则》明确要求英国大型公司的董事会中独立非执行董事的人数必须占到董事会人数的一半以上。2010年,《联合准则》又被修改成为《英国公司治理准则》(UK Corporate Governance Code)。《英国公司治理准则》不再强调独立非执行董事的重要性,建立了"董事会和专门委员会应该在技能、经验、独立性等方面对公司经营管理具有均衡的能力,以高效地实现他们的职责"的规则。强调董事会成员构成的专业性,忽视其独立性。从制度供给和法律渊源及形成过程来看,英国的公司治理规则的形成经历了理论探讨、制度设计、实践检验和优化完善的发展阶段,制度与规则的科学性、灵活性与有效性要比自上而下"制度设计"情形下更加明显。

其次,在治理规则制定、股权结构和董事会职能上有一定的差异。虽然英美两国上市公司的投资者结构都经历了从个人散户向机构投资者集中的过程,但是英国上市公司的股权集中程度要比美国上市公司的股权集中度高,并且以机构投资者持股为主,所以在公司治理结构的设计上,美国在股东会和董事会的权力制衡中需要防范的是董事会中心主义下的内部人控制,更多地强调董事会的规模和独立性,建立了独立董事占绝对多数的董事会;而英国在股东会和董事会的权力制衡中更多考虑的是股东会中心主义下的制度设计,对董事会的专业性的重视程度要远远高于对其独立性的重视程度,并且明确董事长与CEO不能兼任,董事长必须组织召开没有CEO参加而完全由独立非执行董事参加的内部会议,首席独立董事与董事长直接沟通并作为董事会与股东会沟通的主要桥梁,以发挥独立董事对管理层的监督作用。

最后,在具体内容上,英国的独立董事制度在借鉴美国独立董事制度的基础上又有诸多创新和超越。这种创新主要体现在两个方面:一是在公司治理准则中确立了对准则的"不遵守即解释"（comply or explain）的规则，成为诸多国家或地区在坚持公司自治的基础上对公司治理规则遵守或者执行的基本准则。这也是对公司法律制度建设的创新性贡献。二是在 2008 年国际金融危机之后的金融改革中将董事遴选的重心由董事的独立性转向董事的专业性，对独立董事制度的关注点及独立董事职能作用的发挥也有了新的思考和相应的制度完善。

三、德国和日本的内部治理型独立董事制度

德国是最早在公司治理机制上实现管理权与监督权分离的国家。1961 年的《德国商法典》在公司治理机制上设置了管理董事会和监督董事会的双层结构：管理董事会即现行法上的公司董事会，完全由执行董事组成，对公司管理事务负责，管理董事会必须为包括公司股东、雇员和公共利益等内容的公司整体利益服务；监督董事会即现行法上的监事会，主要由外部的非执行董事组成，主要负责履行事前的商业战略监督和事后的对董事会的监督。不过，监督董事会中的非执行董事不一定都是独立董事，甚至只有很少比例的独立董事，更多的是股东董事（监事）、职工董事（监事）和女性监事。[①] 这一方面是德国公司中普遍存在的大额持股股东的股权结构导致的，另一方面也与德国公司法要求的董事会多样性而非独立性的制度安排有关。虽然，德国在 2002 年公司治理准则中借鉴英国的"不遵守即解释"原则的基础上，一方面强调独立董事（监事）的资质，要求"监事会必须确保它的成员具备相应的知

[①] 德国在 1976 年的《共同决策法律》中要求大型公司的监事会成员中必须有一半是代表职工的，职工代表既包括来自公司自身的职工代表，也包括来自产业联盟的职工代表。2016 年以后，德国倡导董事会的多样化，上市公司还要求在监事会中必须有 30%以上的女性监事任职。

识、能力和专业经验,以完成其职责",另一方面又进一步明确"监事会可以引入他们认为人数充足的独立监事",并分别在 2002 年和 2012 年提出了独立董事(监事)要独立于管理层和主要股东,但是,德国的公司治理准则和资合公司法并没有关于独立董事(监事)独立性的条款。这就加重了德国独立董事(监事)制度的内部治理色彩——重视独立董事(监事)的专业性而忽视其独立性。

日本与德国同属大陆法系国家,在公司治理结构上都采用双层制董事会结构,在负责经营管理的董事会之外,设置了独立的监察人(类似于中国的监事会的组织)机构,履行审计公司的职责,以确保董事、高级管理人员和员工行为的合法性。因为在董事会之外,存在着一个独立的监察人的监督制衡的组织,所以日本对引进英美法系单层董事会结构下的独立董事制度一直很消极,但是 20 世纪 90 年代以来随着日本大型上市公司中交叉持股与循环持股的减少和国外机构投资者对日本上市公司持股比例的增加,加上国际上对独立董事制度的推广,日本于 2002 年的公司法改革中尝试在董事会结构方面借鉴英美法系单层董事会的结构,规定:大型的上市公司可以选择适用由外部董事组成的专门委员会式的董事会,采用了单层董事会结构的上市公司可以不再设置传统的监察人机构。因为该项改革建议不是强制性的规定与要求,所以响应者甚微。为了应对上市公司股权结构和组成的变化及其相应的要求,东京证券交易所于 2009 年修改了上市规则,一方面明确了独立董事或者独立监察人的独立性标准,规定下列人士一般不会被视为独立董事:母公司或者兄弟公司的执行董事或者高级管理人员;与公司有重大业务往来的另外一家公司的执行董事或者高级管理人员;公司的顾问、会计师或者律师;上述人员的直系亲属,以及公司或其子公司的执行董事或高级管理人员的直系亲属。另一方面允许上市公司在独立董事和独立监察人的治理结构中选择其一，并倡导上市公司更多采用独立董事制度，以提高董事会的独立性。但是这一修改收效也不显著。直到 2015 年修改后的公司治理准则才强制性地要求所有上市公司最少聘用两名具备相应素质的独立董事，以促进公司的可持续发展和中长期公司价值的增长，如果不能遵守该规定则必须说明理由（"不遵守即解释"）。这样，日本才在上市公司中采用了独立董事制度。不过，该公司治理准则对独立董事的独立性没有作出明确的定义，它要求每家上市公司公布自己的独立性标准，以确保独立董事的有效独立。这与德国的内部治理型独立董事制度有异曲同工之妙。

第二节　中国上市公司独立董事制度存在的问题、改革的方向与独立董事职业发展趋势

一、中国上市公司独立董事制度存在的问题和改革的方向

中国境内上市公司建立独立董事制度，对完善上市公司治理结构、促进上市公司规范运作、提升上市公司质量、维护上市公司整体利益、保护投资者尤其是中小投资者的利益等发挥了积极、有效的作用。但是，独立董事制度在实践中也暴露出其缺陷、不足和亟待完善的地方，主要体现在如下方面。

（一）对独立董事的法律定位比较模糊

在上市公司中引入独立董事制度的初衷是解决大股东一股独大带来

的中小投资者利益难以保障的问题，所以《指导意见》第1条第2项就开宗明义："独立董事对上市公司及全体股东负有诚信与勤勉义务。独立董事应当按照相关法律法规、本指导意见和公司章程的要求，认真履行职责，维护公司整体利益，尤其要关注中小股东的合法权益不受损害。独立董事应当独立履行职责，不受上市公司主要股东、实际控制人、或者其他与上市公司存在利害关系的单位或个人的影响……"从此规定还很难准确判定上市公司独立董事的法律地位是"监督者"还是"咨询顾问"，因为发挥独立董事的监督作用能够有效解决大股东一股独大侵害中小股东利益的问题，提高公司的整体效能。同时，发挥独立董事咨询顾问的作用，让上市公司的决策更科学也能够提高上市公司的价值，维护全体股东的整体利益。从《指导意见》对独立董事资格、独立性、特别职权、发表独立意见等具体制度设计的内容来看，《指导意见》对独立董事的法律地位的定位还是更倾向于"监督者"，这代表着证券监督管理机构的态度和上市公司独立董事制度设计的基本定位。但是，在实践中，上市公司对独立董事的需求和定位还是倾向于以"咨询顾问"为主，大部分上市公司设置行业专家的独立董事便是这一实践需求的体现。

这种二元的价值追求或者法律地位的定位，就给具体的制度设计带来了难题，使独立董事的任职资格、职责和法律责任的规定变得模糊或者缺乏操作性。

（二）对独立董事的职责和法律责任的规定不够明确

目前，针对独立董事的法律规定和规则体系是比较完备的，包括法律、部门规章和自律规则三个层次。法律和部门规章的规定主要着眼于对独立董事法律地位和归责原则的规定，自律规则更倾向于对独立董事诚信与勤勉义务的解释，二者层次清楚、逻辑分明、互为补充，并自成体系。

但是，从具体内容来看，这些规则中既没有对独立董事职责的明确规定，也缺乏关于独立董事没有履行职责应该承担什么责任的明确规则。虽然《指导意见》中对独立董事的特别职权和独立董事发表独立意见的事项类型有明确规定，但是独立董事是不是履行了这些职责就尽到了勤勉尽责义务呢？从近几年的行政处罚和纪律处分案件来看，显然不是。有关独立董事法律责任的明确的法律规则是2005年《证券法》第63条、第68条和第193条的规定。正是因为将独立董事的法律责任千篇一律地归结为信息披露违法的法律责任，而具体内容又不够详细，所以才会出现只要上市公司信息披露违法，独立董事就会被处罚的现象。也正是因为规则不明确，所以独立董事受到处罚后会不服行政处罚而提起行政诉讼。而在行政诉讼中法院提出的"证据证明免责论""基本要求论""绝对勤勉义务论""特别职权论""简单询问不足以达到勤勉尽责标准论"等判决主张和归责原则也是在为行政处罚的合法性与正当性寻找依据和理由。

独立董事的职责和法律责任不够明确，以及法律规范对独立董事的法律责任采取单一、绝对的归责原则，除让独立董事无所适从外，还会让独立董事因担心自己被处罚而帮助上市公司隐瞒相关违法违规行为，而不是积极地监督、发现并解决问题，这与发挥独立董事的作用，完善公司治理、促进上市公司的规范运作等初衷严重违背。

（三）对独立董事之间的职责、薪酬与责任没有作明确区分

《指导意见》规定，上市公司的独立董事除会计专业的独立董事是必备人员以外，其他专业人士由上市公司自主决定，但是独立董事的人

数不得低于董事会人数的三分之一。为满足上市公司独立董事的人数比例的要求，上市公司除聘任会计专业背景的独立董事以外，还会聘任行业、法律、管理等专业背景的专业人士作为公司的独立董事。这些不同专业背景的独立董事的职责和作用是不相同的，贡献和责任不同，薪酬自然也就应该有区别。但是目前的上市公司针对不同专业背景的独立董事，在工作职责与作用划分上，除有不同专门委员会成员的分工以外，在董事会内部没有区分；在薪酬待遇上，除个别上市公司按照独立董事担任专门委员会成员的多寡有所区分外，绝大多数上市公司对独立董事的薪酬没有作出区别；在法律责任上，除业绩预告出现性质错误或者出现幅度超过20%的差错时，纪律处分的对象仅限于审计委员会主任（一般是会计专业背景）外，其他的法律责任都由独立董事无差别地承担。

独立董事之间在职责、薪酬、责任上没有明确的界分，就免不了滥竽充数或者集体不负责的情况发生，不利于独立董事作用的发挥。

（四）缺乏对独立董事日常的履职评价与激励问责机制

与独立董事的职责和责任不明确有关的执行机制就是，证券监管机构（尤其是自律性监管机构）缺乏对独立董事日常的履职评价与激励问责机制。虽然上市公司年度报告中披露独立董事的履职情况，但是缺乏日常的履职评价和对独立董事的问责与激励机制，由于缺乏对独立董事专业与勤勉尽责履职的日常激励与约束机制，不利于发挥独立董事的治理完善的实际作用。

（五）缺乏对独立董事薪酬的科学决定机制

目前，绝大多数上市公司按年度计算并支付独立董事的津贴（薪酬），至于薪酬的数目一般按照同行业上市公司的平均数确定或者按照既定的薪酬标准（上一任独立董事的薪酬）确定。其中存在这样的问题：一是上市公司对独立董事薪酬的决定在整体上比较随意，即使是同行业、相同规模、相同区域的上市公司，独立董事的薪酬差别也比较大，在劣币驱逐良币的机制下，加上独立董事职责与责任模糊，上市公司聘请的独立董事的整体质量就会下降；二是独立董事的薪酬在整体上比较低，加上2019年执行新的税收政策后，兼职性质的独立董事的劳务所得税收征收标准由以前的劳务税改为综合税，这样独立董事的税后实际所得就大幅度减少，当独立董事的实际所得与付出不匹配时，他们勤勉尽责履职的动力就会显得不足；三是独立董事的薪酬一般都没有根据独立董事的工作量、责任、通货膨胀率、税收水平等因素的变化而升降。

（六）缺乏对独立董事的权利保障、选聘和培训等配套制度

《指导意见》和证券交易所的独立董事备案办法对独立董事的任职资格、独立性、职责、聘任程序、任职和后续培训、履职保障均作了原则性的规定。但是，因为独立董事自身没有自律的权利保障组织，独立董事的工作单位无根据地限制其履职或者侵害其利益的，单个独立董事的权利就无法得到保障。独立董事候选人的信息与上市公司的需求信息之间往往不对称，没有建立一个独立董事职业化的人才市场，而目前采用的大股东提名和上市公司发放独立董事薪酬的方案又常使独立董事的独立性受到质疑。[1] 采用独立董事推荐下一任独立董事人选和监管机构委派独立董事并统一发放独立董事津贴、建立独立董事事务所并实现人事代理等方式也均不具有可操作性。建立一个类似仲裁员选择的公开、

---

[1] 参见汤欣、章丞亮：《确立独董独立性的事前标准——思路困局及其突破》，载中国上市公司协会编：《上市公司独立董事履职指引》，178~187页，南京，江苏人民出版社，2014。

透明的独立董事人才库，由双方双向选择，这种方式可以解决信息不对称的问题，提高选聘独立董事队伍的整体素质和质量。独立董事具有不同的专业背景，随着证券市场及其规则的不断发展与完善，一个合格的上市公司独立董事，需要持续不断的培训和交流。这些配套机制需要逐步建立并随着时代发展不断完善。

针对上述制度性缺陷，结合独立董事制度的实践，笔者提出如下方面的改革与完善建议。

一是独立董事的法律地位与定位问题。独立董事的"监督者"的法律定位需要继续坚持和强化，只有坚持一元化的价值取向，才能以此价值追求为基础设计具体的制度与规则体系。但是，坚持独立董事的"监督者"的法律定位需要解决两个方面的问题：其一是独立董事的监督作用与公司法二元治理结构下的监事会的监督者法律定位的协调问题。虽然二者都是监督者，但是二者的角色和分工有很大的区别，监事会的监督对象是董事会和管理层的经营管理行为的合法与合规性，而独立董事的监督对象是大股东和实际控制人的关联交易、对外担保、资金占用等利益输送及侵害公司及中小股东利益的行为。二者的分工和建立的目的不同。其二是独立董事的"监督者"与"咨询顾问"的角色定位与分工问题。独立董事都是各行业的专家，上市公司在发展过程中需要行业专家给予指导和帮助，甚至需要有资源的专家在上市公司经营发展中给予帮助，这样也会提高上市公司的价值，但是这不是设置独立董事制度的目的和初衷，不应当是独立董事法律定位范围之内的事情。独立董事的制度设计要坚持独立董事的"监督者"的法律地位与定位。

二是独立董事的职责及法律责任问题。独立董事的具体工作职责需要证券交易所等自律性组织明确，需要细化勤勉尽责义务的具体内容，尤其是《指导意见》所规定的独立董事的特别职权和发表独立意见的内容以外的具体职责。在这一点上，中国上市公司协会组织编写的《上市公司独立董事履职指引》，将中国证监会、证券交易所对上市公司独立董事的相关规定和要求进行了全面的梳理和归纳，这是整理并宣传独立董事职责的一个有价值的创举，对独立董事和独立董事候选人了解自己的职责，充分、有效、勤勉、尽责履职具有指导价值和意义。同时，证券监督管理机构会不断根据实践需要充实独立董事的职责，相关规则也会不断地与时俱进，这就需要监管机构能够制定一部全面、系统、明确的独立董事职责规范，让独立董事的履职有章可循。

目前，独立董事法律责任的归责原则比较笼统和绝对的问题较为突出，要求独立董事主动了解上市公司经营管理中的所有事项并真实、准确、完整、及时、公平地对外披露，否则将以其他直接责任人员的身份承担虚假陈述的法律责任，受到相应的行政处罚。这种归责原则，加上没有太大诱惑力的独立董事薪酬，会让不少专家选择不担任独立董事。所以，在目前的法律框架下，一方面应该要求独立董事主动、勤勉、尽责履行职责，另一方面应该确立独立董事仅对其审议同意的事项承担直接责任，对其他事项仅承担间接责任的独立董事法律责任的归责原则。

三是独立董事的薪酬待遇与职责分工问题。上市公司的独立董事的薪酬待遇应该结合独立董事的专业化要求、审议事项的工作量、承担风险的大小、该类人才的稀缺程度、税收和通货膨胀的水平等来确定，吸引更多专业化程度高、责任感强、勤勉尽责的独立董事加入上市公司，而不是聘任薪酬低、仅能用来凑数的"人情董事"或者"花瓶董事"。虽然独立董事作为一个整体对董事会和全体股东负责，但是在独立董事内部应该有专业、职责和责任的划分，进而根据其职责、责任和工作量的不同支付不同的津贴，而不是采用大锅饭的体制。

四是自律性组织协助建立独立董事制度的配套机制。上市公司建立的独立董事制度中应该有对独立董事履行职责的评价制度与机制，对独立董事的履职情况作自评，赋予上市公司对不合格的独立董事减少薪酬乃至解聘的权利，该制度与条件也应在独立董事聘用合同中约定清楚。证券行业的自律性监管机构可以建立一个独立董事的自律性组织（如独立董事专业委员会），由这个自律性组织建立独立董事人才库，将独立董事人才纳入其管理，保护独立董事正当的履职行为及利益，建立独立董事履职评价奖惩机制并使奖惩情况与人才库和诚信档案相关联。自律性组织与上市公司、监管机构和独立董事共同研究制定独立董事履职最佳行动，并通过持续培训和交流的方式，倡导独立董事最佳行动，提高独立董事履职的专业化水平和效率，促进上市公司治理结构的完善与运行质量的提高。

二、中国上市公司独立董事职业发展趋势

自 2001 年中国证监会颁布《指导意见》并在上市公司建立独立董事制度以来，中国上市公司独立董事制度得到贯彻落实，独立董事制度在完善上市公司治理结构、规范上市公司运行与发展、提高上市公司质量等方面发挥了重要的积极作用。当然，在上市公司独立董事制度为会计、法律等社会专业人士提供既能理论联系实际又能带来可观兼职收入的职业机会的同时，也有部分独立董事在履职过程中或因对上市公司运行规则和独立董事职责履行不熟悉或因履职中的过失而未尽勤勉尽责义务，从而受到行政处罚或者纪律处分，个人声誉受到负面影响。与此同时，上市公司独立董事制度在总结实践经验教训的基础上逐步得到完

善，尤其是随着《证券法》《上市公司治理准则》等上市公司监管和运行规则的逐步完善，以及实施注册制并严格退市制度以来，上市公司的运行环境发生了较大的变化，上市公司独立董事制度及其实施也凸显独立董事未来的职业发展趋势。

首先，独立董事的岗位需求逐渐增加。这表现为岗位需求自身的增加和人员供给的减少所带来的供给与需求的变化。随着我国多层次资本市场建设的发展、金融服务实体经济的深入、上市公司基础性制度的完善，尤其是股票发行注册制改革逐步在整个证券市场的实施与推广，上市公司数量会逐年增加，而《指导意见》关于上市公司董事会中的独立董事人数不低于董事会成员人数三分之一的要求没有改变，这样，因为上市公司数量的增加，上市公司独立董事的岗位需求得到增长。与此同时，随着《公务员法》《关于进一步规范党政领导干部在企业兼职（任职）问题的意见》《关于加强高等学校反腐倡廉建设的意见》等规定的实施，有资格和能力并能够兼任上市公司独立董事的人员却在减少。从人员供给和岗位需求的变化来看，上市公司独立董事的岗位需求会逐渐增加。

其次，对独立董事的专业能力要求越来越高。在上市公司建立独立董事之初，独立董事制度的相关规范仅有原则性的规定，缺乏对独立董事具体职责和责任的明确规定；证券市场也尚处于快速发展期，上市公司治理、运行及其规范均处于发展中的逐步规范的调适阶段，监管机构和市场对独立董事应当发挥的作用的认识尚不够明确，上市公司运行发展也处于粗放的阶段。随着我国证券市场逐步由新兴市场向成熟市场迈进，上市公司会计制度、治理机制和信息披露规则等制度与机制逐步完善，尤其是上市公司独立董事制度建立以来的行政处罚、纪律处分和司法判决案件使独立董事的职责更加明确,而上市公司的运行、发展和监管也逐渐由粗放向精细化方向发展,这就对独立董事任职和履职的专业要求越来越高。

再次,上市公司独立董事的职责与责任有逐渐加重的趋势。证券监管机构基于上市公司独立董事发挥监督制衡作用的法律定位,在上市公司的公司治理机制中逐渐强化独立董事对上市公司控股股东、实际控制人、董事会其他成员和管理层的监督制衡作用,从而维护公司长远发展利益。基于上市公司独立董事的这种明确定位,立法机关和证券监管机构在上市公司运行和发展的相关规则中赋予了独立董事更多的职权,并在相关规则中加重了独立董事未勤勉尽责时的法律责任,以督促独立董事积极履行职责。

最后,上市公司独立董事的激励与约束机制将会得到优化。随着独立董事在上市公司规范运营方面作用的发挥,再加上相应的制度实践所反映出来的激励与约束机制的缺陷,立法机关和证券监管机构为了选拔出专业人士参与上市公司治理并促使独立董事积极发挥专业作用,将会在独立董事的选拔与推出、职责与责任、待遇与激励等方面完善相关制度,以推动上市公司治理结构的完善和运行质量的提高。

第三节　上市公司独立董事的正当履职

在既要符合现行法律法规的规定又要顺应未来发展趋势的背景下,怎样才能做一个合格的上市公司独立董事呢?笔者简单地总结为"为"与"不为"两个方面:"不为"针对的是违法违规的行为,是独立董事履职中常犯的错误，也是独立董事履职的职业底线；"为"指的是独立董事的积极履职行为，独立董事要依据法律法规和相关规定勤勉尽责地履行义务。坚持有所为与有所不为相结合，才能做一个合格的上市公司独立董事。

一、"不为"——上市公司独立董事的职业底线

综合上市公司监督管理与运行发展的相关规定，尤其是从上市公司独立董事制度建立以来独立董事受到行政处罚、纪律处分、司法裁判和引起社会关注的案例中可以总结出独立董事"不为"的内容，主要体现在如下几方面。

（一）违背承诺

上市公司独立董事在被提名作为独立董事候选人时要声明或承诺其具备担任独立董事的资格和条件，所提供的独立董事候选人履历表等资料真实、准确和完整，在履职过程中出现不具备担任独立董事的资格或者丧失独立性等情形时，将在出现该情形之日起 30 日内提请辞职。自上市公司独立董事制度建立以来，出现过亚盛集团某独立董事隐瞒其不具有独立性的情形、东方铁塔某独立董事没有独立董事任职资格而声明其具有独立董事任职资格、永清环保某独立董事隐瞒其担任另一上市公司独立董事时受到警告处罚的违法记录等违背声明与承诺而受到纪律处分的案例。从这些案例中可以看出，上市公司独立董事除要遵守法律法规、部门规章和业务规则外，还要严守承诺，不能违背其被提名独立董事时作出的声明与承诺以及担任上市公司董事后作出的公开承诺。

（二）违规交易

首先，上市公司的独立董事要谨防"窗口期"违规交易。《证券法》

和《上市公司董事、监事和高级管理人员所持本公司股份及其变动管理规则》，分别对"窗口期"证券交易行为的禁止及法律责任作了明确的规定。这些规定明确将上市公司董事在特定的时期买卖其任职上市公司的股票列为违法行为，并规定了违反"窗口期"违规交易规则的法律责任。虽然自上市公司独立董事制度建立以来，证券市场尚未发生独立董事因从事"窗口期"违规交易而受到行政处罚的案例，但是发生过新潮能源某独立董事、晨光生物某独立董事等因"窗口期"违规交易而受到纪律处分的案例，还发生过引力传媒某独立董事的一个交易行为同时违反"窗口期"违规交易规则、短线交易规则等而受到较重纪律处分的案例。所以，上市公司独立董事要谨防"窗口期"违规交易。

其次，独立董事要远离短线交易。《证券法》对短线交易的民事责任和行政法律责任均作了明确的规定。旗滨集团某独立董事、广东明珠某独立董事、神雾环保某独立董事和京能置业某独立董事均因短线交易其任职的上市公司的股票而受到行政处罚，不仅因上市公司依法行使归入权而丧失了赚取的收益，而且也暂时中断了独立董事职业生涯。

最后，独立董事要杜绝内幕交易。《证券法》在禁止证券内幕交易的同时，逐步扩大内幕信息知情人、内幕信息和内幕交易行为的外延，将上市公司独立董事及其一致行动人利用内幕消息从事证券交易、泄露内幕信息、建议他人买卖证券的行为均视为内幕交易的违法行为，并规定了较重的行政法律责任。自上市公司独立董事制度建立以来，已有南京新百某独立董事、旗滨集团某独立董事、易见股份某独立董事因内幕交易其任职上市公司的股票而受到行政处罚的案例。更为重要的是，内幕交易属于《刑法》规定的犯罪行为，并且其刑事立案标准比较宽松，非常容易达到。所以独立董事应该杜绝内幕交易，防范刑事犯罪。

（三）不依法披露上市公司的信息或者披露的上市公司信息存在虚假陈述

在一般情况下，上市公司独立董事是《证券法》规定的信息披露的其他直接责任人员，独立董事也在其任职声明中承诺并且在相关信息披露报告中签字确认其信息披露文件的真实、准确与完整，并就其未依法披露和违规披露的行为承担相应的法律责任。结合独立董事制度建立以来独立董事因上市公司信息披露违法违规行为而受到行政处罚或者纪律处分的实践来看，独立董事因上市公司信息披露违法违规而受到行政处罚或者纪律处分的情形主要有三种：一是未按期履行定期报告（包括年度报告、半年度报告、季度报告、社会责任报告等）的披露义务，华泽钴镍、中毅达、ST稀碳等公司的独立董事中有因上市公司未按期履行定期报告的信息披露义务而受到行政处罚者。二是信息披露文件的内容存在虚假记载、误导性陈述或者重大遗漏，主要体现为信息披露报告中记载的股权代持、实际控制人变化、关联关系与关联交易、财务会计、重大诉讼与仲裁等事项存在虚假陈述。这是上市公司独立董事受到行政处罚的主要原因。康得新、康美药业、上海家化、文峰股份、慧球科技、前锋股份等公司的独立董事中有因该原因而受到行政处罚者。三是业绩预告与经审计的财务报告相比性质相反或者利润误差较大。该情形下的上市公司董事会审计委员会主任委员（一般是会计专业的独立董事）将会受到纪律处分。同方股份、华仪电气、天成控股等公司的独立董事中有因此受到纪律处分者。

（四）发表与事实不符的独立意见

《证券法》要求上市公司以临时公告的形式对重大事件予以披露；

《指导意见》和上市公司相关业务规则规定了独立董事对上市公司的个别事项发表独立意见；证券监管机构对与上市公司的治理和运行有关的事项会询问独立董事或者相关中介机构，要求其就某些事实和事项予以确认并回复。在这些情形下均需要独立董事对其中的某些事项发表独立意见，如果独立董事未按照规定发表独立意见或者发表的独立意见与事实不符，将会受到行政处罚或者纪律处分，而且依据证券交易所独立董事备案办法的规定，该独立董事在一年之内将不得再担任上市公司的独立董事。证券交易所就印记传媒的董事长兼任总经理、董事会秘书和财务负责人一事问询该上市公司某独立董事公司治理结构是否存在缺陷和董事长身兼四职能否胜任该工作，该独立董事的答复与事实相符，自然也就不会受到纪律处分。该案例也是对该类现象的正面回答。

（五）利益输送与冲突

《指导意见》对独立董事的独立性作了明确规定，证券交易所独立董事备案的相关规定对独立董事的独立性又作了补充。据此，从被提名为候选人到卸任独立董事，上市公司独立董事均要保持独立性，存在利益冲突或者利用独立董事的职务便利而输送利益（包括顾问费、津贴之外的捐赠，正常履行职务之外的差旅费和职务消费等）的行为，不仅不符合法律法规对独立董事独立性的规定，而且还会影响独立董事的正当履职和个人声誉。伊利股份某独立董事因与顾问项目存在合作关系而在其正当履职时被上市公司罢免的案例就是前车之鉴。

（六）对日常言行失去控制与约束

在一般情况下，个人的日常言行与其职业行为是相互区别并无关联的。但是，上市公司的独立董事通过上市公司的信息披露已成为公众人物，其个别日常言行与其职业有较为密切的关系。按照《公司法》、《证券法》和《指导意见》的规定，上市公司独立董事因涉嫌证券违法违规而接受调查，或者涉嫌违法犯罪而被采取限制人身自由的强制措施的，上市公司应将其作为重大事件而履行临时信息披露义务。经调查或审查确认该独立董事应受到行政处罚或者承担刑事责任的，他将在三年内不能担任上市公司董事、监事和高级管理人员。甚至在独立董事因个人言行受到调查而出现市场传言时，上市公司也会为了避免破坏上市公司的形象而催促独立董事辞职。例如，某独立董事因性骚扰事件被迫辞职，某独立董事因涉嫌性侵养女受到刑事调查而被迫辞职，等等，这些都对独立董事提出了谨言慎行的要求。

二、"为"——上市公司独立董事的积极履职行为

做一个合格的上市公司独立董事，除不应违反法律法规的规定外，还应该利用自己的专业知识，结合上市公司治理和运行的需要，提高上市公司的规范化运作水平和发展质量，保护投资者尤其是中小投资者的利益，带动行业发展与价值提升。"为"主要包括如下几方面的积极履职行为。

（一）全面了解上市公司所处的行业及同行业上市公司

我国是社会主义国家，微观经济活动都是在宏观经济政策指导下进行的，所以要想深入全面了解上市公司的运行和投资融资活动，就要从对这个上市公司所处的行业及其产业政策的学习开始。通过对产业政策和盈利模式的了解，知悉这个行业的市场需求、原材料及客户、盈利模式的可持续性、运行成本、公司毛利润和净利润等，再结合对同行业其他上市公司的发展运营情况的了解，就会

对所任职上市公司的运行模式、发展前景、财务状况变动的真实性以及今后的投融资项目及其可行性与必要性，有一个大致的了解和判断。

上市公司独立董事要熟悉上市公司所处行业的产业政策和运行模式，进而对所任职上市公司有更深入与全面的了解，包括：所任职上市公司的主要股东和股权结构，所有权性质及与之相符合的治理结构安排，董事、监事、高级管理人员的知识结构和管理能力，上市公司的部门设置和分（子）公司的运行状况，业务运行及其内部控制安排，等等；更多的时候，独立董事要带着问题去上市公司相关部门或者分（子）公司及拟投资的项目进行实地调研与考察，对实际情况与上市公司披露内容的一致性予以核对。

（二）持续学习并更新证券监管和上市公司运行方面的业务知识

中国的证券市场是新兴与转轨的市场，中国证券市场用短短三十多年的时间走完了成熟证券市场用数百年时间走过的路，在市场规模、产品种类和数量、服务覆盖面等方面甚至超过了成熟证券市场，但是在市场发展深度和体制机制等软实力方面中国证券市场与成熟发达的证券市场还有一定的差距，所以中国证券市场在深化改革和扩大开放的过程中就会在监管规定和业务规则方面进行高效的修改与完善。上市公司独立董事为了更好地履行职责，就应当持续学习并更新有关《公司法》《证券法》《上市公司治理准则》《上市公司收购管理办法》《上市公司信息披露管理办法》《上市公司证券发行管理办法》等监管规定和业务规则的知识，参加独立董事后续培训等监管机构组织的证券市场业务交流与培训，在满足监管要求的同时也更加熟悉上市公司治理和监管的状况与趋势，提高履职能力。

（三）按规定参加上市公司涉及治理的各项会议，认真审核会议资料并发表独立意见

独立董事在上市公司中履行职责的主要方式就是参加各项涉及上市公司治理的会议并发表独立意见，主要包括参加董事会各专门委员会会议、董事会和股东会的会议，并对相关议案发表独立意见。这种工作方式决定了独立董事在履行职责时是认真、积极、负责还是敷衍、消极、走过场的态度使其履行职责的深度与效果有云泥之别。要想做一个合格的上市公司独立董事，首先要尽量参加每一次会议，连续缺席相关会议达到一定次数或者缺席相关会议的次数超过年度总会议次数的一定比例（沪深证券交易所对连续缺席董事会会议的次数和占年度董事会会议次数的比例的规定各不相同），独立董事会被认定为不符合勤勉尽责履职的要求；只有通过参加会议并讨论交流相关议案才能作出科学、专业的决定与意见。其次，独立董事在参加会议前要认真审阅相关议案的材料，结合公司运行与治理的实际，以及上市公司运行与治理的专业要求与规定，发表独立而专业的意见。再次，独立董事对自己专业领域的事项，要利用自身的专业技能尽到特别注意义务，对非自己专业领域的事项要通过主动问询或者质疑而尽到一般注意义务；此外，各独立董事要通力合作，确保公司运行的合规与效率。最后，独立董事最好针对每一个上市公司的履职情况归集可备查的资料，以应对监管机构对独立董事履职情况的现场检查。

（四）对特定情况或特定事项的主动履职

在上市公司出现控制权之争、董事会无法正常运行等公司僵局的情况时，独立董事应当积极主动地担负起董事职责，使上市公司持续合规经营，并实现高质量发展。在上市公司出现信息披露违法违规而被立案

调查、大股东违规占用资金、对外投资无法回收等利益受损的"暴雷"事件时，独立董事应责成上市公司管理层及时整改或者处置风险，并要求其将整改或者处置风险的安排与进度向董事会或者独立董事报告并披露。此外，在不影响独立董事独立性的前提下，独立董事要利用自身专业知识与技能，为上市公司治理结构的完善和运作规范性的提高提供一定的咨询顾问服务，提升上市公司的发展质量，也带动独立董事职业价值的提升。

后 记

疫情期间的写作
——一种特别的感恩与怀念

  我个人了解独立董事这个职业是从自己在筹备证券公司投资银行部并经营和管理投资银行业务时怀着深入了解上市公司运作并扩展业务渠道资源的"不太纯正的目的"而兼任上市公司独立董事开始的。在兼任了凯龙高科、东阳光、上海石化、贵阳银行、申能股份、航天机电等上市公司独立董事之后，几年的履职让我对上市公司独立董事的职业选择、职业定位、法律职责和如何履职有了一些感性认识。恰逢上海证券交易所培训中心的苏耀良老师诚邀我为独立董事任职资格培训和后续培训介绍履职经验，我就将我国上市公司独立董事制度建立以来独立董事受到纪律处分与行政处罚的相关案例，与相关法律规范的要求和自己履职的一些粗浅的经验相结合，形成了"经验与教训：怎样做一个合格的上市公司独立董事"一门课程，力求从这些上市公司独立董事因履职不当而受到处罚（处分）的案例和相关规定中提炼出独立董事履职的重点、关键点及其中的技巧与方法。这个课程深受学员欢迎和好评，讲授该课程也触发了我对上市公司独立董事制度的一些深入思考，但是这并没有让我产生围绕上市公司独立董事制度写一本专著的想法和冲动。促使我写成这本书有两个方面的因素：一方面，我自己兼任独立董事时受到的一些责难和打击，再加上其间有关上市公司独立董事的一些热议事件，使我萌发了对独立董事这个职业进行深入思考和系统研究的想法；另一方面，2020年年初湖北的疫情勾起了我对我出生、学习和工作过的地方的一些人与事的回忆，这些回忆促使我以写作的方式来回馈有恩于我个人成长的人、时代和社会，哪怕这个微薄的回馈渺小得只像大海中的一滴水、空气中的一粒尘埃！

2020年1月23日，正值万家团聚共迎新春佳节，武汉这个我曾经学习和生活过的城市，却因突发的新冠肺炎疫情而被"封城"，武汉市民处于恐慌之中。好在党中央当机立断，动员全国医疗资源支援湖北，使疫情很快得到有效控制。但是，在我的出生地——湖北房县，这个国家级贫困县，由于外出打工返乡者众多，医疗物资奇缺，疫情防控的难度可想而知。虽然我和父母离开房县二十多年了，但是我能幸运地走出那个当时不通公路也不通电的小山村而来到大都市工作和生活，除了自己的努力和勤奋，更关键的是房县一中的学习让我通过高考改变了命运。在房县这个山多地少的贫困县，房县一中几乎是大山里的孩子靠高考走出大山的唯一路径。我也是在质朴淳厚的乡亲们"上高中，考大学"的殷切期盼下很幸运地通过在房县一中的学习走上了接受高等教育的路。在疫情大难面前，我们这些被家乡父老寄托了大学梦想的一代人，能为家乡做点儿什么呢？如果我们都不能给予她帮助和救助，那她还能靠谁呢？

后 记

　　萦绕在脑海中的这两个问题促使我一方面动用一切社会力量为家乡联系抗疫救灾物资；另一方面决定在春节期间动笔写作本书，日后将稿费捐赠给房县一中，以带动更多的优秀学子考上大学，在学有所成之后能反哺家乡。于前者，在博士生同学杨建莹女士及其主办的北京心契约慈善基金会的帮助下，中欧商学院校友会向房县人民医院捐赠了500套防护服、3台法国进口的呼吸机和一辆负氧救护车，在一定程度上解了燃眉之急；于后者，心动不如行动，就在2020年春节当日我开始动笔写作本书，挑灯夜战，每天写至深夜。

　　之所以这样加班加点地赶进度，是因为在湖北还有一个我要感念的人，那就是当时已99岁高龄的恩师张之航先生，我希望他在世的时候能看到我这本著作。张先生于1948年毕业于在民国时期素有"南东吴，北朝阳"和"无朝不成院"之称的朝阳大学司法组，在50年代为支援丹江口水利枢纽工程建设来到湖北丹江口担任中学语文老师，直到退休。1997年春天，他去丹江口市内一家打印店里打印书稿《诗词联格律新探》时偶然与我相识。看到我他仿佛见到了年轻时的自己，一直鼓励并支持我认真学习法律，立志报考中国人民大学法学院的研究生；把我引荐给中国人民大学朝阳法学研究中心的曹重三、熊先觉、孙国华、徐葵等老师，并与熊先觉老师一道鼓励我在博士研究生毕业以后从事法学教学与研究工作。我猜想着在张老师卧病在床的时候我带着新著去看望他，他一定很高兴，甚至会病情有所好转。遗憾的是，因工作琐事缠身、《证券法》等法律规范的修改和独立董事制度的完善尚在进行中，尤其因为个人的勤奋与努力不够，在2020年6月6日我去张老师家中看望病重的他时本书尚未完稿。2021年2月1日张老师去世时因本书尚未正式完稿，我仅以"战争岁月辗转南北求学，只为朝阳法学士；和平年代远赴丹水送经，唯有诗书留后人"的挽联相送。如果张老师在九泉之下知道学生的这本新书出版，他一定会很欣慰的。

有幸的是，在本书成稿后，我将书稿呈予中国上市公司协会会长、中国企业改革与发展研究会会长宋志平先生，向这位素有"中国的稻盛和夫"之称的专家请教和交流。他高度评价了本书，认为本书在完善上市公司治理和提高上市公司质量方面具有较高的学术价值，以及对上市公司独立董事履职具有较大的参考价值；并欣然作序《发挥独立董事的治理作用，提高上市公司的发展质量》，让本书增色添彩。中国人民大学国际并购与投资研究所、中国人民大学营商环境跨学科交叉平台及汪昌云教授、余朝晖所长、叶林教授等，对于本书的写作均给予了较多的学术支持和指导。我所任职独立董事的上市公司董事和在培训与交流中认识的各位独立董事同人，均给了我诸多启发和智慧。中国人民大学出版社的编辑对书稿的认真编辑也让本书更加完善。在此一并表示感谢！

最后还要感谢的是从河南邓州迁往湖北房县并在房县这块土地上抚育我长大的父母亲和家乡父老乡亲的期望、鞭策和激励，更要感谢家人的支持，因写作本书我放弃了很多对她们的陪伴。不过，我坚信疫情之后的明天一定更加灿烂。

刘运宏

2021 年 11 月 21 日于上海寓所

图书在版编目（CIP）数据

独立董事制度的理论与实践：怎样做一个合格的上市公司独立董事/刘运宏著．--北京：中国人民大学出版社，2022.1
ISBN 978-7-300-30068-9

Ⅰ.①独… Ⅱ.①刘… Ⅲ.①上市公司-董事-研究-中国 Ⅳ.①F279.246

中国版本图书馆 CIP 数据核字（2021）第 250971 号

独立董事制度的理论与实践
怎样做一个合格的上市公司独立董事
刘运宏 著
Duli Dongshi Zhidu de Lilun yu Shijian

出版发行	中国人民大学出版社		
社　　址	北京中关村大街 31 号	邮政编码	100080
电　　话	010－62511242（总编室）	010－62511770（质管部）	
	010－82501766（邮购部）	010－62514148（门市部）	
	010－62515195（发行公司）	010－62515275（盗版举报）	
网　　址	http://www.crup.com.cn		
经　　销	新华书店		
印　　刷	北京联兴盛业印刷股份有限公司		
规　　格	170 mm×240 mm 16 开本	版　次	2022 年 1 月第 1 版
印　　张	19.25 插页 3	印　次	2022 年 8 月第 2 次印刷
字　　数	223 000	定　价	88.00 元

版权所有　侵权必究　　印装差错　负责调换